教育

心理学理论

与实践研究

张艳梅 著

中国原子能出版社

图书在版编目(CIP)数据

教育心理学理论与实践研究 / 张艳梅著.--北京：
中国原子能出版社,2019.11（2023.1重印）
ISBN 978-7-5221-0195-8

Ⅰ.①教… Ⅱ.①张… Ⅲ.①教育心理学-研究
Ⅳ.①G44

中国版本图书馆 CIP 数据核字(2019)第 252726 号

教育心理学理论与实践研究

出版发行:中国原子能出版社(北京市海淀区阜成路 43 号　100048)

责任编辑:刘　岩

责任印制:赵　明

印　　刷:河北宝昌佳彩印刷有限公司

经　　销:全国新华书店

开　　本:787mm×1092mm　1/16

印　　张:12.25

字　　数:218 千字

版　　次:2019 年 12 月第 1 版　　　2023 年 1 月第 2 次印刷

书　　号:ISBN 978-7-5221-0195-8

定　　价:56.00

网址:http://www.aep.com.cn　　　　　E－mail:atomep123@126.com

发行电话:010－68452845　　　　　　版权所有　侵权必究

前　言

　　教育心理学作为一门应用科学,不是心理学的一般原理在教育实践中的直接应用,不是普通心理学、儿童心理学、人格心理学等邻近学科内容的剪裁与汇编,也不是教育体制和教学方法的心理学注释,而是具有明确的研究对象与特点,具有独立的理论体系与方法的一门科学。

　　教育心理学是心理学这个大家庭中的一个重要成员,作为一种思想,可以追溯到非常久远,在中国可以追溯到先秦时代的孔子、孟子、荀子等思想家的著作中,在西方也可以追溯到古希腊三哲的著作中。那时有教育心理学的思想、理念和实践,但是并没有教育心理学这个词汇。"教育心理学"这一词语最早出现于1531年西方学者琼·魏维斯(J. Vives)的著作中;大学课堂中第一次出现"教育心理学"是在1839年;世界上第一本《教育心理学》是在1877年由俄国教育家卡普捷列夫出版。当然,教育心理学的真正繁荣还是在桑代克科学教育心理学体系诞生之后。目前,任何一位从事心理学的工作者都不会否认教育心理学是心理学的最大分支之一,也是从业人数最多的领域之一,在我国同样如此。

　　一门学科的课程教材之所以能被预期的目标群体长期使用,关键是有其适合目标群体需求的内容体系,而且该内容体系可随着学校的发展不断修订完善。本书主要介绍了教育心理学的起源与发展、教育心理学的对象与任务、教育心理学的现状与研究方法;学习的界定、学习的生理机制、学习的分类、学习的过程与策略；学习迁移概述、学习迁移理论、影响学习迁移的因素、学习迁移规律在教学上的应用；学习动机及其相关概念概述、学习动机的理论与激发；知识学习概述、技能学习概述；学生认知发展与教育、学生个体发展与教育、学生与个体心理发展等内容。

　　本书系山东潍坊科技学院张艳梅老师编写，在写作过程中参考和借鉴了相关学者的著作和文献，在此一并表示衷心的感谢！由于作者知识水平有限，书中难免存在错误或者遗漏之处，敬请广大的学者、专家和读者批评指正。

作　者

2019 年 8 月

目　录

第一章　教育心理学导论

第一节　教育心理学的起源与发展

一、教育心理学的起源

尽管教育心理学思想古已有之,而且早在 1531 年,西方学者琼·魏维斯的著作中就出现了"教育心理学"这一名词,并谈到了学习的兴趣、主动性、记忆、练习等对掌握新材料的重要性等教育心理学问题。但是,这并不意味着教育心理学从此就产生了。事实上,教育心理学是 19 世纪政治、经济、教育与心理科学发展的产物。

(一)教育心理学产生的时代背景

1. 19 世纪政治、经济与教育的发展

19 世纪乃是人类社会近代发展史上的一个重要时期,它是"给予人类以文明和文化的世纪"①。这一时期的主要特点是,在西方,随着 1640 年英国资产阶级革命的开始,资产阶级民主革命运动和民族运动的蓬勃发展,腐朽的封建制度迅速崩溃,资本主义经济获得了繁荣发展。到了 19 世纪的后半期,英国已被称为"世界工场",占据了世界工业的垄断地位。在北美洲,早在 1776 年(7 月 4 日),北美殖民地人民就掀起了推翻英国殖民统治,建

---

① 列宁.列宁全集:第二十九卷[M].北京:人民出版社,1961:334.

立独立民族国家的斗争,并于 1783 年(9 月 3 日)获得了胜利,成立了美利坚合众国,从而使资本主义经济在北美获得了广泛的发展。在法国,18 世纪末(1789 年 7 月 14 日)爆发了资产阶级革命,为资本主义经济的发展扫清了障碍。从 19 世纪的 50 年代开始,在意大利和德意志,资产阶级革命运动和民族运动走向了新的高潮,于 60 年代末到 70 年代初完成了国家的统一。在俄国,于 1861 年进行了废除农奴制的改革。在美国,1861 年爆发的南北内战导致了南方奴隶制度的废除。在日本,于 1868 年 3 月开始了"明治维新"改革运动,为资本主义的发展开辟了道路。在我国,从 1840 年的鸦片战争开始,帝国主义侵略势力打开了中国的门户,中国的领土和主权开始遭到破坏,从独立的封建国家开始转变为半殖民地半封建国家,直到 1949 年新中国成立。总之,到了 19 世纪的 60 年代末,欧美各大国都先后实现了资产阶级的各项革命,确立了资本主义的完全统治。资本主义世界市场的形成过程也大体完成,生产和交换具有了更广阔的国际性质。至此,资本主义发展成为一个世界体系。

随着资本主义政治经济的发展,迫切要求普及文化教育,为它提供具有文化科学知识、能掌握资产阶级的国家机器与科学管理机器大生产的统治人才和大量的熟练工人。于是,在 19 世纪的后半期,许多资本主义国家的教育界相继进行了一系列破除封建等级教育以利资本主义发展的改革。当时,一些主要的资本主义国家都先后实行了初等教育的义务教育制度。在美国,自 1870—1890 年间,已有半数的州实行了小学的义务教育。英国自 1891 年起,规定实行初等免费教育。法国则在 1882 年以法令形式规定 6～13 岁为义务教育期。德国自 1824 年起就废除了贵族化的预备学校,所有的儿童均进入共同的基础学校学习四年。日本在 1872 年,明治政府就颁布了第一个教育改革法令,规定儿童六岁入小学,并实行强迫入学制。俄国自 19 世纪 60 年代废除了农奴制度后,在国民教育制度方面也进行了某些改革,学校逐渐增多。所有这些改革都促使教育在社会生活中的比重愈来愈增加了。

随着教育事业在社会生活中的蓬勃发展,作为按一定社会中一定阶级的要求而传递人类文化和文明的教育过程本身,也愈来愈受人注目。当时,一些教育家从他们的教育实践中探索到,为了使受教育者的身心向着他们所期望的方向发展,必须研究和了解受教育者的学习活动和规律,以改善教育过程的组织,提高教育工作的效力。他们逐渐认识到,心理学知识对教育工作者来说是十分必要的。如著名的瑞士教育家裴斯塔洛齐,曾主张教师要研究学生的本性,并提出"教学要心理化",这在客观上推动着教育心理学的产生。

2.19 世纪心理科学的发展

教育心理学的发生,同当时心理科学的发展是直接相连的。心理科学的发展,为教育心理学的产生提供了可能。心理学在 19 世纪以前就已有悠久的历史,但它一直附属于哲学之内。它作为一门独立的学科分出,是在 19 世纪后半期发生的。这一方面是由于当时社会生产及文化教育事业发展的推动,另一方面是由于当时自然科学的发展,对心理科学产生很大影响。首先是自然科学应用实验以及测量的方法所获得的成就,刺激着心理科学去应用这些工具,为本学科的发展广泛搜集必要的资料。为此,相继出现了一系列应用实验与测量来研究心理学问题的尝试。如德国的赫尔姆霍兹的反应时间的测定与视觉、听觉的研究;韦伯、费希纳的心理物理学研究;英国的高尔顿的自由联想实验等。到了 1879 年,德国的著名心理学家冯特于莱比锡大学创造了心理实验室,对感觉、知觉、注意与联想等进行实验研究。由此,促进了心理科学的迅猛发展。

关于心理测验,最初是由英国的心理学家高尔顿提出的。他早在 1869 年就用统计的方法去研究能力的遗传问题。他在其《遗传的天才》一书中,以一种量表来测量人的能力。在他看来,人的智力是不同的。人的智力差异来自遗传的不同,是可以测量的。后来,他扩充了其量表的概念,把人的智力分为 14 个等级,还同他的学生阆尔逊一起,创立了统计学,为测量学的兴起奠定了基础。高尔顿的心理测量思想,给美国的心理学家卡特尔以很大的影响。卡特尔认为:"心理学若不根据实验与测量,决不能有自然科学的准确"。在他的创导下,心理测量就在心理学研究中逐渐推广起来,并与心理实验一起成为当时心理科学迅猛发展的两大支柱。

(二)教育心理学的产生及早期著作

1.教育心理学的产生

19 世纪心理学获得了划时代的长足进展,为教育心理学作为一个独立分支,从母体学科中分出提供了可能。与此同时,试图以心理学的观点来论证教育过程的著作不断增多,学习问题的心理学实验也逐渐开展起来了。最早出现的一些教育心理学著作,仅仅是以心理学知识与教育问题简单结合的尝试形式出现的,其表现也是各式各样的,名称也不一致。类似这样的尝试,对于当时影响较大的,首先要推德国的著名心理学家赫尔巴特。

赫尔巴特早在 1806 年就发表了《普通教育学》一书,此书原名为《从教育目的引出的普通教育学》(1936 年尚仲衣把此书译成中文时称《普通教育学》,并由商务印书馆出版)。该书试图以心理学的观点来阐述教育的一些重要问题,特别是教学的理论问题。赫尔巴特在此书的绪论中指出,心理学是教育者首先要掌握的学科。全书共三部分,第一部分为"教育心理学的一般目的",他认为教育的目的是多方面的,主张"一切能力的和谐发展";第二部分为"多方面的兴趣",分别论述了多方面的观念、兴趣的观念、多方面兴趣的对象、教学、教学的进程与结果。其中,提出了教学的"明了、联想、系统与方法"这样四个形式阶段;第三部分为"性格的道德力量",分别论述了性格的意义、道德的概念、道德性格的表现形式、性格形成的自然程序、训练等。强调要通过教育来培养儿童的性格,德育的目的就是性格的形成,认为德育是建立在多方面兴趣和道德观念上的。

后来,在 1835 年,赫尔巴特又写了《教育学讲授纲要》,对上述一系列教育心理学思想做了补充与发挥。赫尔巴特的《普通教育学》对后人的影响很大,被译成多种文字。尤其是他提出的教学的四个形式阶段中的"明了"阶段,在 19 世纪中叶,由他的学生(威勒与贝内克等)分为"准备"与"提示"这样两个阶段,并由此产生了"准备、提示、联想、系统与方法"的所谓赫尔巴特五段教学法,在欧美普通教育中流行很广。

尽管赫尔巴特的这种五段教学法是依据于他的唯心主义的观念心理学思想推导出来的,在今天看来,并无多大的科学价值,但他不愧为心理学与教育相结合的一个先驱。他的这种尝试虽然不是成功的范例,但对教育心理学的产生,确实起了较大的促进作用,引起了后来一系列的尝试。

继赫尔巴特之后,在教育工作中最早系统尝试应用心理学知识的,乃是俄国著名教育家乌申斯基(1824—1870)。他于 1867 年发表《教育人类学》第一卷(此书的中译本书名为《人是教育的对象》,科学出版社,1959 年版),不仅在俄国教育心理学发展史上有重大意义,而且对于世界各国研究教育心理学发展史的工作,都是不可忽视的一部重要著作。此外,继乌申斯基之后,俄罗斯教育家兼心理学家卡普捷列夫于 1877 年发表了《教育心理学》一书。这是迄今为止,我们所知道的最早正式以教育心理学来命名的一部教育心理学的著作。至此,在教育心理学的产生史上,虽有了以教育心理学命名的著作,但并没有提供一个独立的学科内容体系。因此,并不意味着教育心理学作为一个科学分支从此就确立了。

2. 教育心理学的早期著作及其特点

继前面几位先行者的心理与教育相结合的尝试之后,类似的著作在其他各国不断出现。在美国,则有霍普金斯的《教育心理学》(1886),有鲍尔文的《心理学初步与教育》(1887)与《在教育中的应用心理学》(1892);赫黎斯的《教育心理学的基础》(1898)；亚当斯的《在教育上应用的赫尔巴特的心理学》(1897)；詹姆斯的《对教师的讲话》(1899)。由于詹姆斯的《对教师的讲话》实际上是在1892年对大中小学教师所做的一系列的讲演的基础上写成的,因此它的实际影响较早。同时,詹姆斯的机能主义与生物学化的心理学观点以及对心理实验的提倡,对美国教育心理学的发生、发展有着重大的影响。因此,他与提倡心理测验的卡特尔一起,被认为是对美国教育心理学的发生影响最大的人物。

在日本,据依田新教授所述,第一本教育心理学著作是依泽修二的《教育学》(1882),最早题名为教育心理学的著作是贺长雄的《实用教育心理学》,此书发表于明治七十九年即1886年。此后,汤原久一于1899年又出版了《教育心理学》一书。此书认为,教育心理学主要是从教育方式去观察和组织起来的心理学。

在19世纪的后半期,不仅出现了一系列的教育心理学著作,同时也开展了对于学习心理学问题的科学研究。这些研究虽然质量不高,而且数量也很有限,但对教育心理学的发生,无疑也是有重大影响的。有关这方面的著名研究有德国心理学家艾宾浩斯的《记忆》(1885);美国的心理学家卡特尔的《智力测验》(1890);勃朗与哈特的《电报密码的生理学与心理学的研究》(1877)、《关于电报密码的研究》、《习惯体系的获得》(1899);桑代克的《动物的智慧:动物联想过程的实验研究》(1898)。所有这些研究,特别是桑代克的动物学习的实验研究,对教育心理学的发生有着重大影响。

但是,应该说明的是,早期的教育心理学著作,多数是把心理学知识通过推论,移植于教育的,对实际的教育心理学问题很少专门研究。这类著作的主要贡献在于促使人们去关心教育心理学问题,但并不等于很好地解决了教育问题。由此,在19世纪末20世纪初出现了提倡对儿童身心进行实验研究的"实验教育学运动"。

(三)实验教育学运动

"实验教育学运动"的倡导者是德国教育理论家莫伊曼。他是德国著名心理学家冯特的学生。他十分推崇实验对教育工作的重要性。他于1901年发表实验教育学论文,1903年出版《学习经济法》,1907年出版《论实验教育学及其心理学基础引论》。在莫伊曼的著作中,把教育学分为研究教育目的的普通教育学和研究儿童身心发展及教育方法的实验教育学。"实验教育学"之名,由此而来。他提出必须借助生理学、解剖学、精神病学以及实验心理学的研究成果与方法,对儿童生活及学习活动进行实验。他认为实验教育学应研究儿童发展及教育方法。实验教育学主要研究:(1)儿童身心发展的特征同成人身心发展的差异,使教材、教法心理学化;(2)儿童身心发展的过程及其个性禀赋的差异,使教育活动个性化;(3)儿童学习与疲劳,即儿童在完成学校及家庭作业时身心的疲劳程度,研究怎样创造在学习上费力少而收效多的条件,使学习"经济化";(4)有关学校中的一些实际问题。例如,实验材料的心理与教育的统计;比较各科教学方法的优劣;依据对儿童的各科学习成绩的测验,确定教学理论及方法;关于男女儿童同校问题与对特殊儿童的教育问题等。他主张在上述研究的基础上,改革课程与教育教学方法。

另一名实验教育运动的倡导者是德国教育家拉伊。他于1903年出版了《实验教育学》一书,完成了对实验教育学的系统描述。他十分重视教育实验在建设教育理论过程中的作用,认为教育实验可以在人为控制条件下,检验构成教育系统诸因素的地位和作用,从而获得准确可靠的知识。他提出教育实验应由假设的成立、实验的计划与执行、在实际上证明所得结果的准确性这样三个阶段构成。他认为人的意识产生于肌肉受到刺激以后经过内化所产生的反应。由此,他把教学过程设想为"刺激→内化→反应"的过程。他认为教学过程,首先要使学生通过感觉(刺激)去感受外界事物,再通过思维整理所得的感觉映象(内化),最后用行动表达所感受和思考的有关知识(反应)。

莫伊曼与拉伊重视对儿童身心发展与改进教育方法的实验研究思想,深深打动了欧美的许多教育家和心理学家。在他们的倡导下,掀起了一场实验教育运动。这对后来教育心理学研究中测验与实验的应用及儿童身心的发展的研究,起了极大的推动作用。

二、教育心理学的发展历程

据现有资料,"教育心理学"一词是1531年最早出现在西方学者琼·魏维斯的著作中;1839年,"教育心理学"一词出现在大学课堂上;1895年左右美国纽约州立大学、艾奥瓦大学师范部和印第安纳大学教育系设置了教育心理学课程。1877年俄国教育家卡普捷列夫出版了世界第一本以《教育心理学》命名的教科书。此后美国的霍普金斯也于1886年出版《教育心理学》教科书。但教育心理学作为一门现代科学的诞生是始于19世纪末,即以美国心理学家桑代克的三卷本《教育心理学》为标志。在此之前无论是东方还是西方都有丰富的教育心理学思想。这些丰富的教育心理学思想有些已被桑代克所接受,有些思想虽未能直接对现代教育心理学的诞生发挥作用。但也为它的进一步发展提供了养料。因此,在我们的开篇进行一下简短的溯源,对我们认识教育心理学的来龙去脉是会有帮助的。

（一）古代教育心理学思想溯源

中国古代和西方古代都具备教育心理思想，只是由于东西方文化背景的差异而表现出不同的特点，现加以介绍。

1.中国古代教育心理思想

可以说中国历代思想家都是教育家，在他们的著述中都或多或少地留下了有关教育心理学的主张和言论。用今天的眼光对这些言论进行梳理，我们发现，他们涉及现代心理学的多个方面，甚至完全可以整理出教育心理学的体系。

首先，从中国古代思想家的言论中，我们不难发现，桑代克所论及这三个方面的问题，即人的本性或本质问题以及构成人本性或本质的先天因素和后天因素的关系问题、学习心理问题、差异心理问题，我国古代思想家都进行过探讨。与桑代克不同的是，中国古代缺少实验和测验的资料。比如作为桑代克理论体系之一的关于人本性的探讨，我国古代有丰富的资源，思想家们以其自己特殊的人生阅历对人的本性问题从不同的视角进行解读与建构，从先秦时期的孔子、孟子、荀子、韩非子直到清代的王夫之、戴震等思想家，可以说已经建造了一座富丽堂皇的人性论大厦。我们的思想家们早已认识到，人性是教育心理的起点和归宿，一切教育问题归根结底都是人性问题。孔子最先提出"性相近也，习相远也"的命题，这一简洁的命题以其深刻的哲理性和丰富的内蕴，成为具有永恒生命力和具有无限开发价值的课题。中国古代一切教育心理的基本理论问题，大都由此生发出来。该命题准确地表征了人的自然资质与社会习染、遗传、环境与教育的关系；正确解读了人的差异及其来源；孕育了中国古代的教育发展观，等等。之后，人性问题在教育中的作用，得到了历代思想家的高度重视。孟子的"性善论"预示着人与生俱来就有向善的先天图式，教育的作用就在于将这种向善的图式（四端：恻隐、是非、辞让、羞恶之心）扩充起来，发扬光大。荀子的"性恶论"为教育提供了更广阔的空间。按此理论，因为人与生俱来的自然资质是恶的，所以人类的一切善性都只能依赖于环境和教育了。清代王夫之"性日生而日成"的观点则更准确地表达了自然资质与环境、教育的辩证关系。学习心理问题也是我国古代思想家给予充分探索的一个领域。我国古代思想家，一方面在自己的学习实践中不断获得亲身体验，另一方面对自己教书育人的实践加以总结和提炼，从而获得丰富的学习心理思想。简要地说，就是初步地揭示了学习过程的实质和规律，把学习过程看作是积累与贯通相结合的过程，还将学习过程划分为：立志、博学、审问、慎思、明辨、时习、笃行七个阶段。初步总结了一套学习的原则与方法。主要有:自求自得、熟读精思、循序渐进、博约结合、知行统一;初步考察了非智力因素,即一志五心(一志:立志;五心:专心、好心、乐心、恒心、虚心)①在学习中的作用。差异心理也是我国古代思想家十分关注的一个问题。孔子在自己的"诲人不倦"的教育实践中就发现自己的学生在志向、理想、兴趣、智力、能力、气质与性格等方面有很大不同,因此他主张因材施教。此后历代教育家都继承了孔子这一思想。

其次,我国古代思想家还探讨了桑代克教育心理体系中没有涉及的教育心理问题。如教师心理问题及教学心理问题、品德心理问题等。这在桑代克的教育心理学体系中都没有涉及,而我国古代教育心理学思想家都涉及了。因为我国古代教育家是在教育实践中研究教育心理问题的,所以发现的问题更为全面,也更具有生态化效用。在教师心理的探讨中,我国古代思想家非常重视教师的心理素质养成、良好师生关系的建立以及教师威信、榜样等问题。在品德心理方面,初步地探索了知、情、意、行等品德结构和品德形成过程,并总结了一套较为有效的德育原则和方法。主要有:因材施教、启发诱导、以身作则、表扬批评、主观努力等。

中国古代教育心理学思想虽然与现代科学教育心理学思想没有直接的渊源关系。但是它确实揭示了许多教育心理的规律,直到今天仍有借鉴意义。

2.西方教育心理学思想

西方的教育心理思想可以追溯到古希腊三哲的苏格拉底、柏拉图和亚里士多德。柏拉图在哲学界、思想界的地位是不言而喻的,但从教育心理学的角度来说他的主要贡献在于他的个别差异的思想。他主张教育要重视个别差异,让个体的身心获得均衡发展。亚里士多德主张顺应本性、培养习惯、启发心智的教育原则都符合现代教育心理学的理念。尤其是他的灵魂论对教育产生了十分深远的影响。亚里士多德在《论灵魂》一书中将灵魂分为三种,而人具备三种灵魂,因此必须实施三方面的教育:首先,人有植物的灵魂,对人体进行肉体营养和繁殖,通过锻炼后,肉体不断完善起来;其次,人有动物的灵魂,人有感觉、愿望、知识,因智育而达到真理的大门;最后,人有理性的灵魂,它通过德育达到完善的境界。亚里士多德堪称把古代哲学心理学与教育结合的典范。他的《论灵魂》为德育、智育和体育的和谐提供了哲学和心理学的依据。

---

① 燕良轼.中国古代几种重要的非智力因素及其在学习中的作用[J].心理科学,1991(6).

文艺复兴,用恩格斯的话说,那是一个需要巨人而且产生了巨人的时代,在教育领域也产生了一大批巨人。他们在自己的教育探索中自觉地将教育与心理学结合,产生了许多划时代的思想和论著。捷克教育家夸美纽斯在其代表作《大教学论》一书中,提出了许多教育与心理相结合的原理和原则。瑞士教育家裴斯塔洛齐在《论教学方法》一书中,首次提出了使"教育心理学化"的设想,后来又在《葛笃德怎样教育她的孩子》一书中提出了一整套心理学化的教学思想体系。

赫尔巴特在继承莱布尼茨"单子论"和英国联想主义的基础上,提出了"意识阈"和"统觉团"的概念。他认为,意识阈下的观念,只有那些与意识的统一相调和的观念才可能不遇阻力而升入阈限之上。进入意识的观念便可引起统觉。一个观念的统觉不仅使这个观念成为意识的,且使之被意识观念的整体所同化,该整体被称为统觉团。赫尔巴特的教育心理学思想可以概括为:(1)人类的心理具有知、情、意三种功能。(2)教育应以道德为先,而道德教育之实施则以自由、完美、善意、权利、正义为基础。(3)重视儿童的兴趣,并将儿童的兴趣划分为对事的兴趣与对人的兴趣。两种兴趣都是教育心理学研究的对象。(4)赫尔巴特影响最大的是他在统觉论的指导下提出的教育过程四阶段论:明了(确切讲授新知识)、联想(新知识要与旧知识建立联系)、系统(作出概括和结论)、方法(把所学的知识应用于实际,如习题解答、书面作业)。同这四个阶段相应的心理状态是:注意、期待、探究和行动。以后他的门徒将之发展为五阶段教学法:预备(唤起学生的原在观念和吸引学生的注意)、呈现(教师清晰地讲授新教材)、联系(使新旧知识形成联系)、统合(帮助学生进行抽象和概括,形成新的统觉团)、应用(以适当方法应用新知识)。五阶段教学法在全世界都产生了重要影响。

正是在这些教育心理思想的肥田沃土上,科学的教育心理学才破土而出。

(二)科学教育心理学的发展

1.科学教育心理学的诞生

教育心理学作为一门独立的科学,诞生于19世纪末20世纪初。我们知道,任何一门科学的诞生都不是一蹴而就的,它都需要在思想上、方法上、内容上有一个准备和探索的阶段,我们往往将这一阶段的事件或任务称为先驱或先驱者。能够称为教育心理学先驱的就是"实验教育派"。19世纪末,实验心理学成为一门独立科学后,欧洲一些教育家开始利用实验、统计和比较的方法,研究儿童身心发展以及教育上的一些问题,这样就出现了一个实验教育学派。这个实验教育学派其实是实验心理学与教育学结合的产物。它是教育心理学的先驱。实验教育派在德国的代表人物是莫伊曼和拉伊,实验教育学的名称就是由莫伊曼提出的。两人将实验心理学与教育相结合,研究了儿童身心发展的特征和过程,使教材、教法心理化和教学活动个性化。他们还研究了学习与疲劳,以及如何使学习费力少而收效多的条件,使学习"经济化"。实验教育派在法国的代表人物是大名鼎鼎的比纳和西蒙。1905 年他们编制了《比纳－西蒙智力测验量表》,用以测量儿童的智力年龄,以便对不同智力水平的儿童分别进行教育。

公认的科学教育心理学的创始人是美国的桑代克。桑代克从 1896 年起,就在美国心理学之父威廉·詹姆斯指导下开始了对动物学习的实验研究,这是世界上最早对动物学习进行的实验,也是世界上最早对学习进行的实验,还是最早进行的教育心理学实验。正是在学习的实验与测量研究的基础上,桑代克于 1903 年出版了一本真正意义上的《教育心理学》。1913 年扩充为三卷本《教育心理学》。这三卷分别是《人的本性》《学习心理学》和《工作疲劳与个别差异》。桑代克的《教育心理学》与之前的教育心理学的显著不同是:(1)桑代克的《教育心理学》是在大量的学习实验与测验材料的基础上写成的。这与之前仅仅是普通心理学或发展心理学的移植,特别是缺乏实验支持的教育心理学有根本不同。(2)桑代克的《教育心理学》建构出比较完整的教育心理学体系,即三大组成部分,这是之前的教育心理学难以比拟的。

2. 科学教育心理学的发展

科学教育心理学虽然诞生的历史很短,从桑代克 1903 年的《教育心理学》算起也只有百余年的时间,但其发展速度却是惊人的,教育心理学现在已是心理学领域最发达的分支之一,研究成果丰硕,从事教育心理学研究的人数在各个心理学分支中也名列前茅。由于各个国家的历史条件和文化背景等的不同其发展的状态也不同。

(1)科学教育心理学在美国的发展

在美国科学教育心理学诞生后,其发展的速度和水平都处于世界领先地位。自桑代克后,在美国逐渐形成了不同派别的教育心理学。概括地说,在美国主要有联结派教育心理学、认知派教育心理学和联结—认知派教育心理学。近年来又出现了所谓"第三思潮"的人本主义教育心理学。

1)联结派教育心理学。联结派教育心理学的创始人是桑代克,桑代克从动物的实验入手建立了自己的教育心理学。联结派教育心理学主张:①把一切心理现象都归结为刺激(或"情境")与反应的联结,把刺激—反应作为心理或行为的最高解释的原则或公式;②把所有的学习都归结为刺激—反应联结的形式;③在学习问题的研究方向上,注重外部现象与外部条件的探索,忽视内在过程与内部条件的研究。桑代克之后,在心理学界,人们将苏联的巴甫洛夫的经典条件反射学说、美国以华生为代表的老牌的行为主义和以斯金纳为代表的新行为主义以及班杜拉的社会学习理论都看成是联结主义教育心理学。尽管这些学派观点并不一致,甚至相互矛盾,但他们在坚持行为主义立场、注重强化、注重学习的外部条件等方面却十分一致。因为行为主义在联结派中的突出作用,所以许多学者又将联结主义直接称为行为主义心理学。

2)认知派教育心理学。认知派是在反对联结派的过程中成长起来的。这个学派的发源地在德国,认知心理学的前身是德国的格式塔心理学。其主要观点是:学习不是由于试误及强化而形成的"联结",而是通过有目的地对情境的整体理解而产生的"顿悟"。认知派教育心理学认为:①学习或行为要以意识为中介,受意识支配,而非刺激与反应的直接的、机械的联系;②学习在于依靠主观的组织作用而形成"完形"或"认知",主体在学习中是主动的而不是被动的,盲目的;③注重研究学习的内部过程与内在条件。这都是与联结派背道而驰的。在 20 世纪 60 年代认知心理学的中心转移到美国,在美国哈佛大学成立了认知研究中心;同时由于计算机和人工智能的发展与介入,信息加工心理学逐渐成为认知心理学的一个重要分支并独立出来。

3)联结—认知派教育心理学。联结—认知派教育心理学产生在两派理论的对抗中,是介于两派之间的一个新派别,心理学界将其称为联结—认知派或认知—联结派。联结—认知派人物都是从联结派中分化出来的。他们在自己的研究中发现自己学派的种种弊端和困惑,同时看到了认知派的长处并自觉地吸收到自己的理论体系中来,如托尔曼等。联结—认知派认为:①刺激—反应间的联结仍是心理现象的发生机制与解释原则,但这种联系不是直接的、机械的,而是存在一个"有机体的内部状态"的中介环节;②学习是通过主体对情境的领悟而形成认知图式或认知结构来实现的;③强调注意学习的外部反应与外在条件,同时也强调注意内部过程与内在条件。

4)人本主义的教育心理学。近年美国人本主义教育思潮兴起,并有方兴未艾之势。早在 20 世纪初,以帕克与杜威为首所倡导的"进步教育运动",就是以人本主义思想为其理论基础的,但此时对教育的影响不大。直到 20 世纪 60 年代,以罗杰斯和马斯洛为首的人本主义心理学思潮的兴起,才真正走入教育心理学的视界。其基本主张是:尊重人的价值、人的潜能与人的差异。强调教育的目标是促进学生的发展,使他们能够适应变化、知道如何学习的"自由"人。在学习观上,他们认为学习是获得自我经验,强调"学习者中心"。即重视学习者的需要、愿望、兴趣、情感,尤其是人格在学习中的作用。将自发性和主动性看成学习的动力。在教学方面提出了"非指导性"的教学理论与策略。

5)现代信息加工教育心理学。信息加工心理学是在认知心理学的基础上于 20 世纪 60 年代后形成和发展起来的,与计算机和人工智能的发展密切相关。其基本观点是将人的认知过程或学习过程看作信息加工的过程,即看成是信息的获得、传递、变换、储存和提取运用的过程。在他们看来,学生的学习要经过这样一系列的变质、变形的加工处理才能实现,而教育教学的过程就是按步骤、按阶段的促进学生信息加工过程的完成。

(2)科学教育心理学在苏联的发展

苏联教育心理学可以分为几个阶段。

1)十月革命前苏联教育心理学的发展。"俄罗斯教育心理学的奠基人"乌申斯基在 1867 年发表的《教育人类学》将心理学作为教育学的三个基础之一(其余两个基础为生理学和逻辑学),但他同时又认为"心理学就其对教育学的应用和对教育者的必要性方面来说。当然站在一切科学的首位"。卡普捷列夫于 1877 年撰写了世界上第一本教育心理学。但对教育心理学乃至整个心理科学影响最大、最负盛名的是拉祖尔斯基(1874—1917)。拉祖尔斯基是一位实验心理学家,他的下列两个主张对俄罗斯教育心理学产生了巨大影响:一是主张心理学应当像自然科学一样进行客观研究,使它的结论建立在具体研究的事实上,二是力主心理学应接近实际,成为对实践有益的科学,为此制定出能在自然状态下研究个体的"临床观察法"和"自然实验法"。他本人被誉为"俄罗斯心理学的伟大代表"。鲁宾斯坦在教育心理学的对象、任务与方法的争鸣中主张教育心理学应以校内外的具体生动的条件下发生的心理为研究对象。这一时期教育心理学的明显特点就是比较重视教育心理学的特殊性以及在教育条件下的特殊研究。与西方教育心理学发展一样,他们也反对以普通心理学研究中获得的资料,用纯粹演绎的方法去解释学校生活实际。

2)十月革命后至 20 世纪 50 年代末苏联教育心理学的发展。这一阶段的基本特点就是尝试以马克思主义的基本观点来改建心理学及教育心理学。其代表人物是维果斯基、布隆斯基、鲁宾斯坦。维果斯基是苏联"文化历史学派"即维列鲁学派的开山鼻祖。他在 1926 年出版的《教育心理学》一书中重申并提出了两个观点:一是坚决主张把教育心理学当作一门独立的科学分支来研究,反对将普通心理学的篇章移植到教育心理学中来。二是提出了用"文化历史发展论"去研究儿童的发展过程。布隆斯基强调儿童个性的统一性以及探索对儿童心理进行整体的综合研究的途径。1925 年他出版的《记忆和思维》被苏联心理学界认为是从心理的整体性出发,对记忆与思维进行综合研究的尝试。布隆斯基的这个观点,实际上是后来苏联教育心理学趋向综合研究的先导。鲁宾斯坦在这一时期的特殊贡献在于他确立了心理与活动相统一的原理。他在 1934 年就提出这个观点,1940 年出版的《心理学原理》中又重申"心理不仅在活动中表现出来,而且在活动中形成"。这一观点后来为苏联教育心理学强调必须结合实际教育活动进行研究的方向确立了理论依据。

自 20 世纪 40 年代起到 50 年代末,苏联教育心理学的显著特点是重视结合教学与教育实际的研究。广泛采用自然实验法,综合性研究占主导地位。这些都是在 20 世纪 30 年代确立的理论观点的指导下进行的。在这个时期涌现出一大批教育心理学家和教育心理学专著。但也存在两个方面的严重问题:一是忽视教育心理学的探索,对待巴甫洛夫的学说有严重的教条主义倾向,甚至导致联想主义重新抬头;二是对西方的教育心理学理论采取简单粗暴的全盘否定倾向,对马克思主义往往生搬硬套,缺乏创造性应用。

3)20 世纪 50 年代末至苏联解体期间苏联教育心理学的发展。20 世纪 50 年代末以后,苏联教育心理学有这样几个特点:第一,重视理论探索。在学习理论方面,列昂节夫发表了"论学习作为心理学的一个问题",对学习的实质,学习活动的结构、学习的类型、学习的动机与学习的迁移等理论问题发表了自己的独特见解。第二,进一步加强了同学校的实验教学直接相结合。最为突出的代表人物是赞科夫、达维多夫、厄里康宁、兰达与塔金雷金娜等人的教学改革实验。第三,把年龄与教育心理学融合为一体。出版一些具有特色的年龄与教育心理学相融合的新书。其中富有代表性的有:1972 年出版的 A. B. 彼得罗夫斯基主编的《年龄与教育心理学》,1984 年出版的 M. B. 加梅佐等主编的《年龄和教育心理学》。第四,重视人际关系在儿童心理发展中的作用。用人际关系层次测定的观点,对个体获得系统的个性特征的规律性、人格化过程的规律性,从理论和实验两方面进行深入的综合研究。第五,重视教学心理中的方法论和具体研究方法的探讨。重视方法论研究的有,如阿尔洛夫就非常强调客观研究法和发生研究法;马尔科娃则强调,要在组织学习过程中进行研究;要进行长期研究而不只是对学生的表述;要在现实社会关系中进行研究;要进行长期研究而不只是研究发展中的个别阶段。重视具体方法的探讨,比较突出的是应用教学心理诊断,即以心理测验为主,包括观察、谈话、作品分析、调查等综合研究方法,为教学提供依据。此外苏联教育心理学界还普遍运用动态的、发展的研究方法。第六,对待西方教育心理学的态度有根本性转变,由全盘否定到学习、借鉴。

(3)科学教育心理学在中国的发展

中国古代有着丰富的教育心理学思想,但是这些心理思想与现代意义上的教育心理学没有太大的、直接的渊源关系,中国的现代教育心理学主要是从西方"舶来"的。不过,中国学者最早接触的科学教育心理学并不是直接来自西方,而是来自日本。留日运动为科学教育心理学进入中国提供了三条途径:一是去日本的留学生翻译或编译教育心理学教材;二是日籍教员来华讲授教育心理学课程,他们的教材被翻译或编译过来;三是日本人在我国直接出版教育心理学著作。如上海广智书局出版了日本久保田贞则编著的《心理教育学》(1903 年),商务印书馆出版了日本高岛平三郎著、吴田照译的《教育心理学》,并出版了由湖北陈邦镇等合译的日本教习大久保介寿讲授的《教育心理学》,上海新学会社出版了尤惜阴著、庄景仲校阅的《实用教育心理学讲义》,以及文明书局出版了日本小原又一著、房宗岳译的《教育心理学》,清学部图书局印行了由美国禄尔克原著、日本柿山蓄雄和松田茂合译、王国维重译的《教育心理学》等。后来中国一些教育心理学家开始编撰教育心理学方面的著作,1924 年廖世承编著的《教育心理学》是中国最早且影响较大的一部教育心理学教科书。其后一些有影响的教育心理学著作也陆续问世。

新中国成立以后的教育心理学的发展可以概括为这样几个阶段:第一阶段是学习改造阶段(1949—1958)。学习苏联用辩证唯物主义观点改造建设心理学,为教育心理学发展奠定了良好基础。但是 1958 年掀起了"批判心理学的资产阶级方向"的运动使心理学的方兴未艾之势濒临夭折。第二阶段是纠正 1958 年的错误(1959—1965)。1962 年 2 月中国心理学会召开教育心理学专业会议,并成立教育心理专业委员会,此时中国教育心理学研究的范围已经延伸到学习心理、德育心理、智育心理、学科心理、个别差异、入学年龄、学习阶段划分以及教学方法改革等方面。1963 年出版了潘菽主编的《教育心理学》讨论稿。全国各师范院校相继重新开设心理学课程。第三阶段是遭遇重创阶段(1966—1976)。"文化大革命"时期心理学被打入"伪科学"的冷宫,作为心理学分支之一的教育心理学自然难逃厄运,遭遇重创。第四阶段是蓬勃发展阶段(1977—现在)。"文化大革命"结束后教育心理学迎来了全新的发展机遇,获得了蓬勃的发展。现在发展与教育心理学作为心理学的三大分支之一,在当代中国的发展速度和取得的实效是有目共睹的。

第二节　教育心理学的对象与任务

一、教育心理学的界定

教育心理学是一门应用领域的理论科学。它有自己特定的研究对象和独立的体系。正如美国认知心理学家奥苏贝尔所说,教育心理学必须成为一门独立的学科,拥有自己的理论和方法。它应作为一个独立的成年个体,而不是作为一个有依赖性的、完全派生的孩子。任何科学都有自己特定的研究对象。科学研究的区分,就是根据科学对象所具有的特殊矛盾性而实现的。因此,对于某一现象领域所具有的特殊矛盾的研究,就构成某一门科学的对象。那么教育心理学的特殊矛盾是什么呢?由于教育心理学家们所持哲学观点的不同,他们实践的范围以及认识水平的差异,因此他们所发现的"特殊矛盾"也不尽相同。

综合各种观点可以将教育心理学的理解概括为广义教育心理学和狭义教育心理学。广义教育心理学是指研究教育实践中各种心理与行为规律的科学。它既包括学校教育心理学,也包括家庭和社会教育心理学;换句话说,凡是教育领域一切心理与行为问题都是教育心理学研究的对象。广义教育心理学在中国主要以潘菽和朱智贤等为代表。朱智贤主编的《心理学大词典》中对"教育心理学"一词条的解释就主要采用了这种观点。据《心理学大词典》解释:教育心理学,是心理科学与教育科学的一个分支,是研究教育过程中的心理现象及其变化规律的学科。狭义教育心理学专指研究学校情境中的各种心理与行为的学科。具体地说,教育心理学要研究来自学生方面的心理问题,包括在教育条件下学生心理和行为的一般特点,学习的基本理论和过程,学生掌握知识、技能,发展智力、能力,形成品德、个性,学习动机、学习风格及个别差异等问题;教育心理学也要研究来自教师方面的心理问题,包括教师的角色及心理素质、教师的威信及成长、师生关系等;还要研究教学过程、教学设计、教学模式、教学环境以及因材施教等心理问题。此外还有来自学校师生交往系统和教学教育环境以及其他方面的心理学问题。我们认为,教育心理学作为一门科学,无疑应采用广义的定义,这样才能涵盖教育心理学的全部内容,但作为一名在校学习的本科生和研究生的课程,我们更多是讨论学校情境中的教育心理问题,所以就本书的内容来说,我们主要是在狭义层面使用教育心理学这个概念。

二、教育心理学的主要内容

根据我们对教育心理学研究对象的界定及其学科特点的说明，并结合我国教育的实际情况与改革要求，可以把教育心理学的内容体系概括为下面几个方面。

（一）教育心理学的基本理论问题

教育心理学的基本理论问题就是解决教育心理学作为一门学科的基本性质和地位问题。包括教育心理学含义的界定、教育心理学的学科性质、教育心理学的内容体系的确定、教育心理学的研究原则与方法等、学生身心发展的一般特征等及相关学科与教育心理学的关系等问题。

（二）学习心理研究

学习心理是教育心理学从诞生之日起就存在的一个重要组成部分。具体内容包括：①对学生学习的基本问题的探讨。对学习的含义、学习的类型与层次、学习的过程与特点的探讨，对不同学派学习观点的理论阐释等。②对知识、技能学习的阐述。包括对知识、技能的界定，对知识、技能学习的类型、结构、过程及培养的阐述。③对学习迁移、问题解决与创造力的阐述。具体包括学习迁移概念的界定、学习迁移的分类、学习迁移的理论、学习迁移的影响因素以及学校迁移能力的促进等；也包括对问题及问题解决的界定与分类、问题解决的过程、问题解决的模式、问题解决的影响因素，促进问题解决的教学策略等；还有对创造力的界定、创造力的影响因素以及创造力的开发训练等。④对学习动机与学习风格的研究。包括学习动机的结构、类型与作用，学习动机的主要理论观点，学习动机的激发与培养；还包括对学习风格的涵义、学习风格的构成要素、学习风格的差异与教学等。

（三）品德、自我意识与群体心理的研究

品德心理主要阐述品德形成的基本心理规律。具体内容包括品德与道德含义的界定、品德与道德的区别与联系、品德的基本结构、品德发展的基本理论、良好品德的形成与不良品德的矫正以及品德培养的途径与方法等。自我意识方面，主要包括对自我意识的基本结构、学生自我意识发展的规律、学生自我意识培养的途径等的讨论。群体心理主要讨论群体及其相互作用的种类，学生班集体心理的形成与发展，学生人际关系的建立与调适等。

(四)教师心理与教学心理研究

教师心理主要探讨的内容包括：①教师的角色及心理素质、教师的威信及成长、师生关系等；也要研究教学过程、教学设计、教学模式、教学环境以及因材施教等心理问题。②学校师生交往系统和教学教育环境以及教学媒体选择的设计等其他方面的心理学问题。③教学测量与评价的含义与种类，有效教学测验的基本要求，教学测验的编制与应用等。其目的在于使学习者掌握科学的教学设计与教学考评方法，提高教育教学的目的性和自觉性。

三、教育心理学的研究对象

当今世界上教育心理学教科书各式各样。由于众多作者对教育与心理学所持的观点不同，各国的社会背景不同，因此不同作者对教育心理学的对象与任务的看法也不同，其教科书在内容上也有很大的差异。

概括地说，教育心理学家对教育心理学的研究对象有两类不同的定义和三种观点。下面我们具体分析目前教育心理学领域流行的两类教育心理学研究对象的定义和三种不同的观点。

第一，宽泛的定义。可以用潘菽主编的《教育心理学》的提法作为代表。该书认为："教育心理学的研究对象就是教育过程中的种种心理现象及其变化。"顾明远主编的《教育大辞典》在"教育心理学"条目中采用了相似的定义，主张教育心理学是"研究教育与教学过程中的各种心理现象及其发展变化规律的一个心理学分支，心理学与教育结合、为教育服务的一门应用性学科。"以这样的观点看待教育心理学，其优点是研究对象涵盖面广，可以把为教育服务的各种心理学研究囊括其中。其缺点是"教育过程中的种种心理现象及其变化"是一种过于含糊的说法。这样的界说难以使它与为教育服务的其他心理学分支学科相区分，如我们同样也可以把"学习心理学""教育社会心理学""学校心理学"宽泛地定义为"研究教育过程中的种种心理现象及其变化"的心理学分支学科。

第二，非宽泛定义，即把教育心理学的研究对象限定为"学校情境中的学习与教学的心理学规律的探索"。在非宽泛定义中，又可分为两种不同的观点。其中一种观点强调以学生的学习为主线，把教师的教学看成只是影响学生学习的外部因素。美国教育心理学家奥苏伯尔的观点可以作为这种观点的代表。他在《教育心理学这门学科还存在吗？》一文中说："教育心理学是心理学的一个特殊分支，它关心的是学校学习和保持的性质、条件、结果和评价诸问题。因此，在我看来，教育心理学的学科内容主要包括有意义学习与保持的理论以及认知、发展、情感、人格和社会等一切重要变量对学习结果的影响,尤其是那些能为教师、课程设计者、程序设计者、程序教学专家、教育技术学专家、学校心理学家或指导顾问、教育管理人员或整个社会操纵的变量的影响。"20多年后,这一段话被加拿大1992年出版的一本教育心理学教科书以醒目的字体引用在书的正文之前。冯忠良同意奥苏伯尔的观点。他主编的《教育心理学》明确指出:"教育心理学的对象可以确定为教育系统中学生的学习及其规律与运用。"

非宽泛定义中的第二种观点强调以教师的教为主线,教育心理学应研究教师教学的全过程。美国斯坦福大学盖奇等编著的《教育心理学》体现了这种观点。他虽然认为"心理学是个人的思想和行为的研究,教育心理学是对于我们如何教和学有关的那些思想和行为的研究",但他在编写自己的教育心理学教科书时,却明显是以教师的教为主线来安排教材的。他说自己的书是"根据教学过程模型加以组织的。该模型始于描述教学目标和学生的特征,接着介绍有关学习动机的观点,然后讨论教学方法、练习以及教学方法的选择与应用,以教学评价过程告终"。

根据教育心理学的发展现状和我国的具体情况,我们把教育心理学定义为"应用心理学原理和方法研究学校情境中学习与教学的基本心理学规律的科学"。这一提法的好处有三点。第一,它反映了教育心理学与一般心理学的联系,其研究遵循一般心理学的原理与方法。第二,它反映了教育心理学研究对象的特殊性。因为教育中包括师生的双向活动,不仅有学生的学,也有教师的教。教育心理学首先要研究学生如何有效地学习,同时又要研究如何指导学生有效地学习。第三,我们这里提研究学与教的基本心理学规律,便于明确区分教育心理学与学科心理学。教育心理学研究学与教的一般心理学规律,而学科心理学研究各种学科学与教的特殊规律。

当我们仔细研究我国与西方教育心理学教科书及辞书关于教育心理学定义时,会发现一个有趣的现象:国内学者多采用潘菽主编的《教育心理学》的定义(或类似定义)来界定他们的研究对象;西方学者一般采用非宽泛定义,即用"教学与学习"来界定他们的研究对象。但随着时代进步和研究发展,国内学者逐渐接受了非宽泛定义。

四、教育心理学的研究任务

根据上面对教育心理学研究对象的分析,可以将教育心理学研究的主要任务归纳为三方面。

（一）关于学习的研究

广义的学习包括日常生活中的学习、各级各类学校中学生的学习以及其他各行各业在职培训中的学习。教育心理学研究的主要是中小学学生的学习。具体地说，教育心理学在学习方面的研究担负如下任务。

第一，揭示学习结果的性质。一般地说，学习的结果是人性的变化。人性的变化，从其涉及的范围或领域而言，有认识方面的、能力方面的或性格方面的；从程度而言，有暂时的、有相对稳定的和能保留终身的；从方向而言，有积极向上的和向善的、有消极不良的和向恶的；从心理测量角度看，有内潜的、不可直接观察和测量的，有外显的、可以直接观察和测量的。教育心理学应从上述不同方面，研究学习结果的性质，为教育目标的确定提供心理学依据。

第二，对学习结果进行科学分类。对于复杂的现象，人们最初只能笼统地进行研究。随着认识的深入，人们总是要分门别类地进行研究。医学的发展是一个很好的例子。最初人们对疾病了解很少，医学对疾病只作一些笼统的描述。随着医学发展，分门别类的研究越来越细化和深入。分门别类研究的结果使医生能对不同的疾病开出不同的有效处方。

学习也是一种极为复杂的现象，哲学心理学和早期的科学心理学对学习的研究是笼统的。直到 20 世纪 60 年代心理学家才开始意识到学习结果有不同的类型。心理学对学习结果做分类研究就像医学对疾病做分类研究，找到不同类型学习结果的特殊学习规律，就可以为不同类型的教育目标的达成提供具体的教学措施。

第三，阐明学习的过程。任何结果的实现必须有其相应的过程，教育心理学既要阐明学习的一般过程，也要阐明不同类型学习结果的特殊学习过程。

第四，阐明有效学习的条件。学习过程的发生依赖适当的学习条件。学习条件，有学习者自身的，也有学习者自身之外的，前者被称为内部条件，后者被称为外部条件。教育心理学的任务是要揭示一定的内外条件怎样影响学习发生的过程和结果。因为教学只是为学生的学习创造适当的内部和外部条件，一旦教育心理学分门别类地阐明了不同类型的学习过程发生的内外条件，那么教学方法的选择便有了科学依据。

第五，阐明不同学习结果的测量与评价方法。教学效果科学评价的基础是学生学习结果的测量。心理测量被认为是心理科学对社会实践的最大贡献之一。教育心理学家需要运用测量这个工具改进教育测量与评价方法，提高其效度和信度。一般来说，学习结果的测量和评价是针对教学目标的测量与评价。知识与技能的目标易于测量与评价,创造能力与情感价值方面的目标不易测量与评价。这就给教育心理学的研究提出了挑战。教育的需要将会推动教育心理学的研究出现新进展。

(二)关于教学的研究

这里所说的教学主要指中小学的教育和教学。教学是有目的、有计划的师生相互作用过程。从教的方面看,教师要完成如下任务,引导学生达成教学目标。

(1)用心理测量的方法确定学生的起点和终点(即教育目标);

(2)激励和维持学生的学习动机;

(3)通过多种形式向学生呈现有组织的信息;

(4)引导学生对呈现的信息做出适当反应;

(5)对学生的反应提供反馈和纠正;

(6)创设良好的人际环境,便于师生之间以及学生之间进行各种交流;

(7)对学生的学习结果做出诊断和评估,必要时给予补救教学。

教育心理学的任务是从心理学观点对教师的教学行为进行研究。例如,教师应如何引起和维持学生的学习动机,用什么媒体向学生呈现教材更有效?对学生反应的反馈可以是部分的或完全的,也可以是即时的或延时的。针对不同任务,哪种反馈更有效?在评估学生的学习成绩时,如何根据学生的外在表现准确地推测学生的内在能力和品德的变化?合作学习一定优于个体学习吗?在什么条件下需要合作学习?在什么条件下适宜于个人独立学习?教育心理学的任务是用实证研究的方法对上述种种有关"教"的问题做出有科学依据的回答。

(三)关于师生心理的研究

1.教师心理研究

在影响学生学习的外部条件中,教师的素质起决定性作用。社会上长期存在的教育资源的争夺,实际上主要是对高素质的教师的争夺,所以教育心理学除了要研究"学"与"教"的心理学原理之外,还要重视教师心理的研究。在这一领域已有的研究包括:鉴别教师职业所需要的个体的心理品质以及教师的心理品质与其职业成就之间的关系;通过新教师与专家型教师比较研究,揭示教学专长的知识技能的构成成分;新教师向专家型教师成长的过程与条件;教师心理健康及维护。总的来看,与学习和教学心理学研究相比,这一领域的研究相对薄弱。

2.学生心理研究

学生心理研究包括三个方面:一是儿童和青少年心理发展研究,二是中小学生差异心理的研究,三是例外(或特殊)学生心理的研究。从学科研究分工来看,前两项研究主要是发展心理学和差异心理学的研究任务,而不是教育心理学的研究任务。教育心理学家和教师在进行教学干预时,必须考虑发展心理学和差异心理学已经揭示的心理学原理,如皮亚杰发现的儿童认知发展阶段原理,维果茨基提出的最近发展区的理论,加德纳的多元智力理论。当然,教育心理学家或教师在运用这些理论时,可以丰富和检验现有理论。随着社会进步,特殊学生已经成为特殊教育专业研究的对象。他们中的许多人将进入特殊学校,但也有些人会进入普通中小学,所以教育心理学也要关心特殊学生的心理的研究。

综上,教育心理学是一门实践性很强的应用科学,但它不是普通心理学原理的简单应用,也不是儿童发展心理学、学习心理学和差异心理学等几门与教育有关的心理学分支学科的简单组合。

第三节　教育心理学的现状与研究方法

一、教育心理学的现状

教育心理学发展到今天,它的历史如果从赫尔巴特的《普通教育学》问世(1806年)算起,至今(2019年)已有213年;如果从卡普杰列夫的《教育心理学》出版(1877年)算起,则有142年;如果以桑代克的《教育心理学》出版(1903年)为起点,也有116年了。教育心理学的现状如何? 在它的发展过程中是否存在着根本性的问题? 这些问题同本学科的发展有很大关系,应予以足够重视。

公正地说,教育心理学发展至今,已取得了很大的成就,但同时也存在着一些根本性的问题。我们只有了解教育心理学的发展现状,在既看到成绩又认清问题的基础上,在肯定成绩的同时,努力寻求妥善解决这些根本性问题的途径,才能打破当前局面,以求突破性的发展。

(一)教育心理学的主要成就

教育心理学在发展中取得的成就是多方面的。首先,教育心理学从无发展到有,而且目前已成为心理科学中一个较发达的分支。从美国获得教育心理学博士学位的人数来看,就可以得到说明。据格洛佛等所著的《教育心理学的历史基础》一书的报道,美国在 1920—1985 年间,获得教育心理学博士学位的人数已达 14 800 人。其中,1920—1960 年所获得教育心理学博士学位的人数仅 3 800 人,1961—1985 年间获得教育心理学博士学位的人数则达 11 000 人。不仅可见本学科专业队伍的庞大,而且可以看到增长的速度是很快的。

其次,教育心理学的研究成果显著,在本学科的发展过程中,不仅创立了许多学习理论,提出了许多教育、教学的心理学观点,而且积累了大量的研究资料,出版了大量的研究作品和有关教育心理学的著作。就学习的理论观点来说,属于联结理论的较著名的就有桑代克的联结说,华生的习惯说,赫尔的内驱力递减说,斯金纳的操作条件作用说,巴甫洛夫等的联想—反射说。属于认知理论的较著名的就有格式塔学派的完形说、勒温的场论、布鲁纳的认知—发现说、奥苏伯尔的认知—同化说、加里培林等的学习的活动理论。属于联结—认知理论的,有托尔曼的符号学习说、加涅的认知—指导说等等。此外,还有许多局部性观点与理论,如桑代克的学习律、加涅关于学习行为的 8 个阶段理论等。所有这些理论及其所依据的研究资料都为本学科的建设奠定了良好的基础。

第三,教育心理学对教育实践的作用越来越显著。20 世纪 50 年代以来,轰动一时的一些重大教育改革运动,也都是由教育心理学家发起的。如美国斯金纳倡导的程序教学及机器教学运动;布鲁纳的结构主义的课程改革运动;苏联赞科夫的改革小学教育体制的运动等等。

总的说来,教育心理学在发展中取得的成就是十分显著的,尤其是 20 世纪 80 年代以来,国内外的教育心理学研究存在着以下几个趋势:①在理论思想方面,外因论和机械论被逐渐克服;②实验采用心理模拟法;③理论研究与实际研究相结合;④在传统理论及课题基础上提出了许多新的理论、研究课题与方法,如认知理论、构造观点、累积学说、内化学说、信息加工模式等等;⑤微观研究与宏观研究相结合;⑥分析性研究与综合性研究相结合;⑦定量研究与定性研究相结合。所有这些,对教育心理学的发展都将产生重大的影响。另外,教育心理学发展过程本身为本学科的发展积累了经验和教训,这些经验和教训对本学科今后的发展是大有益处的。

应该说,教育心理学发展中取得的成就是令人鼓舞的。但是,我们还必须看到其中存在的许多问题。

（二）教育心理学发展中存在的主要问题

教育心理学发展中存在的问题很多，其中以本学科作为一门独立学科而存在的一些根本性问题最为严重。这些问题可以称为教育心理学的科学学问题，主要表现为以下几点。

1. 教育心理学研究对象不明确，意见分歧大

在关于教育心理学的对象问题上，大体存在着两种不同见解。一种占主导地位的传统观点认为，教育心理学是应用于教育实际的心理学，其对象是教育实际中的心理现象。持这种观点的有美国的索里、推尔福特、林格伦，日本的大桥正夫，英国的斯通等。索里和推尔福特在《教育心理学》一书中称："教育心理学是一门应用的学科，而不是一门具有独特内容的学科。它是师资教育范围内的一门课程，其中心理学的内容、资料和方法都是针对教育问题的。"林格伦强调："教育心理，是应用到教与学过程中的心理学。"另外还有一些类似的观点，如迪杰诺其卡和卡皮尔在《美国教育者百科全书》中认为："教育心理学是关于应用于教育或教学实际中的心理学的研究。它既联系教育又联系心理学……"勒弗隆沙斯在《关于教育的心理学》中谈道："教育心理学可以定义为相关的心理学知识和观点在教育理论和实际中的应用。"

另外一种与上述观点不同的意见认为，不应把教育心理学简单地当作缺乏独立性的应用学科。他们认为教育心理学是一门具有特殊的研究对象、内容结构及方法的独立性学科。持这种观点的有苏联的维果斯基、彼得罗夫斯基，美国的奥苏伯尔，日本的正木正等。维果斯基早在其1926年出版的《教育心理学》中就认为，把普通心理学的现成篇章移入教育心理学是徒劳无益的，必须把教育心理学作为一门独立的学科分支来研究。彼得罗夫斯基坚持了这一观点，在《年龄与教育心理学》中，他说："教育心理学的对象是研究教学和教育的心理学规律。教育心理学研究控制教学过程的心理学问题，探究认识过程的形成，寻求智力发展的可靠标准，确定在教学过程中达到有效的智力发展的条件，研究师生间以及学生间相互关系的问题。此外，教育心理学还研究与学生的个别指导有关的一些问题。"

在美国，奥苏伯尔的观点独树一帜。他坚持认为教育心理学是一门独立的学科，其主要对象为学生在学校中的学习，主要任务是探讨"课堂学习的性质、条件、效果和评价问题"，而不是教育过程中的心理现象。

类似的观点还有许多，如戴维斯在其《教育心理学的理论与实践》中说："直到20年前，教育心理学仍被认为是'心理学的原则在教育上的应用'。

近十几年来,教育心理学已被假定有其自己的身份,不再接受'应用于教育的心理学'这样一个陈腐的称号了。它有其独立的课题,如课堂学习和教学的理论和方法,课堂动机和课堂管理的原则,在教学与测验中写出使用教学对象的策略等。"

伍尔福克在《写给教师的教育心理学》谈道:从教育心理学已有的 80 年的历史来看,对于它的确切定义仍有争议。有的人认为教育心理学就是从心理学中获得的"知识"的应用;有的人认为教育心理学是心理学的"方法"在学校生活中的应用。而许多人认为教育心理学具有清楚的原则、自己的理论、研究方法、问题以及技巧。就目前来说,第三种观点的呼声越来越高。

2. 传统的教育心理学的内容庞杂,体系零乱

许多以教育心理学命名的著作,实际内容是教师所需知道的各种心理学知识的汇编。依据 R. 平托纳对美国 20 世纪 60 年代被认为是标准教育心理学教科书的 21 种著作的统计,其主要内容涉及 15 个课题。这就是:遗传、生理构造、发育、行为过程、学习的意义、影响学习的诸因素、学习理论、练习的迁移,测量基础理论、测量的应用、统计学原理、心理卫生、性格教育、小学的学科心理与中学的学科心理。从所列的课题内容来看,不仅包含普通心理,还包含了发展心理和心理测验的研究课题。《美国教育者百科全书》认为:"教育心理学……通过研究课堂或学校中的个体(学习者和教师),集中于增进学习或教学的环境,它既应用现有的心理学的理论、概念和原理,也发展新的、多用于学校或教育情境中的普通心理学成分,包括人的发展、感觉、知觉、态度、评价、问题解决、人格、调节、学习理论、测量、评价、评定、兴趣、动机、教学技巧、心理健康、学习模式、行为修正等内容。"

奥苏伯尔对美国流行的教育心理学教科书中的内容颇为不满,认为是不成体系的大杂烩。他在其《教育心理学》一书中明确提到,教育心理学是一门独立学科,其主要对象为学生在学校中的学习,主要探讨课堂学习的性质、条件、效果和评价问题。因而,他的教育心理学与美国传统的教育心理学有所不同:①他的书没有直接论述儿童发展、青年心理、适应心理学、心理卫生、人格等,只是当这些学科内容与课堂学习直接有关时才提及它们;②他的书完全排除了流行的教育心理学教科书中那些取自普通心理学和儿童心理学,但对课堂学习关系不大或没有关系的内容。如需要的实质与发展、对挫折的反应、亲子关系、生理发展等;③他的书主要研究课堂里的学习,即有意义的符号学习、接受学习和发现学习;④他的书理论观点是认知的,而不是折中主义的;⑤他的书比一般的书更强调儿童的认知发展。

教育心理学至今体系庞杂零乱,主要原因在于其对象问题至今没有解

决。研究对象不明确,当然不可能有明确的内容体系。

3.教育心理学与邻近学科的关系不明

由于教育心理学对象不明确,体系零乱,致使教育心理学与邻近学科的关系不清,具体表现在以下三个方面。

首先,在教育心理学与普通心理学的关系上,传统的观点认为教育心理学是普通心理学或心理学在教育方面的应用,教育心理学是普通心理学的一个附属部分。在《行为科学辞典》中,沃尔曼认为:教育心理学是心理学的一个分支,它特别着重于通过将心理学中关于学习的知识应用于学校实际,以提高学习效率的问题。持相反观点的一些心理学家则强调教育心理学是一门具有特殊对象、特殊内容、结构的独立学科,而不应成为普通心理学的附庸。前述的奥苏伯尔的观点就属于此类。目前,趋于这种观点的人越来越多。

其次,在教育心理学与儿童心理学的关系上,许多学者认为教育是改变人的心理或本性的过程,因此教育心理学必然包括人类个体的身心发展内容。这种观点在 20 世纪初发起的实验教育学运动中得到了广泛的传播,目前仍有很大影响。自莫伊曼倡导教育要与儿童心理结合以来,直到目前的传统教育心理学著作中,儿童心理仍然占很大篇幅。如前面提到的平托纳所统计的美国 21 种标准教育心理学教科书中,均有关于个体的遗传、发育及行为发展的内容。另有一些心理学家认为,教育心理学应有机地列入儿童心理学(或年龄心理学)中,成为人的发展的一个组成部分。这在苏联教育心理学中较为突出。苏联在 30 年代后出版的两本教育心理学教科书,即 1958 年列维托夫主编的《儿童和教育心理学》以及 1972 年由彼得洛夫斯基主编的《年龄与教育心理学》,都是将教育心理学与儿童心理学合在一起的,也就是说,他们把教育心理学和儿童心理学混同起来了。

第三,在教育心理学同教育学、教育法等教育学科关系上。19 世纪初,教育心理学化运动的倡导者裴斯塔洛齐与赫尔巴特认为教育必须依据心理学,因而教育心理学是教育学科的基础。与传统意见相反的观点则认为教育心理学要依据教育学。这种观点在苏联 1936 年批判儿童学之后,曾相当流行。最初对教育必须依据心理学观点提出反对的是教育家马卡连柯。他曾宣称:"凡是企图只从反射论,从心理学、从实验心理学中找出教育方法,只根据某个人的情况来找出某种教育方法,这就是具有儿童学倾向的人。"在这种"左"倾思想的压力下,苏联著名心理学家列昂节夫于 1937 年在《苏联教育学》杂志上发表的《心理学和教育学》一文中,修正了早先流行的教育学必须依据心理学的观点,强调教育心理学必须依据教育学。这样,这两门学科间的关系就颠倒过来了。

4.研究方法有待改进

研究对象不明确,内容庞杂,体系零乱,必然影响到教育心理学的研究方法。当人们把教育心理学当作是附属于普通心理学或心理学的一个分支学科时,必然会忽视本学科的特殊性,生搬一些实验心理学的方法进行研究。教育心理学还是一门不够成熟的学科,积累的资料也还不够。研究所依据的事实,并不都来自实验,因而其结果的科学性和精确性会受到影响。在研究中,理论的概括是需要的,这与思辨不同。理论的概括可以给本学科带来进展,但理论一定要建立在可靠事实的基础上。在教育心理学研究中,要重视方法,但又不局限于某种固定的方法。

教育心理学发展到今天,已取得相当的成就。然而,一些科学学方面的根本问题不容忽视。只有通过进一步的研究,妥善解决这些问题,才能求得教育心理学突破性的进展。

二、教育心理学研究的原则

教育心理学研究的原则是教育心理学研究中应直接遵循的准则。必须坚持以辩证唯物主义和历史唯物主义的方法论作为指导。可以说辩证唯物主义和历史唯物主义是我们从事教育心理学研究的总原则。在此前提下,遵循下面几条具体原则。

(一)客观性原则

客观性原则的核心思想就是实事求是,一切从实际出发。具体地说,就是在教育心理学的研究中要遵循教育过程中的客观规律,即在研究中要按客观事物的本来面目反映事物。主要体现在两个方面:一是在对学生和教师心理的研究过程中,要对影响学生与教师心理的外界环境、行为反应及其内心体验进行客观的分析。二是在对研究材料进行分析时,要将客观数据与主观的分析相对照,通过客观事实来验证主观判断的正确性,而不能掺杂研究者的主观臆测,应具体地、实事求是地研究学生与教师的心理现象。

(二)发展性原则

人类的心理是处于不断的发展变化之中的,学生正处于从不成熟到成熟的过渡阶段。是人生变化最大的时期之一。教育心理学所研究的对象主要是青少年学生,他们要实现从儿童向成年人的转变。所以无论是他们的生理还是心理都有相当大的发展变化,这就要求研究者必须用发展的眼光去看待他们,必须坚持发展的原则,从发展的角度来分析影响学生心理发展的诸要素,才能得出合乎实际的结论。

(三)系统性原则

系统性原则就是要求在研究心理现象时应把人作为一个开放的、动态的、整体的系统进行综合考察,以便把握心理现象各个要素之间的必然联系。具体地说,在教育心理学的研究中要坚持以下四个观点:①整体观。心理是以整体的形式存在的,所以不能用孤立、片面、割裂式的观点看待问题,因为只有坚持整体观才能理解和把握心理现象的特性及其相互制约关系。②层次观。人的心理是一个有序的、自组织的、多层次的结构系统,因此要求我们在教育心理的研究中也应当从多角度、多层次、多侧面进行考察。③动态性。心理活动总是处在不断地变化之中,因此教育心理的研究要切忌用静止、孤立的观点看问题。④自组织适应观。人的心理还是一个开放的系统,它是在与内外界环境不断交换信息中生长和发展的。总之,系统性原则要求我们对待学生的心理事件、教学事件必须放在教育的系统中进行考察。有些局部成功的教育事件,很可能是对整个教育系统的破坏。如片面追求升学率,对某个具体的学生可能是成功的,但对整个教育系统来说却是以牺牲学生的身心健康和整体素质为代价的。系统性原则所追求的是系统各个层次、各个侧面、各个要素的协调与和谐的发展。

(四)理论联系实际的原则

教育心理学虽然也有自己的理论探索,但其学科性质属于应用心理学科。这种应用学科的性质就决定了教育心理学研究必须为教育实践服务。因此,它的研究课题必须来源于教育实践。它的研究成果也必须能够付诸教育实践,并且保证科研成果的实际应用效能。教育心理学的研究要从教育实际出发,研究教育情境对学生心理活动的影响及学生心理活动对教育情境的依存性。教育心理学的研究只有面向教育实际,才能积累大量有价值的科学资料,也才能提高教育的教学质量和管理水平。

(五)教育性原则

教育性原则是教育研究中的一个特有原则。上述几个原则都不能违背这一原则。因为违背这一原则,也就违背了教育或教育心理学研究的初衷。研究教育心理学的基本目的就是要更有效地提高教育教学质量,如果研究者违背了教育性原则,这一目标非但不能很好地实现.还会适得其反,给学生的身心健康带来不良的影响。同时,研究成果应有助于加深对高等教育本质及其规律的认识,有助于教育教学改革的深化。一种研究在没有足够的把握有助于促进学生身心的某方面发展时,绝不能贸然地大面积开展。

三、教育心理学研究的类型

(一)纵向研究与横向研究

纵向研究,也称追踪研究,它是在比较长的时间内,对人的心理发展进行系统、定性的研究。儿童心理学家普莱尔就是最早运用系统追踪研究观察法研究儿童智慧发展的心理学家。瑞士著名儿童心理学家皮亚杰也大量采用纵向研究的方法观察儿童智慧的发展进程。纵向研究要求在规定的时间内对同一对象的心理活动及其特点进行反复测查,因而能系统、详尽地了解心理发展的连续过程和量变与质变规律。其缺点是周期长、易受社会环境变动以及样本的自然减少等的影响。

横向研究,也叫横断研究,它是在同一时间内对不同年龄组被试的心理发展进行测查并进行比较的研究。比如,要研究 10～16 岁儿童思维发展特点,可以同时对 10 岁、12 岁、14 岁、16 岁四个年龄组进行测试,比较研究。这种研究省时、高效,但缺乏系统连续性,难以确定因果关系,取样程序也较复杂。

为了克服纵向研究与横向研究的缺点,发挥各自的优点和长处,研究者常常将二者结合起来,称为"动态研究",确保其科学性与实用性。

(二)个案研究与成组研究

个案研究,是对一个或少数几个被试进行研究。这种研究一般采用纵向追踪的研究方式,能对被试进行详尽、系统、深入的考察,但被试太少,影响研究的代表性和典型性。

成组研究,是对一批被试进行研究。从统计学上看,成组研究取样多,可以量化处理,科学性较强,代表性也较好,但是深入研究程度不够。

在实际研究中可以将二者结合起来,能够获得既全面又深入的效果。

(三)相关研究与因果研究

相关研究,是教育心理学研究中的一种重要类型,是探索两个事件、特质或行为之间的关联程度的研究。但是相关并不能代表因果关系,两个事件相关联并不能表明它们存在因果关系。

因果研究,也是教育心理学中常见的一种研究类型。它是揭示事件之间原因与结果关系的研究。因果研究对条件控制要求很高,在研究中应注意：一是要创设某种实验情境，使之能引起某些心理现象，同时要控制可能影响这种心理现象的其他因素；二是当一种情境引起了某种心理现象时，我们只能说是此种情境下的因果关系，因为脱离特定条件谈因果关系是没有意义的。

(四)量的研究与质的研究

量的研究，又称"定量研究""量化研究"，是一种对事物可以量化部分进行测量和分析、以检验研究者的理论假设的研究方法。量的研究有一套完备的操作技术，包括抽样方法（如随机抽样、分层抽样、系统抽样、整群抽样）、资料收集方法（如问卷法、实验法、测验法）、数字统计方法（如描述性统计、推断性统计）等。其基本研究步骤是：研究者事先建立假设并确定具有因果关系的各种变量，通过概率抽样的方式选择样本，使用经过检验的标准化工具和程序采集数据，对数据进行分析，建立不同变量之间的相互关系，必要时使用实验干预手段对控制组和实验组进行对比，进而检验某种关于事物客观规律的理论假设。

质的研究又称质化研究，是以研究者本人作为研究工具、在自然情境下采用多种资料收集方法对社会现象进行整理性探究、使用归纳分析资料和形成理论、通过与研究对象互动对其行为和意义建构获得解释性理解的一种活动。

这个概念可以具体理解为以下内容。

(1)研究环境：在自然环境而非人工控制的实验环境中进行研究。

(2)研究者的角色：研究者本人就是研究工具。一般不使用量表或其他测验工具。

(3)收集资料的方法：多种方法，如开放型访谈、参与型和非参与型观察、实物分析等。

(4)结论和理论的形成方式：归纳法，在资料的基础上提升出分析类别和理论假设。

(5)理解的视角：主体间的角度，通过研究者与被研究者之间的互动理解后的行为及其意义解释。

(6)研究关系：研究者与被研究者之间是互动关系，要考虑这种关系对研究的影响。

四、教育心理学的研究方法

教育心理学的具体研究方法多种多样，由于研究的时间、被试、搜集与处理资料的方式等等各种条件的不同，致使研究方法也有所不同。此处无意列举各种方法或方法的分类,而是从教育心理学研究的实际出发,介绍几种常用的方法。

(一)调查法

调查法就是在自然条件下,对所要研究的对象的状况进行实际了解,搜集有关资料的一种方法。调查既可以是直接的,如对调查对象进行观察、测量、访谈等,也可以是间接的,如作品分析、经验总结等。调查既可以是全面的普查,也可以是根据要求进行抽样调查或个案调查。无论何种形式的调查,都不控制、变更或干预调查对象及其所在的环境。

1.观察法

(1)观察法的含义与特点

观察法是应用感官或借助于科学的观察仪器,有计划有目的地对被试的言行表现进行考察,从而搜集资料的一种方法。观察法是教育心理学研究中普遍使用的一种基本方法,如研究者对学生的课堂行为的观察等。观察法既可以作为一种独立的搜集资料的方法来单独使用,也可以作为调查的一个开端环节,与其他方法结合使用。

与其他方法比较而言,观察法既有其优越性,也存在一些缺点,这主要从下面几个特点中反映出来。第一,可获取当前所发生的行为和其他现象的有关信息。这不仅可以使观察者把握全面现象,而且还可以注意到当时的特殊的气氛与情境。第二,可获取不能直接报告或不便报告的对象的有关信息。比如动物、婴幼儿、聋哑者等难以直接报告自己的心理活动过程,需要借助外界的观察。第三,可获取真实而自然的有关信息。由于不受观察对象的注意或不对观察对象进行干预、控制,所以所观察到的行为表现是最自然而真实的。但由于所观察到的可能仅是被试所表现出来的行为的一小部分,而且在没有控制的条件下,可能有一些无关变量的干扰,所以,不易从所观察到的资料中得到某种因果关系的推断。第四,通常不要求观察对象的合作,但对观察者的要求较高。

(2)有效使用观察法应注意的问题

要通过观察来获取真正有效的信息,观察者的观察能力是非常关键的。为此,应注意以下几点。

1)做好观察的前期准备工作

教育心理学研究中所应用的观察法有明确的观察目的,有相应的观察计划,有确定的观察对象,有准备充分的观察工具。如果没有事先的充分准备,则可能劳而无获,丧失掉许多有用的信息。比如,欲应用观察法来研究学生课堂违纪行为,则事先应该确立观察的时间段(一节课的开始段、中间段、尾声段)、具体的观察内容(可能的违纪行为)、观察的指标(如违纪行为发生的种类、频率、持续时间等)、观察工具的准备(观察记录表、摄录像设备)等等。

2)做好观察记录

完整而准确的记录有助于事后的整理、分析和进一步的深入研究。观察记录有多种形式,如详细记录有关的各种事实的描述性记录方式、按照等第评定量表或行为类型编码系统来记录的数据记录形式、借助于视听设备进行观察记录的工具记录形式等等。无论何种形式的记录,都应尽量做到完整、客观、准确、有序。一般而言,研究者经常采用多种记录形式,以期获取全面而准确的资料。

3)消除观察者误差

观察过程中,由于观察者的作用,使观察和记录的客观性与可靠性受到影响,造成不同程度的观察误差。为此,应特别注意防止和控制某些误差的出现。

首先,应减少观察者对观察对象的作用。有时观察者的出现可能会引起观察对象的好奇,并致使其产生不真实的行为表现。或者观察者事先向观察对象泄露了观察的目的与内容,致使观察对象有意表现或掩盖某种行为。

其次,应防止观察者的某些反应偏向。每一位观察者都拥有不同的经验,但若具有某种偏见性的经验倾向时,就会使观察记录具有某种潜在的误差。比如,观察者对观察对象所产生的成见,可能给予观察对象过宽、过严或趋中的等级评定,诸如此类的反应倾向都有可能产生观察记录的偏差,致使观察结果的可靠性下降。为此,应对观察者进行必要的训练,并改进、利用较客观的观察评级方法,以克服可能产生的误差。

2. 访谈法

(1)访谈法的含义与特点

访谈法是指通过研究者与研究对象的交谈来搜集有关资料的一种方法。比如通过应用访谈方法,可以了解学生的学习动机与学习态度、学习方法的使用情况、优差生的自我效能感等等。应用访谈法,可以获取非常丰富、完整和深层次的信息,对于个案研究非常有用。

由于访谈法的基本特征是通过直接的面对面的交谈或间接的电话交谈来获取有关信息的,因此,与其他方法相比,它具有某些特点。第一,灵活而易于控制。研究者可根据研究目的随时调整、追加或重新解释有关问题,对重要的问题可以适时强调并导向深入。它使访谈对象既可以自由发表意见、坦率直言，又可以在适当控制下而不偏离主题。但对于访谈结果的处理与分析比较复杂，难以量化。第二，适用范围广。可以对各种类型的个体访谈多种不同的问题，成人、儿童、文盲等都可以接受访谈调查。但访谈需花费时间与精力，这就导致访谈对象的数量受到限制，使用该方法的代价较高。第三，访谈的效果取决于双方的合作。由于访谈是谈话人之间的一种社会交往过程，谈话双方的心理特性与行为等相互影响，这给研究工作带来了复杂性，也对访谈者提出了更高的要求。

(2)有效使用访谈法应注意的问题

1)做好访谈的前期准备工作。在正式访谈之前，应明确访谈的目的，并根据此目的来选取访谈对象，拟定访谈程序。虽然访谈具有灵活性，但也绝非毫无目的、不着边际的漫谈，应根据调查目的事先来确定一些原则性的访谈内容及其访谈方式，以获取最佳的访谈效果。在必要的情况下，还应该配备摄像、录音、纸张文具等工具，以期搜集到全面、关键的资料，并为将来的整理、核实提供准备。

2)把握访谈的方向与主题。访谈能否自始至终围绕调查目的进行，这是决定访谈能否成功的关键。访谈时应紧扣主题，尽量避免题外话；所提问题应尽量明确而具体，遣词用字应使访谈对象易于理解；随时观察访谈对象的情绪变化及其出现的新问题，既不能使访谈受其情绪变化所左右而跑题或中断，同时又要捕捉与调查目的密切相关的新信息，并将其纳入访谈内容之列。

3)掌握访谈技巧。从访谈双方的初次见面到正式开始访谈直至访谈结束，其中无不包含着访谈技巧。若是第一次与访谈对象交谈，首先应作自我介绍，并利用对方感兴趣的事情作为话题而引入。交谈过程中应设法营造一种愉快而友善的气氛，使访谈对象畅所欲言，并始终围绕着访谈主题进行。应注意访谈问题的组织与编排，尽量使各个问题过渡自然，并能激发访谈对象的兴趣与动机。对访谈过程和结果的记录也应讲求技巧，以免因记录而中断、扰乱谈话主题，或引起访谈对象的不满与戒心。

4)减少访谈者误差。由于访谈者和访谈对象的生活经验、社会背景、文化水平、价值取向等诸多方面的不同，因此记录下来的事件和观点难免带有访谈者个人的主观感受与猜测甚至误解。访谈者的态度、表情、语调、服饰等，也有可能使访谈对象产生知觉偏差。访谈过程中的错记、漏记、不适当的提问等都将影响访谈的真实性，使访谈的结果出现偏差。为克服上述各种偏差，访谈者应进行必要的访谈训练，并在正式访谈之前做好充分的访谈准备。如果可能，还可以利用辅助的记录工具与访谈量表，以保证其客观性。

3.问卷法

(1)问卷法的含义与特点

问卷法是将严格设计的系统问题或表格以书面形式发给(或寄给)研究对象,请求如实回答,进而搜集资料和数据的一种方法。问卷法适用的研究问题非常广泛,越来越引起教育心理学研究者的重视,并加以充分利用。

问卷法的主要特点有下面几点:第一,不受人数限制,样本可大可小。既适合小范围的调查,也适合大规模的调查,取样范围广泛,有利于搜集丰富、充分的材料。但有时因各种原因使问卷回收率较低,达不到预期效果。第二,适用范围较广泛。问卷调查所涉及的内容几乎不受限制,无论是内隐的心理活动还是外显的行为都可使用问卷法。但有时难以辨别、证实答卷内容的可靠性,从而影响所得资料的真实性与结论的科学性。第三,资料易于整理和统计分析。由于大部分的问卷调查是可以按照标准化的方式回答的,所以对这些资料便于作数量化处理。第四,对问卷的编制有较高的要求。编制一份良好的问卷的难度较大,在问题的数量与顺序、问题的措辞、问题种类与复杂性等方面都有相应的要求。

(2)有效使用问卷法应注意的问题

问卷法在教育心理学研究中占有非常重要的地位,但绝不可滥用或误用,否则将产生不正确的结论,误导他人,产生不良后果。为此,应采取谨慎和科学的态度来使用问卷法。具体应注意以下几个关键问题。

1)依据研究目的来构建问卷框架。根据有关理论和研究的目的与假设,确定研究的内容与范围,主要包括确定问卷的形式(开放式、封闭式或综合式)、调查对象的选择与取样、问卷内容与范围的界定、所欲采取的统计分析和解释的方法等。问卷框架构建不合理,直接影响其结果的可靠性。其中问卷的内容尤其重要,应将那些能全面、客观、正确地反映和说明调查现象的材料作为问卷的内容。内容若有偏差,则整个问卷都会发生偏差。

2)编制合适的问题。问题是问卷的主干结构,要调查研究的内容是通过一系列的问题来体现的,因此,问题编制水平的高低直接决定着研究的成效。这也是使用问卷法的关键环节之一。问题的措辞应简洁明确,易于理解,避免使用诱导性或情绪化的字句;问题的数量和回答时间应适中;问题呈现的顺序应依据先易后难、先简后繁的原则。必要时,还应编制一些测谎题和校正题,以保证其科学性。

3)对问卷进行测试与修订。在正式施测问卷之前,应先进行小范围的试测或预测。通过试测,可以检查问卷所存在的缺陷,修改那些含糊、容易引起混乱的问题。应对问卷进行项目分析,考察其效度与信度,检查是否达到所要求的质量。根据试测的结果,再次修订问卷,以保留、删除或补充某些题目。

4.测量法

(1)测量法的含义与特点

测量法就是应用某种测验来研究心理活动规律与特性的一种方法,即按照一定的规则与程序,对心理现象进行数量化测定。智力测验、人格测验、教师自编的各种学科测验等都是教育心理学研究中常用的测量手段。通过测量,可以为进一步的诊断、评价、甄选和有效的教学与指导提供依据。

与上述各种研究方法一样,测量法也具有适用范围广、所得资料较客观真实且易于整理和分析、施测简便等特点。但心理测量又具有特殊性,主要表现在:第一,以测验作为研究的工具。通过考察个体在测验题目上的得分来评定、推断其心理过程或心理特质,这与通过观察、访谈等获取信息的研究方式是不同的。第二,测量的结果具有相对的稳定性,并经常以类别、等级和顺序关系加以表示。好的测验能够测量出表现于一个人行为方式上的稳定的心理特质。正因如此,使用测量法才具有实际意义。当然,由于心理特质也会随条件的变化而发展、变化,所以测量所得结果的稳定性也是相对的。第三,对测验的编制、选用具有较高的要求。要想测量出学生的真实心理状况,测验本身应该可靠、准确、具有实用性。同时,对于某些测验而言,还应该由受过专门训练的工作人员来进行施测、记分和解释等。

(2)有效使用测量法应注意的问题

1)确立对待测量的正确态度。心理测量方法在实际工作和理论研究中具有非常广泛的用途,小至学科单元测验,大至高考、能力结构理论的构建,无不包含着心理测量。但由于研究手段和测量工具的不完善,使用这种方法时必须慎重,以防止测验的乱编滥用。使用测量方法是必要的、有效的,但又必须加以适度的控制,以保证测验的编制、实施、解释等诸环节的科学性,避免因误用、滥用测验而导致的不良后果。

2)编制符合要求的测验。测验的编制是一项严肃的、要求较高的任务,测验编制水平的高低直接决定了测量的效果。为此,研究者提出了一系列的编制测验的基本原则、一般步骤和方法,并确立了鉴定测验优劣的标准,如测验的信度、效度、实用性等。测验编制者不仅对心理与教育领域的有关问题要具有较深的造诣,而且还要通晓测验的基本原理和编制技术。

3)保证测验的严格施测与客观评估。一般而言,应该由具有一定资格的专业人员按严格的规范来实施测验,并对测验的结果进行客观准确的评分、解释和诊断。对于某些心理测验而言,还要求测验的使用者恪守职业道德。

(二)实验法

实验法就是从某种理论或假设出发,有计划地控制某些条件,以促使某种或某些现象的产生,从而对其结果进行分析研究的一种方法。实验既可以在实验室条件下进行,也可以在自然条件下进行;既可以对动物进行实验,也可以对人进行实验。与调查法相比,实验法要人为地控制或创设实验情境,以揭示各种变量之间的关系。教育心理学研究中常用的实验法主要有实验室实验和自然实验两种。

1. 实验室实验

(1)实验室实验的含义与特点

实验室实验是指在特别创设的条件下(通常指实验室)进行的实验。教育心理学的一些研究是通过实验室实验来完成的,比如早期对动物学习的研究多是在实验室中进行的,而现在对学习的内部认知过程的一些研究也可以在实验室中进行。这些研究常常要利用专门的仪器和设备。

实验室实验的主要特点有:第一,对实验情境和实验条件进行严格控制。通过对实验场景、实验刺激(自变量)、被试选取及反应等多种因素的人为的主动控制,可以排除无关变量的干扰,探讨在其他条件下无法研究的种种现象,揭示各变量之间的因果关系。但由于实验的人为控制,有时难以将实验室内得到的结论直接推论到现实中。尤其对于一些复杂的心理现象的研究,如社会规范的学习过程的研究等,实验室实验有一定的局限性。第二,实验结果的记录、统计比较精确、客观。借助于实验仪器和统计学技术来准确测定、记录和处理资料,使结论的科学性与精确性有所增强。

(2)有效进行实验室实验应注意的问题

1)科学、合理地进行实验设计。实验设计是在实验之前对如何操纵自变量、控制无关变量以及如何检测因变量的一种扼要的计划,它是保证实验顺利进行的一个非常重要的先决条件。由于研究目的、变量类型及其关系等的不同,实验设计有多种多样的方式。研究者应该根据所要研究的问题,来确定、选择自变量与因变量,识别无关变量,并确定具体的实验设计类型。

2)控制无关变量。无关变量虽然与实验目的无关,但若不加以控制,将影响实验结果,使实验半途而废或达不到预期效果。无关变量的控制是实验室研究中非常关键的一个问题,也是研究者极为关注的。控制无关变量的方法有许多种,一般是通过合理的实验设计和统计处理(如协方差统计分析)来实现的。

3)选择和利用恰当的实验仪器。由于实验室实验的特殊性,往往要利用特定的仪器来帮助呈现刺激、控制环境、测量或记录实验过程、处理实验结果等。现代化仪器的使用,使教育心理学研究的水平大大提高。但在选择和使用仪器时,应该使其性能符合研究的目的与要求,比如具有相应的灵敏、准确性,可以自动搜集大量的复杂的信息等,但同时又不能干扰实验的正常进行。

2.自然实验

(1)自然实验的含义与特点

自然实验又称现场实验、实地实验,是指在实际情境下进行的实验。这种方法越来越受到研究者的重视与认可,教育心理学的许多研究都是应用的自然实验方法,比如各种形式的课堂教学与课堂行为的有关研究都属于自然实验。

自然实验与实验室实验相比,有下面一些特点:第一,与实际联系密切,易反映真实情况。在实际情形中进行研究,既进行了适度的控制,又不失其真实情境的特性,因此可以获得较为真实、可靠的资料,研究的结果具有普遍性和实用性。但自然实验一般花费较高,所需的研究技能也较复杂。第二,研究中涉及的变量较多。由于是在真实的自然情景中进行的研究,被试的取样与分配、实验处理等都不是随机的,而是以符合实际条件的方式来操作的,有许多变量参与到实验中,影响着实验结果。这一方面意味着研究结果比较符合实际,但另一方面也说明不易做出变量之间的因果分析。这就需要应用不同的方法,在不同的时间对变量之间的关系进行多次检验,以确定其结果是否一致。

(2)有效进行自然实验应注意的问题

1)详细制定实验计划。由于自然实验涉及的变量较多,因此更应在实验之前周密考虑,依据研究的目的来确定要考察和控制的变量、所选用的实验设计方案。同时也应确定所选被试的类型与数量、实验规模与时间、实验结果的统计与分析方法等等。最好是将实验的各项步骤编成进度表,以便严格控制执行。

2)尽量控制无关变量与误差。与实验室实验一样,自然实验也要对无关变量进行最大限度的控制,以保证实验结果的真实、有效性。这主要是通过实验设计,来尽可能地将实验控制在基本合理的范围内。而在实验的实施过程中,也会不可避免地出现许多影响实验的意外事件和干扰因素,致使实验结果产生误差。比如被试的中途退出、各种实验者效应(如期望效应)、被试效应(如霍桑效应、安慰剂效应)等。针对这种情况,应该在实验之前充分考虑,采取预防措施;实验过程中采取及时的补救措施,以将误差减至最小。

上述列举的几种方法各有其特点,在实际的教育心理学的研究中,往往是多种研究方法的合理的综合应用,而非某种单一方法即可奏效的。应该根据研究的目的,来选取恰当的方法。

第二章 学习理论

第一节 学习的界定

一、学习的科学含义

(一)学习的科学定义

结合其他学者的观点,可以将学习定义为:有机体经由练习或经验,在知识、态度(含情绪)、行为(含品行)或行为潜能上发生相对持久的变化。这是广义学习的定义。此定义现在已得到多数教育心理学家的公认。要准确掌握广义学习的定义,关键是要掌握以下四个要点。

第一,学习既是一种结果又是一种内部过程。学习的目的是为了获得某种结果,这种结果按照认知心理学家加涅的观点包括智慧技能、认知策略、言语信息、运动技能和态度。换言之,学习可以获得五方面的结果。当然,不同观点的心理学家对学习所获结果的认识不完全相同,但是对学习可以获得一定的结果这一点几乎没有疑义。同时,学习也包括变化的内部过程。虽然学习作为一种内部过程至今无法直接测量,要了解学习是否发生过,只能根据学生在学习前后外显行为的变化才能推断出来。但是,古今中外的教育家和教育心理学家都尝试要将学习的这一内部过程揭示出来。如一些学者对学习阶段的探索,尝试用信息加工的观点去探索学习的心智操作或心理运算过程,这都可视做这方面的努力。

第二,学习结果既可以是外显的,也可以是内隐的。学习作为一种结果常常表现为学习者外显的行为变化。例如,一个没有学习过计算机的人通过几个月的学习,操作计算机的行为水平有明显的提高。但有些学习却不能立竿见影地引起外显的行为变化,要经过很长时间才能显现出来,如对艺术的鉴赏或对某种新思想的接受,这类学习并不一定在人们的当前行为中立即表现出来,却影响着人们日后的行为表现。还有些学习的结果并不一定都能表现为行为变化。一些认知领域、情感领域的学习并不必然地表现为行为的变化,比如一个人某种观念或某种态度的形成就不一定表现为外显的行为,很可能永远以行为意向或行为倾向的状态存在。即以内隐的方式存在。也就是说,有些学习虽然一时没有直接引起行为的变化,但是引起行为意向或行为倾向的变化了,如某种认识的提高,某种态度的形成或改变等,这都可以被认为是学习。

第三,此种变化是能相对持久保持的,也就是必须能够持续一段时间(但到底持续多长时间才算学习发生的标志,学界至今仍有争论)。这样,最佳的学习往往是能获得长时间的影响有机体,并成为有机体第二天性的结果。当个体表现出一种新的技能,如游泳、驾车等,就认为学习已经发生了。学习者的有些变化(像适应和疲劳等)因为是暂时的,就不能叫学习。

第四,主体的变化是后天习得的,即由他或她与环境的相互作用而产生的,换言之,学习是因经验而产生的;若是由先天因素、成熟、酒类饮料或药物等引起的变化,就不是学习。当然。经验一词有两种含义:一是指活动的结果,即个体在生活中所经历到的一切事情;二是指活动的历程,即个体在生活中为适应环境要求所从事的一切活动。学习定义中所使用的"经验"一般是指"活动的历程"的"经验"。

(二)处理好几对关系

要正确理解广义学习的内涵,还要处理好以下几对关系。

1.学习与本能

强调学习是经由练习或经验而引起的知识、行为或行为潜能的变化,是由于除人以外还有许多动物(甚至低等动物)也能表现出极其复杂的行为模式,不过,这些行为模式主要不是学习的结果,而是出自它们的本能。所谓本能(instinct),指动物在进化过程中形成并由遗传固定下来的、不学就会的能力。例如,鸡孵蛋、鸟筑巢、蜂酿蜜等。它实际上是由一系列无条件反射构成的。

本能的行为模式一般要同时具备两个条件:(1)这种行为模式或行为方式是这一物种的所有正常成员都具备的;(2)即使在与其他同类成员隔绝的情况下,在这类物种中随机抽取任何一个正常的个体,此个体都会产生这种行为模式或行为方式。例如,初生的婴儿具有吸吮的本领,此本领同时符合上述两个条件,是一种本能。这种本能中国古人都已认识到。如据《二程集·河南程氏遗书》卷十九记载,二程曾说:"万物皆有良能,如每常禽鸟中,做得窠子,极有巧妙处,是当良能,不待学也。人初生,只有吃乳一事不用学,其他皆是学。"在二程看来,万物都有与生俱来的本能,不过,人的本能是非常少的,因此,除了"吃乳一事"是天生的本能外,其他一切能力都是后天习得的。但是,猫吃老鼠就不见得是一种本能。因为根据中国著名心理学家郭任远的"猫—鼠同笼共养"实验表明,猫吃老鼠的行为是后天习得的,而不是天生的、不学而能的本能行为。当然,学习与本能之间的区别也不是完全泾渭分明的。有时人们也会看到一些天生的行为模式因经验而发生变化。如,同一种鸟在不同地区可能会叫得不完全一样,这可能是它们受到了当地其他鸟叫的影响。

2.学习与成熟

在一定程度上讲,人的发展是由成熟(生理的发展)和学习(心理的发展)构成的。成熟是指个体在发展上的、解剖学上的、生理学上的变化,这些变化是建立在遗传特征的基础上,随时间的推移而生长与发展的,就好像是由遗传事先预定的方案的自然展开。这些内在的发展顺序与形式是不受外部力量影响的,有机体要做出某些行为,神经系统与肌肉组织必须达到一定的成熟水平。例如,无论人们创造出再"高级"的教学方法,在儿童神经动作控制发展到一定程度以前,是无法让他们握笔写字的。抽象一点说,对于某种学习任务,学习者的或熟水平在达到某一最低限度以前,是不可能完成的。格塞尔与汤普森对同卵双生子进行爬梯训练的经典研究足以说明这一点。

不过,事物的发展并不一定呈直线式。例如,在一般情况下儿童要到1岁左右才会独立行走,在儿童达到一定的成熟水平之前进行步行训练通常是无效的。但是在婴儿出生后两个月内有一种行走反射,在这期间假若每天用双手托着婴儿让其学习走路,受过训练的婴儿会比其他婴儿走得早一点。当然,这个提早走路的时间量仍是有限的。简言之,不能将因年龄变化引起的机体内部组织变化而导致的行为变化叫作学习。

3.学习与成绩

学习是一种在学习者内部发生的事情,因此,学习本身是无法直接测量的,能够测量的只是学习的结果,人们只能通过测量学习的结果来判断学习是否发生和学习的性质。这就使得学习与成绩之间的关系颇为复杂。

4.行为的暂时变化与相对持久的变化

强调学习是行为相对持久的变化,是为了区别那些因各种原因而引起的行为的暂时变化。使用"相对"或"比较"一词,是因为学习者在习得某种反应倾向后,虽然会形成稳定的习惯与牢固的知识,但随着时间的推移,可能也会发生遗忘,不能因为一个人多年后忘了怎样解二元一次方程式而否认他在中学时的学习。

5.人的学习和动物的学习的本质差异

广义的学习中的"有机体"既可以是动物也可以是人类。这样,广义学习的上述特点本是动物的学习和人类的学习所共有的。但是,本书也承认人类的学习与动物的学习有着本质的不同。这种本质差异是从以下几个方面表现出来的。首先,人类的学习与动物的学习在内容上有很大的不同。人类的学习借助语言和思维的参与,除了获得个体经验以外,还可以掌握人类积累的全部经验;而动物的学习只局限于其自身的直接经验。第二,人类的学习是在改造客观世界的劳动中。在同其他人的交往过程中进行的,而动物的行为是有机体对于一定刺激所做出的单一反应。第三,人类的学习是一种自觉的、积极的、主动的过程,动物的行为是一种被动的适应过程。

6.广义的学习与狭义的学习

广义的学习本是一个中性概念,换言之,其学习结果没有好坏之分。这不太合乎人们的一般思维习惯。于是,狭义的学习定义也就应运而生了。狭义的学习即学生的学习。是指学生在教师的指导下,有目的、有计划、有组织、有系统地掌握前人的知识、技能,发展智力和能力,培养个性和思想品德的过程。学习不仅指有组织的知识、技能、策略等的学习,也包括态度、行为准则等的学习。学习不仅指学生在学校内的学习,也包括个体自出生就存在的一直持续终生的日常生活中的学习。学生学习有两个明显特点:一是,以学习前人积累的间接经验为主,不是以直接实践为主,可以避免人类认识活动中的许多曲折和错误,直接接受人类经过千百次实践获得的认知成果;二是,学生学习是在教师指导下有目的、有计划地进行的,它比单枪匹马地自学有更高的效率。

二、早期的学习观点

(一)学习的理念回忆说

学习的理念回忆说是由古希腊哲学家柏拉图在苏格拉底思想的基础上系统提出的。柏拉图认为所谓理念即人生来就有、永恒不变、四海皆准的知识。他认为,理念是世界的本质,世界万物都是理念派生出来的。只有理念才是唯一真实可靠的东西,灵魂来自理念世界。人生时理念世界的灵魂进入人体而支配身体活动,人死后灵魂又离开人体回到理念世界,所以灵魂是永生不死、轮回转世的。柏拉图认为人的灵魂可分成三部分,即理性、意气和情欲。其中,理性是最高级的灵魂,与理念的认识有关。那么,理性是通过什么来认识理念的呢?柏拉图认为是通过回忆。他认为,理念之所以能为理性所认识,是因为人的心灵中本来就存在着理念。但是,人生来就有的理念只是作为一种潜在的形式存在着,要使潜藏于心中的理念为理性所认识,还要通过感觉经验的激发,才能把心中固有的理念回忆起来。柏拉图认为,这一回忆心中固有知识的过程就是一个教育、启发和学习的过程。或者说,学习的过程就是恢复固有知识(理念)的过程。因此,按照柏拉图的观点,学习就在于通过感觉经验,使灵魂引起对理念世界的回忆、唤起对理念世界知识的影子,从而恢复理念。学习不过是对理念的回忆,学习只不过是回忆罢了。

当然,人的灵魂除了理性部分,还有非理性部分,即意气和情欲。意气表现为激情、愤怒,指向赢得荣誉和胜利,是一种高尚的冲动。情欲则是灵魂的低劣部分,它所追求的是肉体的快乐。柏拉图认为,肉体是灵魂的监牢,灵魂受到肉体及尘世的干扰,就会忘却从理念世界带来的理念,从而阻碍人对理念世界的认识。因此,人要想认识理念、获得普遍性的知识,就必须不断地通过教育、锻炼和学习去排除情欲的困惑,使人心得到"纯化"。只有这样,才能使人洞察真理,接近精神世界。

既然学习的过程就是一个理念回忆的过程,那么怎样才能使个体更好地回忆起理念呢?柏拉图认为,苏格拉底的"产婆术"是最有效的方法。这一方法的含义是:教师没有知识,至少可以说教师不传授知识;甚至相反,教师就是要运用启发性的方法去引出学生自己固有的知识。也就是说,既然知识是天赋的,那么学习就只能靠学生自己,教师只能承担帮助者的角色。在实际教学中,这种方法特别强调学生对古典名著的积极主动的学习,认为理念回忆的最好训练材料是古典名著,因为古典名著中记载了人类文明的永恒真理。

(二)学习的官能训练说

学习的官能训练说是在理念回忆说的基础上,随着官能心理学的发展而形成的。官能心理学是由沃尔夫在莱布尼茨的心灵单子论的基础上系统提出的。莱布尼茨认为,世界万物都是由单子构成的,单子是无限的、不可分割的和能动的客观精神实质。灵魂是人体中的最高单子,物质只是单子的外部表现。沃尔夫则主张单子有两种:一种是心灵单子,即灵魂;一种是物质单子,即身体。它们两者之间有着预定的和谐,互不影响。他并且认为,灵魂不是空白的、被动的,而是具有一种主动活动的、富有理性的固有观念。沃尔夫认为,人的灵魂具有感觉、想象、记忆、注意、思维、推理、情感和意志等官能。灵魂的各种官能是各自分开的实体,分别从事不同的活动。例如,人们利用记忆官能去进行识记和回忆,利用思维官能从事思考活动。沃尔夫还认为,虽然心灵的官能是人生来就有的,但必须经过训练才能得到发展和加强。因此,学习的实质就在于加强和训练各种心灵官能。由于官能训练说认为教学的主要目标,不是为了获得知识,而是为了加强心灵官能,因此他们认为学习的内容并不重要,重要的是所学对象的难度和训练价值。他们认为,学习的具体内容是很容易被遗忘的,其作用只能是暂时的;而只有通过训练得到的官能发展,才是永久的,才是终身受益的。

同时,由于官能训练说以性恶论作为其人性论基础,因此它尤其强调对意志官能的发展和训练。它认为,学习要想取得成效,必须经历一个痛苦的过程,个体必须去做自己不想做的事。因此,难记而不实用的古典语言(如拉丁语和希腊语)、数学和自然科学中的难题,被认为是训练官能的最好教学材料,而对实用性强的英语、法语和其他实用知识的教学则不予重视。在这种思想影响下的教师往往是独裁的,甚至是恶意的,他们常常故意把作业搞得既艰难又单调乏味;课堂气氛常常是严肃的,甚至是严厉的,学生常常在高度紧张和焦虑的情境下从事学习。

(三)学习的自然展开说

自然展开说认为,学习不是经验的获得,而是潜能的展开。也就是说,学习的过程是人固有的自然本性显露的过程,而不是从外界获得经验的过程。它是法国哲学家卢梭在捷克教育家夸美纽斯的"教育要适应自然"的思想的基础上系统提出的。夸美纽斯认为,"自然"就是"我们最初的、原始的状态",是人生来就有、未经触动的本性。"教育要适应自然",就是说教育要遵循学生的身心发展特点,顺应儿童的自然倾向。他认为:"教师和医生一样,是自然的奴仆,不是自然的主人。"儿童的发展是自内向外的,是儿童自然本性的外化过程。人的心理犹如一粒种子,植物的形状和特性已经存在于种子里面,"我们不必从外面拿什么东西给学生,只需把那暗藏于体内的固有的东西揭开和揭露出来"。因此,教师所要做的只是依据儿童的本性,启发学生的积极性和主动性,激发学生自己的学习愿望。

以夸美纽斯的思想为基础,卢梭对当时法国及欧洲其他国家的教育进行了猛烈的批判,并正式提出了学习的自然展开说。他认为,"出自造物主之手的东西,都是好的;而一到了人的手里,就全变坏了"。这就是因为教育违反了人的天性,把好端端的人造成了形形色色、畸形异状的怪物。卢梭认为,教育的最终目的应是培养"自然人",即身心和谐而健康发展的人。而要达到培养"自然人"的目的,必须实施自然主义教育,让儿童在生活和活动中自然地进行学习,让儿童无拘无束地纵情于他们自己的自然冲动、本能和情感之中。卢梭认为:"这种教育,我们或者受之于自然,或者受制于人,或者受之于物。我们的才能和器官的内在的发展,是自然的教育;别人教我们如何利用这种发展,是人的教育;我们对影响我们的事物获得良好的经验,是事物的教育。"在这三种教育中,自然的教育是人所不能控制的,必须使物的教育和人的教育配合自然的教育,以自然的教育为主轴,使人的教育和物的教育围绕它而旋转。因此,所谓自然主义教育,就是以发展儿童的"内在自然"或"原始倾向"为中心的教育,人的教育和物的教育都应以追求儿童的"内在自然"为目的。

既然人的教育和物的教育应与儿童的"内在自然"的发展相一致,因此教育必须依照儿童内在自然的发展顺序,以儿童的内在自然为依据,通过恰当的教育,使儿童的身心得以自由的发展,使其自然本性逐渐地得以展开。卢梭反对那种把儿童看作缩小的成人,甚至把儿童看成学问家、道德家和宗教家,以便把成人的知识、品德早早地加之于儿童的错误倾向。为此,他特别呼吁应"把儿童当儿童看待"。不过,应该说明的是,自然展开说实际上只重视对儿童的成长和发展规律进行研究,而并不重视对学习自身的研究,因为他们认为学习仅仅是对个体发展模式的自然展开过程。

(四)学习的统觉团形成说

1. 心理的统觉理论

学习的统觉形成说是赫尔巴特在洛克的"心灵白板"论的基础上,在裴斯塔洛齐的"教育心理学化"思想的直接影响下系统提出的。所谓"教育心理学化",就是认为教育可以以心理学为基础,也必须以心理学为基础。因为只有以心理学的原理为基础,教育者才能了解儿童,从儿童的实际出发,按照儿童的天性进行教育。在此基础上,赫尔巴特进一步明确提出教育的首要科学基础是心理学,并认为"心理学作为一门科学,应建立在形而上学、数学和经验的基础之上。"即以形而上学为基础,以数学为方法,以经验为内容。

所谓"以形而上学为基础",就是从哲学的最基本原理出发,来论证心理现象。在赫尔巴特看来,人的灵魂(心灵)是宇宙中无数实在的一种,它与其他实在(即外界事物)发生关系,便产生"观念"。人的灵魂像其他实在一样是永恒的,其最初是空无所有、没有任何天赋观念的,其自身是不可知的,人们只能认识其现象,即人的灵魂与其他实在相互作用而产生的、并构成灵魂内容的无数观念。他认为,人的灵魂包括上意识和下意识两个部分。在上意识领域,存在着许多因灵魂与外界事物相互作用而出现的不同观念;在下意识领域,也保存着无数观念,这些观念可以随着灵魂与外界事物的相互作用而进入上意识。这些观念的不断变化,就构成了人的全部心理活动。

所谓"以数学为方法",就是通过应用计算的方法来推导心灵中观念的变化或运动。赫尔巴特认为,心灵中的各种观念有强度上的差别,强的观念能成为其他观念的刺激力量,使它们发生变化。至于观念如何相互作用,如何变化,完全取决于它们的强度,而观念的强度可以用数学方法计算,从而加以控制。

所谓"以经验为内容",就是指人的心灵完全是通过观念的获得和逐渐充实而发展起来的,一切心理现象都是由各种观念的相互作用而产生的。它从作为感知的对象,到保留在意识中,要经过一系列复杂的心理过程,即统觉过程。任何观念、任何经验的获得,都是统觉的结果。所谓统觉,即新观念为已经存在于意识中的旧观念所同化和吸收。赫尔巴特认为,任何观念的存在都不是孤立的,而总是与其他观念相互联系,组成一个"观念团",这个观念团通过统觉过程把与之一致的新观念吸收进来。观念团随着统觉过程不断扩大和完善,以至形成观念的体系,最终形成统觉团或称"思想之环"。统觉团或"思想之环"是观念体系的最终形式,是心灵发展的最高阶段。

依据统觉学说,教学上应把新的知识与学生原有的知识结合起来,通过统觉过程把新知识纳入学生原有的知识体系中,才能进入学生的意识领域,从而为学生所理解。学生原有的知识观念越多样,观念体系越广泛,新旧知识的结合就越紧密,知识就掌握得越好。

2.统觉团的形成过程

赫尔巴特认为,学习和教学过程就是一个统觉过程,就是一个统觉团的形成过程。这一过程具体包括四个阶段。

(1)明了

这一阶段的主要任务是使学生获得清晰的观念,为新旧观念结合做准备。教师应把新知识、新观念讲解清楚,并仔细考察、充分了解学生"思想仓库"中的原有观念。学生应对新教材进行分解,清楚地了解学习内容的每一部分,形成知识的完整表象,并与意识中相关的观念即已经掌握的知识进行比较。此时,教师应利用各种手段来激发学生的兴趣和注意,使学生专注于教材。

(2)联合

通过"明了"阶段,学生获得了许多个别的观念,"联合"的作用就在于通过统觉的作用把观念综合起来,使个别的观念形成一般的观念团。赫尔巴特强调,教师应把新知识与学生已有的知识联系起来,把新知识建立在已有的知识经验基础之上。此时,教师应注意调动学生的记忆与想象活动,使学生的认识由特殊上升到一般,以形成概念或观念团,为"思想之环"的形成打下基础。

(3)系统

经过"联合"后,学生在新旧知识之间建立了一定的联系,观念团初步形成。但是赫尔巴特认为,任何一个系统的思想中都不只包含一个观念团,而是多个观念团相互联系的结果。所以,在经过联合的阶段后,观念团之间还必须在更大的范围内联合,使之系统化。此时,教师应充分调动学生的思维与想象,使初步联合起来的各种观念进一步与整个课程的结构和目的联系起来,使相关的新旧观念联合成一个系统,并训练学生从不同角度在各种观念之间建立联系,使学生从广泛的系统中发现更多的联合因素,从而形成"思想之环"。

(4)方法

这一阶段的主要任务是,学生应通过实际的练习,把系统化的观念与知识应用到"个别情况"中去,以检验是否正确理解了所学知识,能否在各种关系中识别所学知识,以及能否应用所学知识。此时,学生还应根据实际条件,把所学知识重新加以组合,才能真正解决各种实际问题,才能使知识变得更加熟练和牢固。

总之,由个别的清楚明确了解到观念的初步联合,再由系统化的观念到实际应用,是教学过程所应遵循的心理顺序。赫尔巴特的这一理论是他对裴斯塔洛齐"教育心理学化"思想的发展,是他对教育心理学的独特贡献。

三、学习的研究

由于学习涉及人性的形成与改变,涉及社会文化的传承以及国家与民族之间的竞争,为了解释学习的规律并运用学习规律指导人类的实践,哲学、心理学、生物学和神经生理学等学科都在进行学习的研究。从研究深入的程度来看,学习的研究大致可分如下三种水平。

第一,哲学与经验总结水平的研究。依据哲学认识论和个人的经验,对学习的特点、本质、规律、方法、策略等提出一般看法和建议。中外古代哲学家、教育家关于学习的论述属于这类研究。当代教育家、教师和在某一领域做出较大成就的人,如自然科学与人文科学专家,根据个人经验所做的有关学习论述也属于这类研究。中国内地在 2000 年成立"学习科学研究会"。该会成员提出"学习学"概念,出版了《学习科学大辞典》《大学学习学》《论学习》《学习动力》和《大学学习理论与方法》等著作。这些研究都可以纳入哲学与经验总结研究范畴。20 世纪后期在美国出现的以建构主义为基础的学习研究也属于哲学与经验取向的研究。

第二,心理与行为水平的研究。采用实证研究的方法,主要是科学实验的方法,揭示学习的心理实质、结果、过程和影响学习效果的各种因素的研究。心理学中的行为主义学派与认知主义学派都在这一水平上进行学习研究。前者关注学习之后的行为变化及其变化的外部原因;后者关注学习之后的内在心理结构变化和导致变化的内部原因。由于内部结构变化看不见摸不着,只能依据外部行为变化进行推测,所以在心理与行为水平的研究存在不确定性。例如关于习得的知识如何在人脑中表征,就有各种假说论,如"图式"说、"命题网络"说、"产生式"说、"认知结构"说等。

第三,生物学与神经科学水平的研究。从生理机制上阐明学习的本质及其原因的研究。从生物进化的观点看,学习是生命的个体对环境的适应。学习的结果是机体的行为变化。伴随这种变化必然有生物学基础。如果通过研究能够找到学习的生物学基础,那么学习实质就得到了可以信赖的解释。例如,婴幼儿表现出惊人的母语学习能力,现有心理学原理难以令人信服地对这种能力做出解释。从生物进化的角度看,婴幼儿语言学习能力在很大程度上是人类遗传的结果;新近脑神经生理学家已经找到了婴幼儿超强的语言学习能力在神经细胞发育水平的证据。

上述三种水平的研究都是有益的,本书主要论述学习的心理与行为水平研究,但在适当的地方也会涉及其他两种水平的研究。研究的结果首先应用于教育,包括应用于幼儿教育、基础教育、成人教育和各种职业培训。学习研究结果也可以用于心理治疗和行为矫正,如克服恐惧症、社会焦虑、抑郁症以及不良习惯。学习研究结果还可以用于动物行为训练,如教会警犬破案。人工智能专家通过模拟人的学习,改进机器人的设计。

四、学习的作用

从生物学意义上讲,学习是个体适应环境、与环境保持动态平衡的重要手段。但由于物种进化水平不同,学习在其中的作用也不同。动物的生命形式越低级,生活方式越简单,其行为的先天成分就越大,自然成熟在发展中的作用越重要,而学习的作用相对越小。相反,动物的生命形式越高级,生活方式越复杂,其行为的后天成分就越大,自然成熟在发展中的作用就越小,而学习的作用相对越大。行为成分与动物进化水平之间的相互关系可以用图2-1来表示。

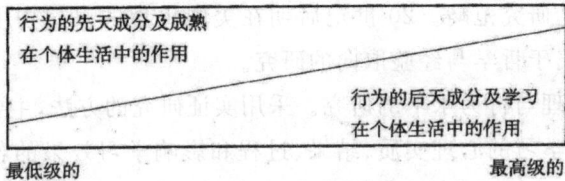

图 2-1　行为成分与动物发展水平的关系

学习在低等动物生活中的作用是很微弱的,许多动物在一出生时就具有一生中所必需的大部分动作,其学习能力是很低的。随着物种进化水平的提高,学习能力及其学习在生活中的作用都不断提高,本能行为的作用相对减弱。人类处于物种进化的最高水平,人类的学习能力及其学习在人类生活中的作用是一切动物所不能比拟的。与生理成熟和先天遗传因素相比,学习的作用居主要地位。通过学习,一方面可以促进个体生理结构的生长、成熟,另一方面又可以促进个体的心理发展,使人类个体从一个生物实体发展成为一个能适应社会生活的社会成员。随着人类社会的不断进步与发展。学习在其中的作用更为突出,学习的社会意义更为显著。

学习不仅有助于个体的发展,而且也是人类进化的助推器。人类有史以来就离不开学习,而人类以后的发展、演化更需要学习。人类发展史从某种意义上讲也是人类学习史。学习与人类生存同步,与社会发展同步。学习是人类个体和人类社会发展的重要条件。

第二节　学习的生理机制

一、大脑皮层各部位的功能研究

大脑皮层与学习的关系,除巴甫洛夫的条件反射理论解释外,近几十年又取得了许多新进展。这些进展主要可以概括为额叶、颞叶以及海马回与学习记忆的关系。

(一)额叶对学习的影响

研究表明,位于人脑最前端的额叶与学习及智力、情感活动有密切关系。前额叶皮层指初级运动皮层和次级运动皮层以外的全部额叶皮层。该皮层与丘脑、尾状核、苍白球、杏仁核和海马之间有着复杂的直接神经联系,再通过这些结构与下丘脑、中脑之间实现着间接的神经联系。这些神经联系是前额叶皮层具有多种生理心理功能的重要基础。前额叶与时间、空间关系的复杂综合学习有关,同时还参与运动反应及与之相关的学习行为的调节。研究者用切除法或损伤法研究皮层不同程度的损伤或切除会在不同程度上影响智力和个性。

第一,抽象思维能力改变。大量额叶损伤的病例表明,病人难以完成正常人能完成的抽象能力作业;第二,不能利用过去的经验来计划和解决问题;第三,思维僵化和缺乏可塑性,表现为概念转移困难,完成智力作业缺乏灵活性和容易形成定势;第四,利用从错误中得到的信息来改正以后的动作的能力减弱,表现在缺乏对自己缺陷的充分觉察,即使意识到自己错了,也不能校正,即丧失了某种反馈机制;第五,切除额叶皮层对记忆具有影响。

(二)颞叶对学习的影响

位于大脑外侧沟之下,顶枕沟之前的颞叶对学习有一定影响。多年的研究发现,左侧(或语言优势半球)的颞叶与言语记忆有关,右侧(或非语言优势半球)的颞叶与非语言性的或图案性的视觉或听觉记忆有关。1959年加拿大神经生理学家潘菲尔德发现,电刺激左手,被试的左侧颞叶上回能诱发言语听幻觉,被试声称听到说话的声音;电刺激右侧颞叶上回则诱发音乐听幻觉,被试者声称听到了熟悉的曲调。研究还表明,海马与学习记忆的密切关系。海马是大脑边缘系统中重要组成部分,它位于颞叶腹内侧面。

(三)颞顶枕联络区皮层对学习的影响

该联络区皮层是指颞叶、顶叶与枕叶皮层相毗邻的部位,躯体感觉、听觉、视觉的高级整合发生于这一联络区皮层,是人们进行复杂的认知活动的生理基础。识别或认知外部刺激及其短时记忆等。学习活动是其基本功能;研究表明,该联络区损伤的具体部位不同,可导致多种认识障碍。以颞下回联络皮层为例,损伤猴脑双侧颞下回皮层,则导致复杂的视觉分辨学习的障碍;远离枕叶的颞下回部分与三维物体的认知学习有关;与枕叶距离较近的颞下回部与二维图形鉴别学习有关;颞下回在物体认知学习中的作用是以它与其他部位的联系为前提的。比如以颞下回与海马、杏仁核间的联系为基础,可以完成对复杂物体的认知学习;以颞下回与尾状核、内侧丘脑之间的联系为基础,可以完成对简单图形的鉴别学习。

(四)边缘系统对学习的影响

边缘系统是大脑半球内侧面深处的一些结构,它们组成一个闭合环圈,形成一个具有统一功能的系统。这些结构主要包括扣带回、海马回、杏仁核群、下丘脑、海马、乳头体等。边缘系统主要与记忆活动、运动学习有关,同时也与情绪性学习有关。这些伴有情绪体验或情绪反应成分的学习模式不仅建立快,而且形成以后易于巩固。

(五)大脑两半球在学习中的作用

大脑两半球是由神经纤维束胼胝体连接起来的,且两半球分别控制着身体的对侧部位,即左半脑控制右侧身体,而右半脑控制左侧身体。此外,大量的研究发现,大脑两半球的生理结构具有不对称性,比如,左右颞平面具有明显的不对称性,左颞大于右颞。利用正电子发射断层成像技术(PET)对左右利手者进行测查,发现在额叶、顶叶、枕叶等皮层部位均有不同程度的不对称性。生理结构的不对称性必然影响着大脑两半球的功能的不对称。研究发现,大多数右利手者大脑左侧半球的优势在语音、顺序、时间、节奏以及命题的逻辑分析等方面;右半球的优势在非语言的、整体的形状和空间的知觉方面。此外,两半球在情绪反应方面也存在差异,右半球的反应较强烈或较不乐观。总体看,大脑两半球的功能具有分化性和不对称性,但这种差异并不是绝对的,在正常情况下不仅有分工,而且互相补充或补偿。从而完成复杂的学习活动。

(六)脑区域能量代谢对学习的影响

脑重约占全身体重的 2%,但其耗氧量与耗能量却占全身的 20%。其中 99%是利用葡萄糖为能源代谢产物,而大脑中的葡萄糖主要是通过血液流动来输送的,因此,脑对氧的缺乏和血流量的不足是十分敏感的。由于学习时大脑需要更多的氧气,这就需要大脑皮层的相应部位的脑血流速度加快,以满足其正常的学习活动。通过利用正电子发射层描技术等方法可以对正常人的学习活动中脑区域性葡萄糖吸收率进行无损伤性连续测定。脑区域性代谢率是学习活动时脑功能变化的灵敏指标。当人们观看简单的黑白图形时,初级视皮层的葡萄糖吸收率最高,二级视皮层的吸收率次之;而观察复杂的彩色风景图片时,二级视皮层的葡萄糖的吸收率高于一级视皮层。研究者还对不同的学习活动时大脑皮层的不同部位的脑血流速度的变化进行测定,发现完成词语性作业时,大脑左半球的脑血流速度加快,而进行空间想象性作业时,大脑右半球的脑血流速度加快。研究表明,海马损伤或切除则会产生近期记忆丧失。但可回忆久远的事物。

二、学习与大脑神经系统的成熟和发展

婴儿出生后,在遗传基因和环境刺激的作用下,大脑神经系统,尤其是与复杂思维有关的神经系统有很大发展,为新生儿认知、学习和行为提供了生理学基础。大脑神经系统的发展可以从如下几方面描述。

(一)大脑神经系统的成熟

成熟指正常的自然条件下,也就是在没有专门外来干预的条件下,个体的生长和发育。大脑神经系统的成熟表现在生理生长、髓鞘化形成和大脑前叶发展。

1.生理生长。人类大脑的重量从出生时的约 350 克长到约 1 350 克。所谓"生长",指的是连接细胞体和其他神经元的神经纤维增长和分支增加。通过正常分裂神经元,以极高的速度增生,在发育的某一阶段,能以每秒形成 4.8 万个新的神经细胞的速度增生。在婴儿出生时,绝大多数神经元已经形成。一旦神经元形成时期结束,以后将不会有新的神经元产生。因疾病、伤害或正常死亡失去的神经元不可能再生[1]。

胎儿约 8 周时,其构成神经系统的基本解剖结构已产生,可对刺激产生某些基本形式的反射性反应。但与其他哺乳动物的新生儿相比,人类新生

---

[1]　新的研究表明,海马的部分神经元可以再生。

儿的神经系统不成熟。大脑的结构和功能在出生后两年有显著变化。婴儿自出生至1岁脑容量增加一倍。到1岁时,婴儿大脑的大小是成人的一半。至2岁时,生长速度仍很快。

2.髓鞘形成。神经元的髓鞘化过程影响其传递神经冲动的传播速度和技能的专门化。髓磷脂是一种脂肪鞘,对外因和中枢神经纤维起绝缘作用,保证神经性兴奋在神经纤维中传导的速度和精确性。人类在出生前,髓鞘化过程已经开始,到8至12个月时,与感知运动机能有关的神经系统部分的髓鞘化程度与成人的一致。一般而言,人类髓鞘化过程是由内而外的,与复杂行为有关的皮层的髓鞘化要延续到青春期以后甚至要到30岁时才完成。研究表明,由于疾病或人为实验操作,神经系统髓鞘受损,其传导冲动速度减慢,或传导失败,从而导致神经机能失调。

3.大脑前叶发展。心理生理学家认为,大脑前叶支配人的自我调节和自我控制,对于良好的信息加工也是很重要的。在婴儿出生后两年内,前叶有重大发展,随之其行为也发生很大变化。前叶的变化表现在:新生儿1至2岁内,前叶皮层增厚,在1岁前,突触分支明显增多,联结更密。在生命的头几个月髓鞘缺乏,但至1岁时就发展了。而且,婴儿与学前儿童相比,神经元密度大,因为某些神经元在正常发展中消亡。与此相应,在1岁内,婴儿行为有显著变化。研究表明了前叶发展与认知机能变化的关系密切。

(二)经验与环境在脑神经系统发展中的作用

1.经验与突触的发展变化

大脑发展早期突出地表现在突触的发展。据估计,人脑有万亿以上的突触。但在新生儿刚出生时,仅有三分之一的突触已经形成,其余三分之二是在出生后逐渐生成的。突触以两种基本方式生成。不同的突触生成方式发生在人的不同成长年龄阶段,具有不同的适应意义。

第一种方式是:突触先超量生成,然后选择性地消失。这种情况通常出现在发展的早期,是由基因预先决定的。这样生成的突触被称为期待经验的突触。其消失受后天环境的影响。例如与成人相比,出生后6个月的婴儿控制视觉大脑皮层区有更多突触。这是因为在生命的最初几个月,突触超量生成,接着选择性地大量消失。就视觉系统而言,期待经验的突触对光刺激敏感。当它们遇到适当光刺激,神经元被激活,这种激活导致突触与其他神经元建立永久联结,于是突触就被固定下来。得不到适当光刺激的突触便会消失。因为这种消失是由于得不到环境刺激而发生的,所以被称为选择性消失。期待经验的突触的存在清楚地表明,遗传基因和环境两者都对学习起决定作用。不同物种的每一个成员对特殊刺激敏感,是先天决定的。但只有当个体经历那种环境刺激的作用后,学习才能发生。

期待经验的突触生成具有关键期。如果在生长的关键期得到适当的刺激,它们就被稳定下来;若得不到适当刺激,它们就会消失。感觉系统的关键期出现早。例如,研究表明,小猫生下来头 8 周未见光线,当它们首次见到光后,似乎是睁眼瞎。原因是它的视神经在对光线敏感的关键期未受到光刺激,期待经验的突触已经消失。对人来说,视觉刺激的关键期不限于 8 周。例如,通过斜视的矫正研究表明,5 岁之前进行过矫正的,未导致长久损害,之后超过 4 年未做矫正处理的,对视觉系统的组织就产生了显著的功能失调影响。

第二种方式是:新突触的增生。这些新突触是由经验决定的,被称为依赖经验的突触。其增生过程可延续至人的一生。环境给机体提供了未期待的刺激。由于依赖经验的突触能稳定下来,所以未期待的信息能被机体习得,而且这类突触可以在人生的任何年龄阶段生成和稳定下来。有人用雕塑来比拟突触的这两种生长。雕塑家先塑出一个形体的大致形象,然后根据需要,将多余的部分修剪掉,保存有用的部分;另一方面为了使形象更逼真,他还要在修剪过的形体上增添许多细节。

美国著名生理学家赫布在《行为组织》一书中率先提出,通过重复激活彼此邻近的神经元,其突触联结可以稳定下来。由于一般的学习涉及两个以上的神经元,赫布认为,通过学习形成的是神经细胞组合(cell assembly)。某一组合一旦形成,这一细胞组合就可能被内部刺激或外部刺激的组合激活。在某个细胞组合被激活时,我们就会体验到与这一组合相对应的、关于环境中事物或事件的思想。对于赫布来说,细胞组合就是某种思想或观念的神经基础。

2.学习在神经系统发展中的作用

研究表明,学习使神经细胞的活动更有效和更有力。例如,有人曾以两组动物做实验,一组在复杂环境中喂养,另一组在笼子内喂养。其结果是,前者每一个神经细胞中有更多毛细血管,因而能给大脑提供更多血液;后者不论是单独喂养还是成对喂养,它们每个神经细胞中的毛细血管都较少,这就意味着它们将得到较少的氧和其他营养物。星形细胞是为神经元提供营养并排出废物的细胞。用它们作指标,复杂环境中生长的动物比笼子内喂养的动物有更多的星形细胞。

经验怎样影响正常的脑和认知结构的发展? 为了回答这个问题,有人用白鼠做了如下实验。一组白鼠生活在复杂环境中,它们有探索和游戏的机会,因为它们生活环境中的物体每天变换,而且被重新安排;对照组从断奶到成熟一直被置于典型的实验笼中。两组动物分别在非常丰富的环境和被剥夺的环境中生活。当它们面对学习任务时,前者一开始犯的错误就少,而且以后的学习速度也快。研究表明,学习改变了白鼠的大脑,生活在复杂环境中的白鼠比生活在笼中的白鼠的每个视觉皮层神经细胞多 20%～25%的突触。这表明,通过学习,大脑神经之间的联结线路增多了。

进一步的研究表明,学习能使突触数量增加,但单纯的练习并不能使突触数量增加。实验白鼠被分成四组:A 组被称为"杂技演员",通过一个月左右的练习,它们要学会穿越设有障碍物的路程;B 组被称为"强制操练者",每天被置于踏车之上一次,每跑 30 分钟后休息 10 分钟,再跑 30 分钟;C 组被称为"自愿操练者",它们的笼中带有活动轮盘,它们可以自由使用该轮盘进行活动;D 组被称为"笼中土豆"的控制组,无操作活动。结果表明,"强制操练者"和"自愿操练者"同另外两组相比,血管密度提高。A 组由于是学习复杂的动作技能,活动量并不大,血管密度未增加,而突触数量增加显著。这似乎表明,不同种类的经验以不同方式制约大脑。突触形成和血管形成是脑适应的两种重要形式,但它们是受不同生理机制和不同行为事件驱动的。

研究还发现,动物学习特殊任务导致与任务相应的皮层的特殊区域发生变化。例如,训练白鼠走迷宫,在它们的大脑皮层的视觉区会发生结构变化。当它们在学习时,一只眼睁开,而另一只眼被遮挡,结果只有与睁开的眼相联系的皮层区发生变化。当它们学习一套复杂的动作技能时,结构的变化出现在大脑皮层的运动区和小脑。这表明,学习使脑产生了新的组织模式。这种现象被神经细胞活动的生理学记录证实。用猫、猴子和鸟做的实验也发现了上述变化。这也说明,大脑可塑性变化不限于生命早期。

在人类中也发现上述变化。例如对大学生和高中辍学生的尸检研究表明,大学生比高中辍学生的触突联结多 40%。然而,未接受丰富刺激的大学生的触突较少。研究也表明,生活中的认知挑战也能提供一些保护,以对抗老年痴呆症。尸检研究表明,接受较多教育的个体,尽管其脑细胞受损,也不会表现出早老性痴呆症状。

三、神经生理电变化的研究

现代科学已能够通过脑电的生理指标来研究学习,这种研究主要通过两种工具进行:一是用脑立体定位仪和微电极,将电极精确地插入脑内,能在动物清醒状态下描绘脑的单个神经元的电活动特征。利用微电极技术对细胞电活动进行记录是探索学习的电生理机制的一种方法。神经元的兴奋过程伴随着单位发放的神经脉冲频率加快；抑制过程伴随单位发放的神经脉冲频率降低。一些研究发现，原来对条件刺激无反应的某些神经元，在训练的过程中逐渐出现了条件性放电反应，或引起特殊的反应模式。这类神经元主要位于脑干网状结构、海马以及皮层感觉投射中心。对海兔的经典条件反射学习的研究发现，感觉神经元、运动神经元以及其他神经元等都参与了海兔的条件反射学习活动。

另一种就是脑电图技术。运用这种技术发现学习时神经生理上会产生一些变化：首先是 α 波阻抑。α 波又称基本节律，是人在安静闭眼时呈现的频率为 8～13 次/秒的电位波动。研究表明，当一种新异刺激出现时，即学习某一新知识时，频率就会超过 13 次，称 α 波阻抑；当达到习惯化后阻抑就会消失。比如在完成言语活动时，大脑左半球的 α 波的活动阻抑，而右半球却仍保持着 α 波；在完成空间任务时则相反。学习活动的复杂程度和个体的疲劳程度也影响着大脑皮层上优势活动中心的分布，在解决复杂问题和形成行动计划的条件下，在大脑额叶——颞叶部位观察到 α 波的非常严重的局部衰退。疲劳时，优势活动中心从额叶区向枕叶区周期性转移。其次是 β 波的作用。β 是指频率为 14～30 次/秒的节律，是在突然受到刺激或思考问题时经常出现的。第三是 θ 波与海马节律变化。当动物惊醒时，海马及有关皮层下结构呈现每秒 4～7 次的生物电波，称为 θ 波。研究发现：θ 波与条件反射有关，当条件反射发生的时候，它的幅度和频率都有变化。最后是 δ 波，δ 波的频率为 0.5～3.5 次/秒，在深睡或缺氧时出现。诱发电位（AEP）的研究表明，诱发电位潜伏期的长短与人的智商（IQ）有密切关系。发现短的视觉 AEP 潜伏期与高智商密切相关。研究者猜测这可能是由于大脑反应速度所导致的较短的潜伏期。当然也有研究表明 AEP 与 IQ 的相关随不同的智力测验而有所不同[①]。

四、神经生物学变化的研究

学习的基础是中枢神经系统具有高度的可塑性，这种可塑性在大脑的神经网络、神经环路和突触连接等不同的层次水平上体现出来。其中以突触最具可塑性。每一神经细胞有多达 5 000 个突触。就目前研究状况看，一是突触的生物变化研究；二是脑内核糖核酸含量和成分的变化研究最引人注目。

先看突触的生物变化研究。它的可塑性主要从两个方面表现出来并对学习发生影响：一是突触传递效能的改变；二是突触结构参数的变化。自

① 冯忠良.教育心理学[M].北京：人民教育出版社，2000：184－185.

1973 年毕利斯首次在家兔海马(脑区)发现了突触长时呈增强效应(LTP)以后,许多研究证明了类似的结果。目前,LTP 已被公认为学习记忆的突触可塑性形式。

研究表明,学习记忆或经验积累不仅引起新突触的形成,而且也使现有突触的结构发生变化。有人将同窝仔鼠分成两组分别饲养于复杂环境(群居,经常更换玩具)和单调环境(孤独,隔离饲养),结果发现前者大脑皮层厚度、重量以及神经元胞体均显著大于后者,树突分枝与突触数目也明显增多。

众所周知,脑内大多数神经元间的信息传递是通过神经递质实现的,而乙酰胆碱是大脑皮层突触中的主要神经递质。当神经冲动引起突触前膜释放的乙酰胆碱进入间隔后,乙酰胆碱酯酶便活跃起来,使乙酰胆碱发生变化,并恢复这一突触功能。研究表明,在丰富的感知环境中生长的白鼠皮层乙酰胆碱酯酶的活性水平与皮层下乙酰胆碱酯酶的活性水平的比值较单调环境中生长的白鼠的比值低。其迷津学习的速度明显变快,其大脑皮层又重又厚,而且其皮层神经元之间具有较多的突触联系。

有研究表明,在学习之后的不同时间给予抗胆碱酯酶药物,对记忆有不同效应。一般而言,抗胆碱酯酶药物可以提高能突触效应,促进记忆。但若超过已达到的适宜水平则损害记忆。也就是说,突触内适量的乙酰胆碱是长时记忆的必要条件。对动物白鼠的研究发现,脑内乙酰胆碱和乙酰胆碱酯酶含量较高的白鼠,其学习能力较强。

再看学习时脑内核糖核酸与蛋白质含量和成分的变化研究。核糖核酸(RNA)存在于神经细胞中,它以其无数种特殊的配对,组合形成,构成了能容纳已编码的信息的大仓库。它决定并控制着在细胞内合成的蛋白质的特殊形式。

海登和艾克尔斯在一项研究中,训练白鼠在一根 45 度倾斜角的细钢丝绳上保持平衡。学习之后,提取前庭核(脑内的平衡器官)中的核糖核酸(RNA)。经分析发现,每个神经元中的核糖核酸含量都增加了,核糖核酸的内部结构也有所变化。海登和艾克尔斯在 1964 年的一项研究中,训练大白鼠用"非优势手"取食。训练后,测定控制它们取食手的相应皮层中的神经细胞,核内的核糖核酸浓度提高了,而且核糖核酸的基础比也发生了变化。有关核糖核酸的另一类研究是记忆转移研究,其基本方法是将含有核糖核酸及记忆的脑内提取物向另一个体做生物转移。

基·麦康纳尔及同事的研究中,先训练动物学会某个技能,然后提取与学习该技能有关的细胞内生化物质,包括蛋白质、核糖核酸或神经递质。在金鱼、白鼠及老鼠身上都发现有这种记忆转移的效果。还有人研究抑制核糖核酸合成的药物,从而抑制蛋白质的合成,影响学习和记忆。一些实验者已使用了某些抑制蛋白质合成的抗生素药物,他们提出的假设是,记忆的巩固和维持需要持续的蛋白质合成。运用蛋白质合成抑制剂研究表明。早期学习及短时记忆不依赖蛋白质的合成,而长时记忆依赖于蛋白质。研究还发现,一些分子量较小的糖蛋白或酸性蛋白代谢快、更新快的蛋白质,在记忆痕迹形成中作用最为明显。人类对学习的微观研究虽然已经达到了相当高的水平,但是距离人类的期望仍然有相当大的距离。我们期待有更多的研究成果出现,以便更深入地理解学习。

五、注意、记忆与大脑

(一)注意与大脑

注意可以从状态、分配和过程三方面来描述,这三个方面都有选择性。其脑生理机制都得到过仔细研究。

1.控制注意状态

当学习者维持一种预期态度、警觉信息和不分心时,他处于注意状态。研究表明,大脑前叶和皮层神经递质对个体控制注意状态的能力起关键作用。例如一位男病人大脑左前叶受损,在集中注意完成数数任务时发生困难。他能连续数"3",但在连续数"3"以后不能转移到连续数"7"的任务。而右侧前叶受伤的病人完全不能控制注意。精神分裂症和多动症患者的行为类似于大脑前叶损伤病人的行为。因此,研究者推测多动症儿童的大脑前叶成熟推迟。

儿茶酚胺是神经递质,它影响或改变神经元的电活动。儿茶酚胺的水平增加或降低似乎导致注意失调。苯丙胺或类苯丙胺的药可以有效治疗以注意缺乏为特征的多动症。

2.选择性分配注意

根据信息加工心理学,人的注意同人的短时记忆一样,其容量有限。人在短时内只能注意数量有限的信息,这个数量被称为注意广度。注意容量限制有重要的生物学意义。因为没有这样的限制,人将加工大量无关信息,这使目标定向的行为不可能发生。生理学家认为,是皮层下的机制而不是皮层机制支配注意的分配。证据表明,皮层过程尤其是海马,也影响注意的分配。海马受损的动物不能快速指向环境中出现的新刺激。此种定向反应被认为是适应环境的关键手段,因为它是机体抑制正在进行的活动,以便应付环境中的突然变化。

3.选择性组织注意

组织注意指学习者不仅将注意能量分配给特殊任务,而且指引注意去选择性地加工某些信息。这是学习中一个重要概念。因为学习者在学习中必须注意事物的细微差异,如阅读者在阅读时必须注意字母的差异。研究表明,诵读困难儿童难以注意相似字母,如"b、d"之间的差异。研究发现,与正常儿童相比,这类儿童的脑电波模式有系统差异。研究者认为,注意的指向性在视觉加工中起关键作用。他们运用眼动来研究注意的组织。眼动作为注意指向和随后的加工的一个重要指标。证据表明,与内侧叶相连接的神经系统存在内隐的注意机制,它独立于眼动系统。波士纳等人根据眼动研究结果认为,注意被某种内部语义运作内隐驱动。这种语义编码对注意的影响在启动研究中得到证实。例如给被试呈现某种类别的词,这种呈现促进了被试对同类的其词的再认。这种效果与词呈现的通道(如视或听)无关。波士纳认为,学习者用单一语义编码表征的意义可以从不同通道被提取出来。这一研究表明,注意组织与注意的其他方面一样,作为其神经基础的大脑皮层是复杂的。对于注意组织到底什么系统在起作用和如何起作用,目前还不完全清楚。所以在教学中采用多重编码可能促进学习。

总之,研究者认为,人们不能期望有特殊的教学技术可以控制学生的注意,相反,应采用多种技术来帮助学生更好地分配注意,并将注意指向任务的适当方面以促进学习。

(二)记忆与大脑加工

在 1953 年生物学家对一个名叫 H.M. 的癫痫病人的记忆做了充分研究。为了减轻 H.M. 的癫痫发作,研究人员对该病人进行了手术,他的癫痫发作被成功排除。但 H.M. 的短时记忆完好,长时记忆丧失。像其他记忆缺失病人一样,他能完成镜画任务,但是他记不住做了什么。他能学会解决河内塔(又称汉诺塔)问题技能,但他记不住有关河内塔问题的任何事实。研究者认为 H.M. 丧失的是陈述性记忆系统,而程序性记忆系统保持完好。1984 年有人用猴子做试验,在猴子身上观察到与人的记忆缺失症相同的行为模式,为程序性记忆系统的存在提供了新的证据。根据各种研究资料,斯奎尔等提出了记忆分类及其相关大脑结构(见图 2-2)。

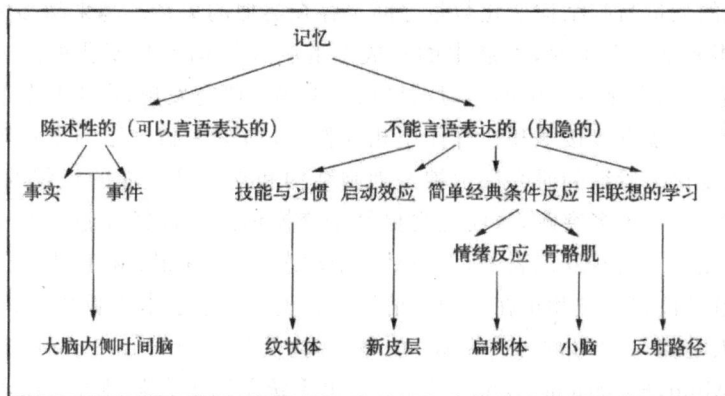

图 2-2　记忆分类及其相关的大脑结构

从图 2-2 可见,记忆可分为两种基本类型:陈述性记忆和程序性记忆。前者是有关事实或事件的记忆,主要发生在包括海马的大脑系统;后者是有关技能或其他认知运作(operations)的记忆,它们不能用陈述性的句子表达,主要发生在涉及新条纹区的大脑系统。

大脑不是被动记忆,而是主动加工信息。例如,随机呈现一列事件,被试在回忆时将事件重新排列并赋予某种意义。有人向被试呈现如下词:sour(酸味)—candy(糖果)— sugar(糖)—bitter(苦味)—good(好)—taste(味道)—tooth(牙齿)—knife(小刀)—honey(蜂蜜)—photo(照片)—choc-olate(巧克力)—heart(心脏)—cake(糕)—tart(酸)—pie(饼)。在再认测试时,被试只要回答某词是否在这个系列中。结果,被试以很高的频率和可靠性回答"sweet"(甜)在这个系列中。被试记住了他们没有见过的东西。这也表明,脑的主动加工作用,通过推论把事情联系起来。

研究表明,当问儿童某类错误的事件是否出现时,他们将回答说,未曾见过;但是如果围绕这类事件重复长时间讨论,儿童就开始把这类事件当作真的出现过。这样的讨论延续 12 周后,儿童将对这些虚构的事件做出完全精心的描述,其中涉及父母、兄弟和一整套支持性证据。用重复出现的词表对成人实验表明,回忆未看见过的词如同直接见到过的词或事件一样,激活了大脑的相同区域。核磁共振成像也表明,在进行有关真实和错误事件的回答时,相同的大脑皮层区被激活。这可以解释为什么错误的记忆使人不得不相信、去报告这些事件。

总之,神经科学的研究已经证实,在通过改变脑结构从而建立心理结构的过程中经验起重要作用。也就是说,发展不只是程序化的模式的自然展开。支配学习的一个最简单的原理是:练习促进学习。在大脑内,复杂环境中经验的数量与脑结构变化数量之间也存在类似的关系。越来越多的证据表明,当有学习发生时,发展中的和成熟的脑在结构上是变化的。人们相信,这些结构变化将脑中的学习结果加以编码。研究发现,由于与起刺激作用的物质环境直接接触和在群体中相互作用,白鼠大脑皮层的重量和厚度会发生变化。后继的研究揭示神经细胞结构和支配其机能的组织的变化。神经细胞获得更多突触,从而使之更易于交换信息。神经细胞的结构也发生相应变化。这些发现表明,大脑是一个动态器官,在很大程度上被经验塑造,也就是被它所做和正在做的事情塑造。美国国家学术出版社 1999 年出版的《人是如何学习的——大脑、心理、经验及学校》(How People Learn: Brain,Mind,Experience,and School)一书系统总结了大脑神经系统科学的研究成果后得出如下三个指导性的观点:学习改变大脑的生理结构;这些结构变化又改变大脑的功能组织;大脑的不同部位可能对不同时期的学习具有不同准备。

第三节　学习的分类

一、研究学习分类的目的和意义

学习分类研究的思想起源于第二次世界大战期间。当时许多心理学家被征调入伍,从事军事人员训练。他们利用那时建立起来的行为主义学习理论来指导军事人员训练,结果许多训练计划的效果都不理想。从此,许多心理学家开始认识到,人类的学习是极其复杂的,在一定条件下心理学家研究的学习,只是十分复杂的学习现象的某个侧面或某个局部,决不能以偏概全,用这些局限的理论来解释一切学习现象。这种认识对教学论研究的启示是:如果人们想利用学习论原理来改进教学,则首先必须注意研究学习的类型,因此产生了一种被称为任务分析教学论的教学论思想。任务分析教学论的基本观点是:人类的学习有不同类型,不同类型的学习结果、学习过程和有效学习的条件也不同,必须根据不同类型的学习规律来进行教学过程和教学方法的设计以及教学结果的评价。

当学习分类与任务分析教学论思想在西方教学论中广泛流行时,非分析的观点在我国教学理论和实践中仍占主导地位。我国报刊上发表的有关教学论的文章往往只是泛泛而谈,强调学生是主体、教师是主导、学生自主学习、探究式学习、研究型学习和启发式教学等。在总结优秀教师或特级教师的教学经验时,也用这些口号去套。在教师职前和在职的教学培训中,这种一般化的大道理反复讲,而学习分类的分析性研究几乎没有。

我们可以拿医生和教师的工作做类比。医生的职责是给人治病。疾病有许多类型,如分内科和外科疾病,在内科和外科中又分许多亚科。不同的疾病要用不同的药物和手段来治疗,才能达到治疗目的。教师的职责是帮助人学习。学习也可分为许多类型,如可分为认知学习、品德学习、动作技能学习,认知学习又可以分为机械记忆学习和理解学习。在我们的教学中把品德学习当作知识来教,将需要理解的学习用死记硬背的方式来教,这样的例子并不少见。这些现象犯了混淆学习类型的错误,难免误人子弟。

二、学习主体分类

根据学习主体即学习者的不同,一般可以将学习分为动物的学习、人类的学习与机器的学习三种。虽然机器学习不属于本章所探讨的学习范畴,但为了更准确地了解人类和动物的学习本质,也有必要对机器学习进行分析。

就人类与动物学习比较而言,二者有相似之处,都是有机体对环境的一种适应。但人类与动物的学习在本质上是不同的,这主要表现在以下几个方面。

首先,从学习的功能与动力来说,动物学习仅限于消极适应环境变化,以满足其生理需要;而人类学习则是主动适应并改造自然和社会环境,并满足其生理的和社会的需要。

其次,从学习的形式与内容来说,动物主要是以直接的方式来获取个体的经验,或者主要依靠其先天遗传的种族经验,在学习内容的质与量方面也不可与人类相提并论;人类可以在社会实践活动中,在与他人交往的过程中以间接的方式获取经验,并能够概括、抽象事物及其关系。

第三,从学习机制来看,动物的学习主要局限于第一信号系统,学习环节较为简单;人类学习主要是第一信号系统与第二信号系统的协同作用,第二信号系统给人的学习带来了新的学习机制,也使得人类的第一信号系统不同于动物,并发展了更为高级的心理功能。

动物与人类的学习虽有共同点,但其本质是不同的。既不能抹杀二者的区别,把人的学习导向生物学化的方向,也不能盲目、绝对地否认动物与人类学习的连续性、共同性,把人的学习导向社会学化的方向。

机器学习主要指计算机学习,它是人工智能的一个活跃的研究领域。人工智能就是把人的某些智能赋予机器,把人的某些思维活动物化,让机器模拟人的某些智能,以代替和扩展人脑的某些功能。所以,人工智能也称为机器智能或智能模拟。机器学习的过程实际上就是一个随着经验的积累而不断改善其操作,并使之表现出智能的过程。简言之,机器学习就是计算机系统如何获得信息并利用信息来解决问题的过程。

机器学习的研究涉及很多方面,如怎样形成概念(数学概念、积木世界"拱门"的概念等);如何识别和理解图像;怎样进行数学问题的求解与定理的证明;如何理解自然语言等等。20世纪80年代中期,研究者用神经网络这种计算机系统来模拟大脑的活动,神经网络不仅可以模拟人类来进行多种形式的学习,而且还可以用于发现和预测人类大脑所不能做的。

可以说,人工智能或机器学习是人类认识发展史上的一个伟大的转折,是人类科学地认识自身的新开端。通过将人的思维活动物化,并对人的某些认识活动进行精确的定量的研究,有助于了解人类的学习,揭示人类思维的内在机制。

但是,人工智能不等于人的智能的复制,机器学习也不能等同于人类的学习,二者有本质的区别。机器本身是人造的,工作程序是人编的,工作过程是受人控制的。因此,机器不具有人的主观能动性,尽管具有自动性,但也需要有人的干预,绝对的超人的自动化是不存在的。此外,机器也不具有人的思维的社会性,不能模拟人的社会意识。机器不具有主观世界,没有人类所特有的自我意识、情感、兴趣及其他心理活动等。

总之,在对于人脑与电脑、人类学习与机器学习的关系问题上,应进行辩证的分析,既不能把有机物与无机物之间的界限绝对化,也不能抹杀二者在性质上的差异。机器学习不等于人类的学习,而是人类学习的物化。机器学习既有可能性,又有局限性。

三、学习水平分类

由于有机体进化水平的不同及其学习本身的繁简程度的不同,可以将学习分成不同的类别。其中以雷兹兰和加涅的分类较有代表性。

雷兹兰在对多种有关资料进行综合分析的基础上,依据进化水平的不同将学习分为四大类,每一类又包含一些子类别。

(1)反应性学习:是一种最简单的学习,包括习惯化与敏感化。腔肠动物即可以产生此类学习。

(2)联结性学习:主要指条件反射的学习,有三种:一是抑制性条件作用,即不重复被惩罚的动作的学习,腔肠动物即可形成该学习。二是经典性条件作用,可发生于简单动物身上,如蚯蚓。三是操作性条件作用,在低等脊椎动物身上可产生。

(3)综合性学习:把各种感觉结合为单一的知觉性刺激。包括感觉前条件作用(即 S—S 学习)、定型作用(对复合刺激反应,而不对其中的个别刺激反应)与推断学习(客体永久性观念的运用)。

(4)象征性学习:是一种思维水平的学习,主要为人类所特有,包括符号性学习、语义学习与逻辑学习。这三种学习是言语学习的三个阶段。

加涅认为人类学习的复杂程度是有不同层次的,根据学习的繁简程度的不同,提出了八类学习。

(1)信号学习:学习对某种信号做出某种反应。经典性条件反射即是一种信号学习。这是一种最简单的学习,其先决条件主要取决于有机体先天的神经组织。

(2)刺激—反应学习:主要指操作性条件作用或工具性条件作用。其中强化在该类学习中起到非常关键的作用。

(3)连锁学习:是一系列刺激—反应的联合。个体首先要习得每一个刺激—反应联结,并按照特定的顺序反复练习,同时还应接受必要的及时强化。

(4)言语联想学习:其实质是连锁学习,只不过它是语言单位的连锁。如将单词组合为合乎语法规则的句子。

(5)辨别学习:能识别各种刺激特征的异同并做出相应的不同反应。它既包括一些简单的辨别,如对不同形状、颜色的物体分别做出不同的反应,也包括复杂的多重辨别,如对相似的、易混淆的单词分别做出正确的反应。

(6)概念学习:对刺激进行分类,并对同类刺激做出相同的反应。这种反应是基于事物的某些特征而做出的,如圆的概念和质量的概念的学习。

(7)规则的学习:亦称原理学习。了解概念之间的关系,学习概念间的联合。自然科学中的各种定律、定理的学习即是规则学习。

(8)解决问题的学习:亦称高级规则的学习。在各种条件下应用规则或规则的组合去解决问题。

上述八类学习是分层排列的,由简单到复杂,由低级到高级。同时又具有累积性,每类学习都以前一层次的低级学习为前提,较高级、较复杂的学习是建立在较低级、较简单的学习基础之上的。之后,加涅对这八类学习进行了修正,将前四类学习合并为一类,将概念学习分为具体概念和定义概念的学习。因此,原来的八类学习变成了六类学习:连锁学习,辨别学习,具体概念学习,定义概念学习,规则的学习,解决问题的学习。

四、学习性质分类

依据学习主体所得经验的来源不同,可以将学习分为接受学习与发现学习;依据所得经验的性质不同,可以将学习分为意义学习与机械学习。这两类学习的关系是非常密切的。

接受学习指教学系统中,学生将别人的经验变成自己的经验,所学习的内容是以某种定论或确定的形式,通过传授者的传授和接受者的主动构建而实现的。在接受学习中,它是学习者通过将传授者所传递的经验进行吸收加工和主动构建,从而确立起相应的经验结构而实现的。而发现学习则是在主体的活动过程中,通过对现实能动的反映及发现创造,而构建起一定的经验结构而实现的。

意义学习是指学习者利用原有经验来进行新的学习,建立新旧经验的联系。而机械学习即在学习中所得经验间无实质性联系的学习。

心理学家一般认为,进行上述区分是非常必要的。但有人认为,接受学习在很大程度上是机械的,发现学习是有意义的。这实际上是对接受学习和发现学习的误解。首先,接受学习既可以是机械的,也可以是有意义的。在理解的基础上的接受就是有意义的,反之是机械的。同样,发现学习中亦存在着意义与机械的区分。动物通过盲目尝试获得某种经验即属于机械的发现学习,而科学家的发明创造即有意义的发现学习。其次,有人(如布鲁纳)把接受学习说成是低级的,发现学习是高级的,这是错误的。与此相反,有人(如奥苏伯尔)认为接受学习是高级的,而发现学习是低级的,这同样也是错误的。实际上,接受与发现是个体获得经验的两条途径。两者都是在能动反映现实的基础上,通过主体主动构建而实现的。无论是布鲁纳,还是奥苏伯尔,他们实际上并未真正阐明接受学习与发现学习的本意。

五、学习结果分类

根据学习所得到的结果或形成的能力的不同,也可以对学习进行分类。加涅于 20 世纪 70 年代提出了五类学习结果。

(1)智力技能:利用符号与环境相互作用的能力,即学习"怎么做"的一些知识,有人称之为过程知识,如应用一些原理、法则去解答习题。智力技能又包括一系列子类别,加涅依据学习的不同层次所划分的八类学习都可以视为智力技能。

(2)认知策略:内部组织起来的用于调节学习者自己内部注意、学习、记忆与思维过程的技能。如何选择性地注意、如何编码以便于提取、如何采取有效的步骤解决问题、如何在适当的时候进行迁移,诸如此类的调节控制过程都是通过认知策略来完成的。

(3)言语信息:学习大量的名称、事实、事件的特性以及许多有组织的观念等。与智力技能类似,言语信息也包括复杂程度不同的一些子类别,最简单的是名称或命名,即了解、知道学习对象的名称或称呼;其次是用简单的命题来表达某一事实;还有一种是指由相互关联的事实、命题等构成的知识体系。

(4)运动技能:是由有组织的、协调而统一的肌肉动作构成的活动。该技能是在不断地练习的基础上形成的。

(5)态度:影响个人选择行动的内部状态。个体采取何种动作是受到态度影响的。个体可以通过各种方法来学习态度,比如通过某种特殊事件、通过模仿或其他亲身经历来形成态度。

加涅认为,每一种学习结果都有其各自的特点,其产生依赖于不同的内外条件。教学只有了解各种不同的条件,才能有效地促进学习结果的产生。应该说这一观点是有积极意义的。但他的五类学习的含义除态度以外,前四类的含义是含糊不清的,我们不能盲从。

六、学习内容分类

依据教育系统中所传递经验的内容不同,可以将学生的学习分为知识的学习、技能的学习与社会规范的学习三类。

(1)知识的学习:即知识的掌握,是通过一系列的心智活动来接受和占有知识,在头脑中构建起相应的认知结构。具体讲,知识的学习是通过领会、巩固与应用三个环节完成的,每一环节又有其特殊的心智动作。知识的学习要解决的是认识问题,即知与不知、知之深浅的问题。

(2)技能的学习:通过学习或练习,建立合乎法则的活动方式的过程,有心智技能学习与操作技能学习两种。技能的学习比知识的学习更为复杂,不仅包括对活动的认识问题,还包括活动或动作的实际执行问题。不仅要知道做什么、怎么做,同时还要能够实际做出动作。技能学习最终要解决的是会不会做的问题。

(3)社会规范的学习:又称行为规范的学习或接受,是把外在于主体的行为要求转化为主体内在的行为需要的内化过程。社会规范的学习既包含规范的认识问题,又包含执行及情感体验问题,因此比知识、技能的学习更为复杂。

从上面所划分的几种学习类型中可以看到,有些同时考虑到不同学习主体的共同的学习类型,有些则侧重于人类学习尤其是学生学习类型的划分。除上述几种类型外,还可以从其他角度来划分,如布卢姆及其同事从教育目标和教育任务出发,将学习分为认知领域、情感领域与动作技能领域这三大类,每一领域又包含一些子类别。对不同类型的学习加以区分,有助于深化对学习的理解,从而促进学习。

第四节　学习的过程与策略

一、学习的一般机制

所谓学习的机制,实际上是指学习是如何发生、如何进行、又是如何结束的,即学习的一般过程是怎样的。具体讲,就是个体如何以心理变化来适应环境变化,通过何种途径获得和积累经验并以相应的行为变化表现出来。探讨学习的内在机制,可以更深入准确地把握学习的实质,也有助于采取有效措施来促进学习。研究者从不同的角度,在不同的层面上来探讨学习的内在机制,虽然尚无一种观点能为人们普遍接受,但这些研究为全面了解学习机制提供了有益的启示。下面即简要列举几种有代表性的观点。

(一)中国古代的学习过程观点

中国古代的学习思想极其丰富,对于学习过程亦有精辟见解。以上先秦时期为例,荀子将学习视为一个"闻—见—知—行"的活动过程,"不闻不若闻之,闻之不若见之,见之不若知之,知之不若行之;学至于行之而止矣。行之,明也。"(《荀子·儒效》)闻(听)、见(看)是学习的开始,是间接地、直接地获得感性经验的过程。知在闻、见的基础上,通过对学习材料的分析、综合、抽象、概括等一系列心理活动,将感性经验上升为理性经验。行是将所学的经验加以应用的过程,荀子特别强调"行"的重要性,认为只有行,才能使学习落到实处,行既是学习的一个阶段,同时又是对前面几个阶段的检验。通过行,才能真正理解、掌握所学的内容,达到学习的最高境界——"明也"。

为了完成"闻—见—知—行"的学习过程,荀子认为可通过"入乎耳,著乎心,布乎四体,行乎动静"这几个环节实现。(《荀子·劝学》)"入乎耳"即通过各种感官获取感性信息,"著乎心"即把新旧经验联系起来,促进新知识的理解与理性知识的形成。"布乎四体,行乎动静"是实践的过程,是在活动中学习、在活动中检验所学经验的过程。"闻—见—知—行"这四个过程又是相互联系的,荀子认为"闻之而不见,虽博必谬;见之而不知,虽识必妄;知之而不行,虽敦必困。"(《荀子·儒效》)其意义是只有间接的经验而没有亲身实践与体验,则尽管所获得的知识是广博的,但有可能是不准确的;如不能对所获得的知识进行深入的理解与加工,则只能死记硬背,难以把握其实质；即使理解了所获得的知识，但若不能用于解决实际问题，则所获得的知识也是无济于事的。

荀子关于学习过程的观点是有一定的历史意义的，尤其是强调学习过程中"行"的重要性，这是非常可取的，也与现代的学习观是一致的。但他的"学至于行之而止矣"的观点具有一定的机械性，否定了学习的动态的、循环上升的特性。

《中庸》在继承先哲们论述学习过程的基础上，提出了更为科学的五步学习观，即"博学之，审问之，慎思之，明辨之，笃行之"。与先秦观点比较而言，该观点对于"审问""明辨"给予了特殊的重视，既强调对所学知识的深层次的理解，又强调知识之间的区别与联系；既强调"思其当然"，又强调"思其所以然"，这对于深入理解学习过程具有重要意义。《中庸》的五步学习观曾引起了历代学者的普遍重视，后人在综合吸取前人有关思想的基础上，提出了"立志—博学—审问—慎思—明辨—时习—笃行"的七步学习观，这表明对学习过程的理解更趋合理、完善。

从上面列举的中国古代学习过程观中可以看到，其中蕴涵着非常丰富而科学的学习观点，这无疑为揭示学习的内在机制提供了极其有益的启示。

（二）学习过程的环状结构观点

以列昂节夫为代表的苏联心理学家认为，人的心理、意识是在活动中形成和发展起来的。通过活动，人认识周围世界，形成人的各种心理品质。反过来，活动本身又受人的心理、意识的调节。该观点认为，一切活动的结构都是环状的，是由下面三个基本环节构成的：（1）内导作用；（2）同对象环境实际接触的效应过程；（3）借助于返回联系以修正、充实起初传入的映像。学习作为一种特殊的活动，也是一种环状结构，是由定向环节、执行环节与反馈环节组成的。

定向环节又称感受环节、内导系统或输入系统等。包括主体的感受器官接受外界的刺激作用并传递到神经中枢的一系列的反映动作，这些动作是中介性环节，因为它们中介着刺激与反应。通过定向环节，可以揭示刺激的特征及其意义，认知新环境，并在头脑中建立起调节行为的定向映像。

执行环节又称运动环节、行动环节或输出系统等，是对输入的刺激进行加工并执行动作反应的过程。该环节是在定向映像的调节、支配下，紧接着定向环节而发生的效应过程，其作用是将定向映象付诸实施，对动作的对象施加影响。

反馈环节又称返回系统或回馈式内导系统。其作用在于对执行的结果进行检查、评定，进而矫正行动。

上述三个环节是相互联系的,共同构成一种特殊的系统,其中,学习的定向环节直接制约着执行环节,对于学习的进程及其结果具有决定作用。根据该观点,研究者认为,为了使学习过程得以顺利完成,应采取控制式教学。因为控制式教学依据学习的环状结构,对学习过程中的每一个环节都加以适当的控制,以最大限度地避免教学与学习中的盲目性,提高学习与教学的成效。

学习的环状结构观点简要、概括地论述了学习发生的机制,将学习视为连续的、可调控的活动过程,这与实际是相符合的。当然,就环状结构中的每一环节而言,仍有待深入研究。

(三)学习过程的信息加工观点

随着信息理论、计算机模拟等研究的进展,人们试图将人类学习的过程与计算机处理信息的过程进行类比。依据信息加工观点,所有的学习都是通过一系列的内在心理动作对外在信息进行加工的过程,这个信息加工的过程主要包括信息的输入、加工处理与输出。根据信息加工观点,研究者提出了各种各样的学习的信息加工模式,如美国心理学家加涅提出的信息加工模式即是较有代表性的一种观点。这里仅介绍由梅耶提出的一种简化的学习过程模式(如图 2-3 所示)。

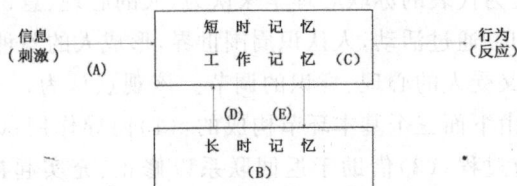

图 2-3　学习的信息加工过程模式

(A—注意;B—原有知识;C—新知识的内部联系;

D—新旧知识之间的联系;E—新知识进入长时记忆)

在图 2-3 中,短时记忆是指信息被稍加注意而在头脑中保持很短的一段时间(30 秒左右)的记忆,其容量只有 7 ± 2 个信息单位。工作记忆实际上即短时记忆,是同一概念的两方面,工作记忆侧重于功能,短时记忆侧重于储存的时间。长时记忆是指信息经编码进入长期记忆库,并保持在 1 分钟以上乃至终身的记忆,其容量很大,可以储存大量的信息。短时记忆中的信息必须经过复述才有可能转入长时记忆。一般而言,只有经过复述,并了解信息之间的意义与联系,这样才能产生长时记忆。

根据梅耶的学习过程模式图,学习者在外界刺激的作用下,首先产生注意（A），通过注意来选择与当前的学习任务有关的信息，忽视其他无关刺激，同时激活长时记忆中的相关的原有知识（B）。新输入的信息进入工作记忆后，学习者找出新信息中所包含的各种内在联系（C），并与激活的原有的信息相联系（D）。最后，被理解了的新知识进入长时记忆中储存起来（E）。在特定的条件下，学习者激活、提取有关信息，通过外显的反应作用于环境。简言之，新信息被学习者注意后，进入短时记忆，同时激活的长时记忆中的相关信息也进入短时记忆。新旧信息相互作用，产生新的意义并储存于长时记忆系统，或者产生外显的反应。

与其他的学习信息加工模式相比，梅耶的模式比较强调新旧知识之间的相互作用，这是非常可取的。其他的研究者也从不同的角度对学习过程进行描述，如维特罗克提出的生成学习模式试图说明知识经验是如何建构的。

从上述各种学习过程模式中可以看到，学习过程是一个受到多种因素影响的复杂的心理加工过程。随着研究手段的更新及其相关学科的影响，对学习过程的探讨也必将更深入、更准确。

二、学习的策略

（一）学习策略的概念

现代心理学对学习策略的系统研究是从 1956 年布鲁纳进行人工概念的研究开始的。学习策略作为一个明确的概念提出来，至今已六十多年，而且对于学习策略的概念，学术界尚无统一的界定，归纳起来大致可分为三类。

第一类，把学习策略看作是学习规则系统，如都费认为，"学习策略是内隐的学习规则系统。"

第二类，把学习策略看作是学习的过程和步骤，如尼斯比特认为，"学习策略是选择、整合、应用学习技巧的一套操作过程。"

第三类，把学习策略看作是具体的学习方法或技能，如梅耶认为，"学习策略是学习者有目的地影响自我信息加工的活动"，"是在学习活动中用以提高学习效率的任何活动"，这些不尽相同的定义从不同侧面揭示了学习策略的特征。中国学者也是仁者见仁，智者见智。有的认为学习策略与认知策略等同，有的认为学习策略就是学习方法或学习技巧。以下在讨论学习策略时，将学习策略看成是学习者用以提高学习效率的一般性的整体策略或谋划。

(二)学习策略的类型

1.中国人的学习策略

中华民族不仅是一个热爱学习的民族,而且是一个善于学习的民族。中国古代的思想家、教育家不仅有着成功的学习实践,而且还对学习问题进行了理论上的探索,并取得了相当可观的理论成就。我们的古人就已认识到,学习在改造人性和变化气质中的巨大作用,人正是通过学习才"化性起伪"的,才能"假物以为用"的。为此中国古代教育家不仅对学习的价值资源、学习的目的、学习的本质、学习的过程与阶段都进行过长期不懈的探索和研究,而且对如何有效利用学习者的心理资源提高学习效率问题进行过独特的关注,换言之,中国古代没有出现学习策略这个词汇,但是关于学习策略的思想却是相当丰富的。中国古代在注重学习对身心修养的同时,也重视对学习效率的追求。他们已经意识到学习策略的使用对于提高学习效率具有不容忽视的作用。

(1)质疑策略

质疑是问题意识的两个重要来源之一,也是学习的一种重要策略。我国古代思想家认为质疑应当包括这样几种观点。

1)质疑与学习具有等值性。有学习发生的地方就一定有质疑,没有质疑的读书、背诵那不能称作学习。张载说:"在可疑则不可疑者,不曾学。学则须疑。"按照这样的标准,一切缺少问题意识的学习都不能算作学习。

2)在值得怀疑的地方一定要质疑。什么地方值得怀疑呢?那就是不清楚、不明白的地方,在学习和思考中遇到障碍的时候,用现代语言诠释就是在给定与目标之间遇到障碍的时候。

3)在没有可疑之处进行质疑。张载说:"于无疑处有疑,方是进矣。"陆九渊也说:"为学患无疑,疑则有进。"

4)质疑的根本作用是防止和克服心理定式。吕祖谦说:"学者不进则已。欲进之则不可有成心,有成心则不可进乎道矣。故成心存则自处不质疑,成心亡,然后知所阙。小疑必小进,大疑必大进。"这里的"成心"就是先入之见和心理定式。吕祖谦认为防止和克服心理定式策略就是质疑,甚至在无疑处质疑,先入之见就无从产生。

5)按照这样的观点解读学习与教学的结果不是导致学习者疑问的减少,而是导致疑问的增多。准确地说学习是使旧疑问消除的同时又增加了更多新的疑问。一个学生来的时候是一个问号,学业结束时是一个句号是很危险的,真正的好学生应当是来时有很多问号,离开学校时有更多的问号。

质疑策略是针对认知型学习内容而提出的,因此它的适用范围主要是知识学习,尤其适用于命题、原理的学习,在其他领域或知识以外的技能领域也有其适用性,但是在情感领域却未必适用,甚至还会适得其反。

(2)循序渐进策略

循序渐进的学习是建立在人类知识呈匀速平缓发展的基本假设之上的。在传统社会,由于生产力低下,人类积累的知识总量有限,再加上统治者"权利话语"或"权利真理"观的干预,将一些对人类有重要价值而妨碍其统治的知识排斥在教育内容之外,真正进入人类教育领域的知识就更加贫乏而有限了。因此,循序渐进、细嚼慢咽不失为一种有效的学习原则和学习方式。

人类常常不是因为从前有了某种基础才去学习与之相关的内容,而往往是为了生存和发展。即使缺乏某种基础也要进行学习,在学习和解决问题的过程中打基础,需要什么就弥补什么。所以理想的学习是将二者有机结合起来的学习。循序渐进的学习是获得良好认知结构以及应对考试必不可少的学习方式,而渗透跳跃式学习则是站在知识的前沿和从事科学研究不可或缺的学习方式。事实上在循序渐进中也有渗透跳跃,在渗透跳跃中也有循序渐进。在跳跃到某个主题或某个问题之后,仍然需要循序渐进。所以有效的学习是将二者有机结合。

(3)熟读精思策略

熟读精思策略是我国古代思想家针对言语类学习而采取的。朱熹对此有准确的阐述:"大抵观书先须熟读,使其言皆若出于吾之口;继以精思,使其意皆若出于吾之心,然后可以有得尔。"中国古代学者所说的"熟读"更多指的是朗读即出声地读。白居易的"昼课赋,夜课书,间又课诗,不遑寝息矣,以至于口舌成疮,手肘成胝……";韩愈的"口不绝吟六艺之文,手不停批百家之编"都是说的朗读。

从现代心理学视角看,中国古代这种熟读成诵的思想至少有以下几方面的心理学蕴涵。

1)按照大脑皮层机能定位进行理解:人的言语中枢由三个部分构成,即言语视觉中枢(枕叶),言语听觉中枢(颞叶)和言语运动中枢(额下回后部)等。所以学外语的人听说读写都要得到训练才能真正学好一门外语。但是采用中国古代熟读成诵的方法就能成功地将三个机能区整合起来收到事半功倍的效果。因为在朗读时既可以使学习者的听觉中枢得到训练,也可以使人的视觉中枢受到训练,还可以使言语运动中枢受到训练。这一观点告诉我们在语文与外语教学中朗读具有重要价值,应当将更多的分析型的课堂教学让位给学生朗读。所谓"书读百遍,其义自见"就是这个道理,所谓"熟读唐诗三百首,不会作诗也会吟"也是这个道理。

2)按照加里培林心智技能形成的观点,人的心智技能是由外部动作向内部动作转化而成,人的思维是由外部言语(有声言语)向无声言语再向内部言语转化的结果。所以通过朗读可以促进思维的发展,也就是说"熟读"可以促进"精思"。同样缜密的思考也能促进"熟读"。熟读是心智技能发展必经的阶段。

3)熟读精思是一种体验式学习。我们的古人不提倡所谓的文章分析,而是在熟读的过程中体验作者的生命存在,学习者是在一遍又一遍的朗读中、吟咏中走进作者的生命,拉近与作者的生命距离。所以这种反复不是简单的重复,而是学习者一次又一次对作者生命体验的过程。

4)熟读精思有利于形成良好的认知结构。因为只有经过自己深思熟虑的东西才能以独特的编码形式储存在头脑中。

5)熟读精思是一种领域性策略,它只适用于言语类教学,而不适用于动作技能的学习。在中国古代人们常常把读言语类的书籍看成学习,所谓"万般皆下品,唯有读书高",特别是在封建社会,话语霸权掌握在统治者手里,"四书五经"等成为学习者的主要内容,因此人们误认为只有读言语类的书籍才算学习,而且将言语类的书籍又窄化为人文类的书籍。

2. 现代西方的学习策略分类

现代西方心理学对学习策略的分类也是仁者见仁,智者见智。其中以麦卡尔等人1990年对学习策略的成分划分最具代表性。他们认为,学习策略包括认知策略、元认知策略和资源管理策略三部分。

认知策略是加工信息的一些方法和技术,有助于有效地从记忆中提取信息。一般而言,认知策略因所学知识的类型而有所不同,复述、精细加工和组织策略主要是针对陈述性知识的,针对程序性知识则有模式再认策略和动作系列学习策略等。元认知策略是学生对自己认知过程的认知策略,包括对自己认知过程的了解和控制策略。有助于学生有效地安排和调节学习过程。资源管理策略是辅助学生管理可用环境和资源的策略,有助于学生适应环境并调节环境以适应自己的需要,对学生的动机具有重要的作用。从这个分类中,可以看出,学习策略既包含直接影响对学习材料的信息加工的成分,也包含影响信息加工过程的成分,还包含对学习环境、时间及工具等的管理成分。

下面对这些在学习中常用的策略作分析。

（1）认知策略

所谓认知策略是来自认知心理学的一个术语，它是指学习者获取信息、加工信息、提取信息的一些方法和技术，包括以下四点。

1）复述策略。复述策略是在工作记忆中为了保持信息，运用内部语言在大脑中重现学习材料或刺激，以便将注意力维持在学习材料上的方法。在学习中，复述是一种主要的记忆手段，许多新信息，如人名、地名或外语单词等，只有经过多次复述后，才能在短时间内记住。

2）简单加工策略。简单加工策略是一种将新接触到的材料进行一定程度的加工，并赋予一定的意义，这种意义可以是人为的，也可以是非人为的。其加工深度不是太深。对简单知识来说，简单加工策略是非常有效的。如对词汇的学习而言，简单加工具有极大的适应性。人们不可能，也没有必要对一切知识都进行精加工，有时简单加工比精加工更直接，更方便有效。

记忆术是典型的简单加工技术。有些学者将记忆术视为精加工，其实绝大多数记忆术并不能算作精加工，因为它是对无意的材料赋予某些人为意义，以促进知识保持的记忆方法。

3）精细加工策略。精细加工策略是一种将新学材料与头脑中已有知识联系起来从而增加新信息的意义的深层加工策略。如果一个新信息与其他信息联系的越多，能回忆出该信息的原貌的途径就越多，回忆就越容易。因此，它是一种理解性的记忆策略，和复述策略结合使用可以显著提高记忆效果。常用的精细加工策略主要有四种：①做笔记；②提问；③生成性学习；④利用背景知识，联系实际。

4）组织策略。组织，就是按照材料的特征或类别进行整理、归类或编码。组织策略是整合所学新知识之间、新旧知识之间的内在联系，形成新的知识结构。组织过的材料储存在头脑中，犹如图书馆经过编码的书，易于检索。它不仅有利于材料的识记与提取，也能有效地加强与提高对材料的理解与表达。常用的组织策略有：列提纲、利用图形、利用表格。

（2）元认知策略

1）计划策略。计划策略包括设置学习目标、浏览阅读材料、产生待回答的问题以及分析如何完成学习任务。给学习作计划，就好比足球教练在比赛前针对对方球队的特点与出场情况提出对策。不论是完成作业，还是为了应付测验，学生在每一节课都应当有一个一般的"对策"。成功的学生并不只是听课、做笔记和等待教师布置测查的材料。他们会预测完成作业需要多长时间，在写作前获取相关信息，在考试前复习笔记，在必要时组织学习小组，以及使用其他各种方法。换句话说，成功的学生是一个积极的而不是被动的学习者。

2)监控策略。元认知监控是在认知活动进行的实际过程中,根据认知目标及时评价、反馈认知活动的结果与不足,正确估计自己达到认知目标的程度、水平,并根据有效性标准评价各种认知行动、策略的效果。元认知监控策略包括阅读时对注意加以跟踪、对材料进行自我提问、考试时监视自己的速度和时间。

3)调节策略。元认知调节是根据对认知活动结果的检查,如发现问题,则采取相应的补救措施,根据对认知策略的效果检查,及时修正、调整认知策略。元认知调节策略与监控策略有关。例如,当学习者意识到他不理解课程的某一部分时,他们就会退回去读困难的段落、在阅读困难或不熟的材料时放慢速度、复习他们不懂的课程材料。测验时跳过某个难题,先做简单的题目等。调节策略能帮助学生矫正学习行为,补救理解上的不足。

(3)资源管理策略

1)学习时间管理。时间是最宝贵的资源,合理安排时间就是"预算"生命,学会合理安排时间是走向成功的开始。

统筹安排学习时间。每个人都应当根据自己的总体目标,对时间做出总体安排,并通过阶段性的时间表来落实。对每一天的活动,都要列出一张活动优先表。在制订学习计划时,要注意将学习计划落实在学习成果上。在执行学习计划时,要有效防止拖拉作风。

高效利用最佳时间。在不同时间里,人的体力、情绪和智力状态是不一样的。也就是说,学习时间的质可能是不一样的。首先,要根据自己的生物钟安排学习活动。其次,要根据一周内学习效率的变化安排学习活动。再次,要根据一天内学习效率的变化安排学习活动。此外,要根据自己的工作曲线安排学习活动。学习时,随着学习的进行,人的精神状态和注意力会发生变化。一般来说,存在三种变化模式:先高后低;中间高两头低;先低后高。每个人要根据自己的模式,安排学习内容,确保状态最佳时学习最重要的内容。

灵活利用零碎时间。零零碎碎的时间具有极大的利用价值,大块时间的学习容易导致疲劳的积累,学习效率受到一定影响。零碎时间的学习能使大脑处于兴奋状态,效果极佳。而且,利用零碎时间学习一些必须熟记的生词、公式、规则等,有利于反复记忆,加深印象。利用零碎时间的技巧很多。例如,准备一个可随身携带的小本子,记上要背的知识点,有空就读一遍;在起床、洗脸、刷牙、就餐等活动场所的墙上,钉上一个与视线等高的小夹子,夹上卡片,卡片上写上当天要背的单词、公式等;运用录音机,把要背的知识内容自己读一遍录下来,吃饭、洗脚的同时放录音。总之,利用零碎时间反复记忆要背的知识,一定会明显提高学生的学习效率和自信心。安排好时段。每段以不超过一小时最适宜,学习效率最高。每时段休息十分钟。可依据当天需复习的课程和第二天需预习的课程来安排每时段的学习内容。不同性质的学科应交叉安排。

2)学习环境管理。应选择干扰较少的场所学习,尽量避免使人分心的环境刺激。要有自己专门的学习场所,最好是单独的一个房间。保持学习室内的整洁至关重要。在脏乱的环境中容易令人心烦意乱。学习时光线的好坏也极为重要。研究发现,照明不好会损伤视力,导致全身紧张、眼胀、头痛、失眠,并且会导致注意力不集中。

3)社会条件的利用。社会条件的利用包括学习工具的利用和社会人力资源的利用。学生可以利用的学习工具有参考资料、工具书、图书馆、广播电视以及电脑与网络等;可以利用的人力资源则主要有教师的帮助以及同学间的合作与讨论。

第三章 学习迁移

第一节 学习迁移概述

一、学习迁移的界定

在学习中,学生常常不只是学习知识,还要学习情感、态度或道德等内容;就知识学习而言,学生往往也不只是学习一种知识,而常常是同时或相继学习多种知识。在多种内容的学习中、一种学习对另一种学习的影响随处可见。早期的学者在论及迁移时一般是指先前学习对后继学习的一种积极影响。当代颇为流行的观点认为:迁移是指一种学习对另一种学习的影响[①]。

将迁移定义为先前学习对后继学习的一种积极影响,其优点是肯定了迁移是"一种积极影响",其不足之处在于仅仅看到了先前学习对后继学习的积极影响,没有看到后继学习可能也会对先前学习产生积极影响,这就缩小了迁移的内涵。

将迁移定义为一种学习对另一种学习的影响,拓展了迁移的内涵。它不仅包括先前学习对后继学习的影响,而且涵盖了后继学习可能也会对先前学习产生影响;不仅包括一种学习对另一种学习的积极影响。而且涵盖了一种学习对另一种学习的消极影响。因而可以解释学习中出现的各种迁移现象。

---

① 邵瑞珍.教育心理学(修订版)[M].上海:上海教育出版社,1997:219—220.

现代认知心理学认为,学习者在进行新的学习前所掌握的知识,叫作源知识(它既可能是通过先前的学习获得的,也可能是在日常生活中通过模仿等方式获得的);学习者将要学习的新知识,叫作目标知识。如果学习者将源知识有效地运用到目标知识的学习中,并促进了目标知识的学习,那就发生了迁移;反之,假若源知识阻碍了目标知识的学习,那就发生了干扰。迁移并不局限于知识技能等认知领域,在情感、动机、兴趣、态度、品德以及行为方式等领域也同样能够发生迁移。例如人们平时所说的"爱屋及乌"就属于情感的迁移;学生因为喜欢某个老师而对该老师所教的学科感兴趣,这是兴趣的迁移等。

迁移的思想最早可以追溯到中国的孔子。据《论语·述而》记载,孔子说:"举一隅不以三隅反,则不复也。"这就是强调迁移的作用。还有"闻一知十""举一反三"等言论说的也都是迁移。在西方,迁移的思想在柏拉图、亚里士多德时代就已经产生。柏拉图学院重视几何的学习并非因为几何的实用价值,而是因为几何学可以训练学生的思考力。在近代,最早使用"迁移"概念的是英国学者洛克。他认为要使一个人有良好的推理能力,一定要让他及早熟悉推理方法,以此训练他的心智。他主张人人都有必要学习数学,因为一旦学会了数理的逻辑推理方法。他就可以把这种推理方法迁移到其他问题上去。

二、学习迁移的分类

可根据多种维度对学习的迁移现象进行分类。上面已经提到迁移有正、负和顺向、逆向之分。此外,还可以根据迁移的内容区分知识、智慧技能、认知策略、动作技能和态度的迁移。下面介绍几种流行的迁移分类。

(一)侧向迁移与纵向迁移

加涅根据原有知识在新情境中应用的难度和结果,区分为倾向迁移和纵向迁移。前者指已习得的概念和原理在新的、不需要产生新概念或新原理的情境中的运用。例如,学生掌握圆锥体的体积计算公式($V=SH/3$)之后,能推想出三棱锥、四棱锥的计算方法,便是侧向迁移的实例,因为它们的体积都可以用 $V=SH/3$ 公式计算。纵向迁移是指已掌握的概念和原理在新的、需要产生新概念或原理的情境中的运用。例如,利用加法计算规则推导出乘法计算规则便是纵向迁移的实例。因为乘法中包含了加法,但乘法规则是高于加法规则的新规则。又如,利用学生已经掌握长方形和三角形的概念和面积计算规则推导出新的梯形面积计算公式并解决有关梯形面积计算问题,也是纵向迁移的实例。所以,按加涅的学习结果分类,侧向迁移是概念或原理的简单运用,一般不涉及解决新问题;纵向迁移是概念和原理的纵向应用,一般需要解决新问题并得出新规则,得出的新规则被称为高级规则。如乘法相对于加法是高级规则,梯形面积计算公式相对于三角形和长方形的计算公式也是高级规则。

(二)特殊迁移与一般迁移

布鲁纳根据迁移范围大小将学习迁移分为一般迁移与特殊迁移。前者又称非特殊迁移,指概念或态度的迁移,其迁移范围大;后者指具体知识与技能的迁移,其迁移范围小。布鲁纳说:"学习为将来服务有两种方式。第一种方式是通过学习对同原先学习去做的工作十分相似的那些工作的特殊适用性。心理学家把这种现象称为训练的特殊迁移;也许应该把这种现象称作习惯或联想的延伸。它的效率好像大体上限于我们通常所讲的技能。已经学会怎样敲钉子,往后我们就更能学习怎样敲平头钉或削木片。毫无疑问,学校里的学习创造了某种可以迁移到以后不论在校内还是离校后遇到的活动上去的技能。先前学习使日后工作更为有效的第二种方式,则是通过所谓非特殊迁移,或者说得更确切些,原理和态度的迁移。本质上,一开始是学习一个普遍的观念,而不是学习技能,然后这个普遍的观念可以用作认识原先所掌握的观念的一些特例的后继问题的基础。这一种类型的迁移应该是教育过程的核心——用基本的和普遍的观念来不断扩大和加深知识。"

(三)低路迁移与高路迁移

1969年所罗门和帕金斯提出低路迁移和高路迁移的划分。前者指经过充分练习的技能自动迁移,不需要反省性思维。例如,开惯了自家车的人可以很轻松地开从朋友那里借来的车。这种迁移的关键是原先的技能有充分的练习,而且练习是在变化的情境中进行的。高路迁移涉及有意识地应用先前习得的抽象知识于新的情境。这种应用可分两种情形:第一,在当前的学习中想到今后的应用,例如,你在学习教育心理学原理时想到这些原理将来在你的教育和教学实践中应用;第二,在面对新的问题时,回头思考先前习得的知识在新情境中的应用。例如,在学习物理时考虑在代数中学过的数学原理在物理学中的应用。高路迁移的关键是有意识地进行抽象概括,或精心地鉴别出不限于特殊情境、能普遍应用的原理、主要观点、策略或步骤。这样的抽象成了学生反省认知知识的一部分,可以用来指导将来的学习与问题解决(见表3-1)。高路与低路迁移的区分与布鲁纳的普遍迁移和特殊迁移相似。

表 3-1　低路迁移高路迁移比较

	低路迁移	高路迁移
定义	高度练习过的技能自动迁移	有意识地运用抽象知识到新的情境
关键事件	充分练习；练习或学习情境的变化；超额学习，技能达到自动化	精心思考可以普遍应用的抽象原理、主要观点和步骤
例子	开不同类型的轿车	如应用 SQ3R（Survey，Question，Read，Recite，Review）读书法进行阅读

（四）近迁移与远迁移

1992 年，珀金斯与所罗门根据迁移前后情境的相似性，进一步把迁移分为：近迁移和远迁移两类。所谓近迁移，是指在两个近似的情境中进行学习迁移。例如，学生在考试时所面对的题目，只是平时的家庭作业中独立练习过的题目的简单综合，这时的学习迁移就是近迁移。所谓远迁移，是指在两个看上去相差很大、彼此不相关的情境中进行的迁移。例如，下棋者把"控制中心"的基本策略应用到投资、政治、军事等领域，这就是远迁移。哈斯克尔根据任务和情境的相似性，提出了应用迁移（如基于先前习得的任务而对知识进行提取和运用）和创造性迁移（如基于对新旧知识的综合而创造一种解决问题的方法）的概念。显然，珀金斯与所罗门提出的近迁移概念，与应用迁移相似；他们的远迁移概念，则与创造性迁移近似。就教育实践来讲，近迁移或应用迁移可能是近期教育目标，而远迁移或创造性迁移则是远期教育目标。

（五）辛格利和安德森的 2×2 迁移分类

辛格利和安德森根据知识学习的陈述性阶段和程序性阶段划分程序性知识向程序性知识的迁移，程序性知识向陈述性知识的迁移，陈述性知识向程序性知识的迁移，陈述性知识向陈述性知识的迁移四种迁移类型（见表 3-2）。

表 3-2　辛格利和安德森的 2×2 迁移分类

程序性知识→程序性知识	程序性知识→陈述性知识
陈述性知识→程序性知识	陈述性知识→陈述性知识

三、学习迁移的作用

许多有识之士都认为,未来的文盲将不再仅仅是不识字的人,而是那些不会学习的人。显然,学会学习或进行有效的学习是适应未来社会生活的必要条件。而要真正地学会学习,其中最主要的条件就是要能够主动而有效地迁移。所以,迁移在个体的心理发展及其社会适应中,具有非常重要的作用。具体来讲,其作用主要有两方面。

首先,迁移是习得的经验得以概括化、系统化的有效途径,是能力与品德形成的关键环节。学习的最终目的并不是将知识经验储存于头脑中,而是要应用于各种不同的实际情境中,解决现实中的各种问题。只有通过广泛的迁移,原有的经验才能够得以改造,才能够概括化、系统化,从而广泛、有效地调节个体的活动,解决实际的问题。稳定的心理调节机制的建立也就是能力与品德的心理结构的建立,迁移是习得的知识、技能与社会规范向能力与品德转化的关键。

其次,迁移规律对于学习者、教育工作者以及有关的培训人员具有重要的指导作用。应用有效的迁移原则,学习者可以在有限的时间内学得更快、更好,并在适当的情境中主动、准确地应用原有的经验,防止原有经验的惰性化。教育工作者以及有关的培训人员在进行教学和培训系统的设计时,在教材的选择与编排、教学方法的确定、教学活动的安排、教学成效的考核等方面利用迁移规律,有助于加快教学和培训的进程。

四、迁移与学校教育思想

家长和社会对学校寄予很高的希望。例如,我们常说,好的教育能使学生"触类旁通"或"举一反三""闻一知十"。在心理学的智商概念流行以后,人们认为,好的教育可以提升学生的智商,使学生变得更聪明。当前又流行教学生"学会学习"的口号。对学校的这样一些期望如何进行科学评定呢?在学习心理学的学习迁移概念和测量方法产生之前,学校教学质量优劣的评价缺乏可以操作的客观标准,但采用学习迁移的测量方法,学校教学质量的好坏有了客观评价标准。因为上述对学校教育的理想,如希望学生能"触类旁通""发展智力""学会学习"等都可以归入迁移的范畴。在学习迁移测量中要尽可能控制学生原先的 IQ 水平、原有知识水平和动机水平等内部条件,只研究学习 A 对后继 B 的学习的影响的大小和方向。在教育史上,原先被认为十分符合人们理想的教学改革,经过心理学家的检验,其结果不理想的例子并不鲜见。所以奥苏伯尔认为,迁移的理论争论是心理学对教育产生最大影响的一个领域。当前我国以课程改革为中心,出现了名目繁多的教学改革的事例,其理想都是培养学生良好的心理素质,即良好的个性品质和应用所学知识的能力。这些教学改革措施也必须经过学习迁移测验的检验以后才能真正确认其有效性。

第二节　学习迁移理论

一、传统迁移理论

(一)形式训练说

学习迁移现象早已为人们所知。我国古人就知道学习可以"举一反三""触类旁通"。孔子说:"举一隅不以三隅反,则不复也"(《论语·述而》)。从心理学上讲,"举一反三"和"触类旁通"都是指先前的学习对以后的学习的促进,所以都是学习的迁移现象。但是,对学习迁移现象最早的系统解释,则是形式训练说提出的。

形式训练说主张迁移要经历一个"形式训练"过程才能产生。形式训练说的心理学基础乃是官能心理学。官能心理学认为,人的心是由"意志""记忆""思维"和"推理"等功能组成的。心的各种成分(官能)是各自分开的实体,分别从事不同的活动,如利用记忆官能进行记忆和回忆,利用思维官能从事思维活动。各种官能可以像肌肉一样,通过练习增强力量(能力)。这些能力在各种活动中都能发挥效用。比方说,记忆官能增强以后,可以更好地学会和记住各种东西。不仅如此,由于心是由各种成分组成的整体,一种成分的改进,也在无形中加强了其他所有官能。可见,从形式训练的观点来看,迁移是通过对组成心的各种官能的训练,以提高各种能力如注意力、记忆力、推理力、想象力等而实现的,而且迁移的产生将是自动的。

形式训练说把训练和改进心的各种官能作为教学的最重要目标。它认为,学习的内容不甚重要,重要的是学习的东西的难度和训练价值,学习要收到最大的迁移效果,就应该经历一个"痛苦的"过程。于是,难记的古典语言、数学和自然科学中的难题,被视为训练心的最好材料,在这样的训练中,"学生学会观察、分析、比较、分类、想象、记忆、推理、判断,甚至创造……有了这样的造诣,学生在日后的学习和工作中就会受益无穷"。反之,学生如果仅记住一些具体事实,其使用价值十分有限。

形式训练说在欧洲和北美盛行了约 200 年,至今在国外和我国仍有一定的影响。但是,心的各种官能能不能分别加以训练,使之提高,从而自动迁移到一切活动中去呢? 教学的主要目标是不是训练心的各种官能呢? 形式训练说对这些问题的回答虽然十分肯定,但它的鼓吹者和信奉者并没有拿出经得起科学检验的证据。

(二)相同要素说

19 世纪末 20 世纪初,心理学家着手用实验来检验形式训练说的迁移理论。美国著名心理学家詹姆斯在 1890 年首先通过记忆实验,表示了对形式训练迁移理论的怀疑。他的结论是:记忆能力不受训练的影响,记忆的改善不在于记忆能力的改善,而在于记忆方法的改善。

继詹姆斯之后,许多心理学家纷纷设计更严密的实验,从各种不同角度向形式训练说提出挑战。其中桑代克和伍德沃斯的研究影响最大。桑代克首先在知觉方面进行了一系列的实验。例如,他在 1901 年报告,以大学生为被试,训练他们判断不同大小和形状的图形面积。被试先估计了 127 个矩形、三角形、圆和不规则图形的面积,这样就预测了他们判断面积的一般能力;然后用 90 个 10~100 平方厘米的平行四边形让每一被试进行判断面积训练;最后被试受到两种测验:第一种测验要判断 13 个与训练图形相似的长方形的面积,第二种测验要求判断 27 个三角形、圆和不规则图形的面积。这 27 个图形是预测中用过的。研究表明:通过平行四边形训练,被试对矩形面积的判断的成绩提高了,但对三角形、圆和不规则图形的判断的成绩没有提高。

桑代克还做过长度和重量方面的实验,如让被试估计 1~1.5 英寸直线的长度,经过练习,取得相当进步,然后用 6~12 英寸的直线进行迁移测验,结果被试估计长度的能力并不因先前的训练而有所增进。在记忆和注意方面,桑代克也做过类似的实验。桑代克在这些实验中发现,经过练习,被试的成绩取得明显提高,这些训练可以迁移到类似的活动中去,不过迁移的成绩远不如直接训练的成绩。在知觉、注意和记忆方面的训练,并未迁移到不相似的活动中去。据作者报告,迁移效应的产生,是由于练习所用的特殊方法、观念或有用的习惯被带到最终测验中。

桑代克迁移实验的结果显然与形式训练说的迁移理论不符。桑代克似乎证明,通过某种活动训练而可以普遍迁移的注意力、记忆力、观察力是不存在的。那么,什么东西可以迁移呢? 桑代克提出相同要素说同形式训练说相对抗。

相同要素说后来被伍德沃斯修改为共同成分说,意指只有当学习情境和迁移测验情境存在共同成分时,一种学习才能影响另一种学习,即产生迁移。例如,在活动 A_{12345} 和活动 B_{45678} 之间,因为有共同成分 4 和 5,所以它们才会有迁移出现。用桑代克的话来说,"只有当两种心理机能具有共同成分作为因素时,一种心理机能的改进才能引起另一种心理机能的改进"。所谓共同的心理机能指什么呢?尽管桑代克认为包括经验上的基本事实(如通过不同组合一再重复的长度、颜色和数量)、工作方法乃至一般原理或态度,但由于他对学习持联结主义观点,所谓共同的心理机能,实际上只是共同的刺激和反应的联结。他还设想,这种共同的刺激和反应的联结,是"凭借同一脑细胞的作用"而形成的。

桑代克和许多心理学家在知觉、记忆、注意和运动动作方面的实验表明,这些方面经过一定的训练,确实存在一定的迁移。但实验者一致认为,只存在特殊经验的事实、技能、方法乃至态度的迁移。特殊的训练并不能改进个别的心理官能。也就是说,特殊的训练对于提高一般的记忆力、观察力、注意力收效甚微。这些迁移实验的研究启示人们,要提高教学效果,如果忽视学生对于知识、技能、学习方法等的掌握,而一味追求提高其观察力、记忆力、注意力,那只是一种天真的幻想。

既已证明通常的观察力(知觉方面的能力)、记忆力、注意力不易经过特殊训练而得以改善,桑代克就设想能否让学生选学某些特殊的学科,并经过较长时间的训练,以提高学生的一般智力。为此,他在 1924 年和 1927 年做了两次规模很大的实验。受试的学生 13 000 多人。学生分别选修的科目包括几何、拉丁语、公民课、戏剧、化学、簿记和法语。学习时间为一年。实验者测量了学生学习这些科目前后的智商(IQ)变化,结果并未发现某些学科对改善学生智力特别有效。

韦斯曼 1944 年重新检验了桑代克早年的结论。在一个学年的开始和结束,他对中学生进行了一系列一般智力和成绩测验,研究表明,所学的任何一种学科并不比任何其他学科优越;在测量的任何一种成绩范围内,智力并没有更多增长。在 60 年代以后,还有人进行了新的研究,也证实了桑代克的早期发现。

桑代克在迁移方面的研究指出了形式训练说的谬误,这是他的功绩。但是,他坚持认为,"心理(mind)就它的功能方面来说,是对特殊情境做特殊反应的一架机器"。根据这种观点,人们在特殊情境中需要的每一种知识、技能、概念或观念,一定要作为一种特殊的刺激—反应的联结来学习。这样,迁移的范围就大为缩小。根据相同要素说,在两种没有相同要素或共同成分的过程之间,两个完全不相似的刺激—反应联结之间,不可能产生迁移,这会使人们对迁移产生悲观态度。

(三)概括化说

桑代克的理论把注意力集中在先期学习活动与后期学习活动共有的那些要素上。贾德的理论则不同。贾德认为,在先期学习 A 获得的东西,之所以能迁移到后期学习 B,是因为在学习 A 时获得了一般原理,这种一般原理可以部分或全部运用于 A、B 之中。根据这一理论,两个学习活动之间存在的共同成分,只是产生迁移的必要前提,而产生迁移的关键,是学习者在这两种活动中概括出它们之间的共同原理。所以,贾德的迁移理论称为"概括说"或"类化说"。

贾德在 1908 年做的"水下击靶"实验,是概括化说的经典实验。他以五年级和六年级学生为被试,分成两组,让他们练习用镖枪投中水下的靶子。给一组学生充分解释水的折射原理;不给另一组学生说明水的折射原理,致使他们只能从尝试中获得一些经验。在开始投掷练习时,靶子置于水下 12 英寸处,结果教过和未教过折射原理的学生其成绩相同。也就是说,在开始的测验中,理论对于练习似乎没有起作用,因为所有的学生必须学会运用镖枪,理论的说明不能代替练习。接着改变条件,把水下 12 英寸处的靶子移到水下 4 英寸处,这时两组的差异便明显表现出来。没有给予折射原理说明的学生表现出极大的混乱,他们投掷水下 12 英寸靶时的练习,不能帮助改进投掷水下 4 英寸靶的练习,错误持续发生。而学过折射原理的学生,迅速适应了水下 4 英寸的条件。

贾德在解释实验结果时说:"理论把有关的全部经验——水外的、深水的和浅水的经验——组成了整个思想体系……学生在理论知识的背景上,理解了实际情况以后,就能利用概括了的经验,迅速地解决需要按实际情况作分析和调整的新问题"。1941 年赫德里克森和施罗德,1967 年奥弗林等都做了类似实验,进一步证实贾德的概括化说,他们还指出,概括不是一个自动过程,它与教学方法有密切关系。这与课堂教学实践经验是一致的,即同样的教材内容,由于教学方法不同,教学效果悬殊,迁移效应也大不相同。

(四)关系转换说

格式塔心理学家并不否认依赖学习原理的迁移,但他们强调"顿悟"是迁移的一个决定因素。他们认为,迁移不是由于两个学习情境具有共同成分、原理或规则而自动产生的,而是由于学习者突然发现两个学习经验之间存在关系的结果。人迁移的是顿悟,即两个情境突然被联系起来的意识。

关系转换说强调个体的作用,认为学习者必须发现两个事件之间的关系,迁移才能产生。但转换现象是复杂的。早期格式塔心理学家用两种灰色深浅不同的物体进行条件反射实验。通过多次训练,被试(小鸡或幼儿)学会从深灰色物体处取得奖赏。以后变换实验情境,保留原来的深灰色物体,用黑色物体取代浅灰色物体,但强化物放在黑色物体处。经过训练的被试,一般不到原来与强化物相联系的深灰色物体处去获取奖励物。后来又用三种不同大小的物体进行变换实验。在训练时强化物置于中等大小的物体(如倒置的盘子)之下。经过训练,被试学会了这种反应。以后在迁移情境中,改变物体的大小,但奖励物仍置于中等大小的物体之下。研究表明,转换现象受原先学习课题的掌握程度、诱因大小和练习量的影响。原先学习的课题掌握得好、诱因大和练习量增加,转换现象较易产生。

(五)学习定势说

学习定势是哈洛提出并用以解释顿悟现象的一个概念。哈洛认为:"学习情境的多样化决定我们的基本人格特征,并在使某些人变成会思考的人中起重要作用。这些情境是以同样的形式多次重复出现的。不应以单一的学习结果,而应以多变但类似的学习课题的影响所产生的变化来理解学习"。

学习定势既反映在解决一类问题或学习一类课题时的一般方法的改进(学会如何学习)上,也反映在从事某种活动的暂时准备状态(准备动作效应或预热效应)中。学习定势的这两个方面都影响作业的变化。

练习一类课题有助于类似课题的学习,这一现象首先是在实验室用无意义音节进行研究发现的。渥德早在1937年报告:被试在记忆数列无意义音节时,前面的练习影响后面的记忆,记忆速度越来越快。

哈洛1949年的研究也发现类似的现象。他首先用猴子作被试进行研究,然后以儿童为被试进行重复实验。对猴子作辨别训练时,在猴子面前呈现两个物体,如一个是立方体,另一个是立体三角形。在一个物体下面藏着葡萄干,并以它为强化物。通过几次尝试,猴子很快"知道"葡萄干藏在立方体下面,不在立体三角形下面。当它解决了这个问题以后,立即给它呈现另一个类似的问题,如两个物体均为立方体,但颜色不同,一为白的,另一为黑的。它必须进行新的学习以解决这个新的辨别问题。当它解决了这个问题以后,又呈现一个新的辨别问题,如此继续多次。当猴子解决了许多这样的辨别课题之后,它解决新问题的速度越来越快,尝试的次数越来越少。于是,实验者认为,猴子学会了如何解决问题,或者说,学会了如何学习。哈洛在谈到这个现象时说:"猴子已经获得了解决问题的学习定势。"(见图3-1)

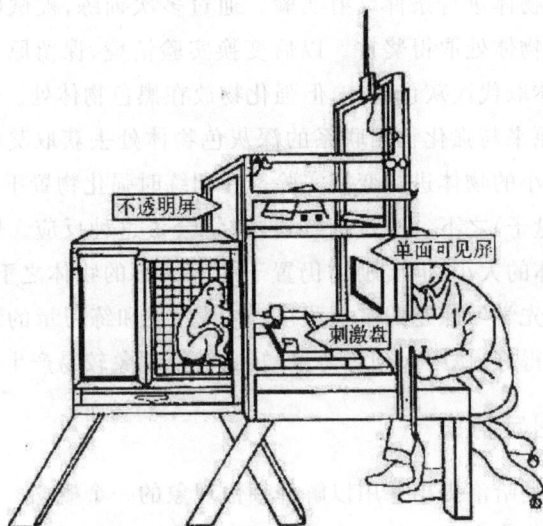

图3-1　哈洛恒河猴实验装置

类似的学会如何学习的现象,在以儿童为被试的实验中得到证实。例如,在一个实验中,智力落后的儿童(年龄为10岁,智龄只有4岁)在解决一个辨别问题时感到非常困难,但先从较容易的问题开始训练,然后转到较难的问题,学习效果就明显提高。

二、传统迁移理论的局限性

迁移理论是学习理论的继续。传统迁移理论之争集中在两个方面:一是一般迁移与特殊迁移之争;二是机械学习迁移与意义学习迁移之争。迁移理论对立的主要原因是传统学习论缺乏学习分类思想,把机械学习与有意义学习相混淆,把知识学习与技能学习相混淆。在技能学习领域,把智慧技能与动作技能相混淆。

桑代克通过大量知觉辨别和运动动作训练研究,提出了迁移的相同要素说,这一理论能解释知觉辨别这种低级智慧技能和简单的动作技能的学习迁移。但是,当贾德的实验情境不仅需要知觉辨别和动作技能而且需要高级的概括能力时,相同要素说遇到了困难。所以,安德森指出:"桑代克成功地推翻了一个错误理论,即形式训练说的教条,他代之而提出的是一个差不多空洞的理论"。

奥斯古德通过总结大量配对联想实验资料得出的相同与不同材料的正

负迁移规律,可以较好地解释机械言语材料的迁移与干扰现象,但遇到有意义言语材料时,这些规律便失效了。所以奥苏伯尔强烈批评将机械学习规律推论到有意义学习的错误倾向,他根据有意义学习的特点提出一整套适合有意义学习的迁移规律。

三、迁移理论的新进展

早期迁移研究强调两种学习情境具体内容的相似性。随着认知心理学的发展,人们对学习迁移的研究也有了一些新的手段和新的思路,采用认知的观点和术语来解释迁移发生的本质。对传统迁移理论所强调的相似性内涵进行了更深入全面的探讨,并提出了新的理论。有的从问题解决过程的研究人手提出了学习的类比迁移理论;有的根据不同的知识类型提出了不同的迁移理论;也有人从元认知的角度探讨了学习迁移的实质。

(一)类比迁移理论

类比迁移理论是认知心理学家如莫兰、格里恩和杰弗里斯等人在研究问题解决过程中的迁移现象时提出来的。他们认为,迁移是通过问题空间的类比来实现的,个体通过借用已掌握的问题空间来与新问题的某些部分进行匹配,也就是将源问题空间(即已掌握的问题空间)的算子、关系或路径等等匹配到新问题空间相应的部分中去,从而促进新问题的解决。因此,影响迁移的因素是类比关系,能否将源问题空间中的算子、关系或路径等迁移到未知的目标系统中相应的算子、关系或路径上去.要受到已习得的问题空间是否与新任务的某些部位相匹配的影响。这种类比的实质是以两个问题空间在算子、关系或路径等方面的相似和雷同为基本条件的。

(二)结构匹配理论

结构匹配理论是詹特纳等人于 1983 年提出的关于学习迁移的学说。该理论的基本假设是:在迁移的过程中存在一个表征匹配的过程,如果前后学习情境的表征能够匹配成功,则迁移就会发生。当然詹特纳所强调的"表征"并非学习情境表面的、具体的特征,而是学习情境内在的结构关系和规律。根据这个假设,结构匹配理论认为迁移的发生,更大程度上取决于主体对提取的新旧学习情境的相关信息的主观匹配,而不是由旧的学习情境单方面决定的。詹特纳的理论与格式塔学说存在着一定的相似性,因为他们强调的都是"关系"的迁移,只不过格式塔的关系是"顿悟"出来的,而詹特纳认为是通过对新旧学习情境相关信息的"匹配"得来的。

(三)符号性图式理论

符号性图式理论是巴索克和霍里约克等人提出的,该理论认为学习迁移必须满足两个条件:第一,学习者需要获得充分的一般性符号图式。这种图式是抽象的图式,是对学习情境结构特征以及起特殊作用的具体内容的表征,它是迁移发生的前提,如果学习者经验中没有足够的符号性表征,则迁移很难发生。第二,学习者必须能将不同事件的特征匹配到经验中已有的符号图式中,如果学习主体能够成功完成匹配则迁移发生,否则即使学习者有足够的符号性图式,迁移也不能发生。在这一点上符号图式理论与结构匹配理论一样,都强调学习主体在迁移过程中的能动作用。

(四)认知结构说

认知结构说是奥苏贝尔提出的关于迁移的理论。该理论并不否认先前理论所提出的迁移模式,但是,对于"旧学习"的含义,奥苏贝尔提出了新的解释,他认为旧学习不仅是最近经验的一组刺激—反应的联结,而是指学习者过去经验所积累的,按一定层次和结构组织起来的适合当前学习任务的知识体系——认知结构。

迁移发生取决于学习者原有认知结构的清晰、稳定、概括和包容的程度。新近学习对于迁移的作用并不是直接的,它是通过影响原有认知结构的有关特征。从而间接影响迁移的发生。因此,奥苏贝尔特别强调在新学习之前设计一个"先行组织者",为新的学习提供观念上的固定点。增加新旧知识之间的可辨别性,在新的学习任务与学习者原有认知结构之间架设一个桥梁,以促进迁移的发生。

(五)产生式理论

辛格莱和安德森通过大量的迁移实验研究提出"迁移的产生式理论"。该理论的基本观点是:两种学习之间的迁移程度,是随其共有的产生式的多少而变化的。他们认为两个任务之间的共同的知识和经验可以用产生式来界定,所谓产生式就是有关条件和行动的规则(如果/则),它包括一种条件表征(if)和一种动作表征(then),简称 C—A 规则。当两个任务之间存在有共同的产生式,或者说两个任务的产生式有交叉重叠时,迁移就会发生。

辛格莱与安德森的迁移理论,实际上是用现代的技术手段对学习内容的共同元素做出确定的定义,他们对共同元素的分析方法与桑代克是近似的,注重两次学习内容上的交叉、重叠。因此,可以说产生式的迁移理论就是共同因素说的翻版。但是,产生式理论所强调的共同要素更侧重于认知的成分,他们利用现代科学技术手段对较高级的学习活动的共同元素进行分析,因此能探讨高级学习活动的共同元素的迁移效果。尤其是对认知技能的迁移情况能够给以较好的解释。

(六)元认知迁移理论

元认知迁移理论是现代认知心理学所提出的。这个理论最大的特点就是强调认知策略和元认知在学习和问题解决中的重要作用。

严格来说,认知策略虽也属程序性知识,但它与一般智力技能是有所不同的。认知策略本身并不表现为某种实用性,它的价值存在于改善个体的认知加工过程之中,通过加工、处理陈述性知识和程序性知识才能得以实现。因此元认知迁移理论所强调的认知策略迁移对于个体学习的意义是可想而知的。根据元认知迁移理论,认知策略的成功迁移是指问题解决者能够确定新问题的要求,选择已获得的适用于新问题的特殊或一般技能,并能在解决新问题时监控它们的应用。因此元认知迁移理论认为,认知策略要达到可以在多种情境中迁移的程度,一个重要的条件是学习者的元认知水平。许多研究表明,元认知水平的提高确实能改善学生对策略的使用和对学习的监控、调节。从而达到认知策略迁移的目的。元认知迁移理论也称认知策略迁移理论。

纵观迁移研究的历史发展,我们不难发现,迁移理论在其取得长足进步的同时,还存在许多不足之处:第一,现有理论都有其适用的条件和范围,它们都只能解释某一特定范围内的学习迁移现象,认知结构的迁移理论只适用于解释陈述性知识的迁移,产生式迁移理论只适用于解释程序性知识的迁移,而策略性知识的迁移也只有元认知迁移理论可以给予合理解释。所有理论都缺乏系统性和完整性。第二,已有的迁移研究主要局限于知识学习,而忽略了态度学习、品德形成和动作技能获得过程中的迁移研究。第三,对主体因素和情境因素及其相互作用以及非智力因素对迁移的影响研究也待进一步深入。因此,要想更好地了解人类复杂学习过程中的迁移现象,以上问题还有待学者们进一步深入研究。

第三节　影响学习迁移的因素

研究表明,迁移的产生不是自动的,而是要受制于各种条件。学习者的有关特点、最初的学习水平、学习材料的特性等等,这些不同的因素及其各因素间的复杂的相互作用共同影响着迁移。此处仅就影响迁移的一些基本因素进行论述。

一、相似性

许多研究证明,相似性是影响迁移产生的一个重要因素。相似性既包括客观因素的相似,也包括主观因素的相似。一般而言,较多的共同成分将产生较大的相似性,并导致迁移的产生。

(一)学习材料的相似性

桑代克的共同要素说实际上就是对学习材料的相似性在迁移中的作用的一个经典研究。此后,奥斯古德在综合有关研究的基础上提出了迁移的逆向曲面,认为迁移量与迁移的性质(正或负)是由刺激与反应的相似程度决定的。但由于此结论主要是根据较机械的言语学习(如配对联想言语学习)的实验得来的,具有一定的局限性,难以解释、证实较复杂的学习迁移现象。

吉克与霍利约克曾就迁移中的学习材料的相似性问题进行了探讨。他们认为,学习材料的相似性包含两种:结构特性的相似与表面特性的相似。与最终的结果和目标的实现有关的成分即属于结构特性,如原理、规则或事件间的关系等等。而那些无关的成分则是表面特性,如某些具体的事例内容、学习情景中的环境因素等等。结构特性的相似也即本质特征的相似,而表面特性的相似也即非本质特征的相似。学习材料的相似性是由两种学习中所包含的共同的结构成分与表面成分决定的,属于客观相似,而个体对结构和表面相似性的认同则是主观的知觉相似。

以代数中的因式分解为例,公式 $a^2-b^2=(a+b)(a-b)$ 中的平方项与运算符号(减号)为结构成分,字母为表面成分。学习者利用已习得的公式进行迁移时,可能受到学习材料的相似性的影响。

以代数式 c^2-d^2、$x^2+y^2+2xy-m^2$ 与 a^2+b^2 为例:代数式 c^2-d^2 与已习得的公式在结构特征与表面特征方面都非常相似,则学习者的知觉相似性提高,容易产生正迁移。a^2+b^2 与公式结构特性不相似,但表面特性相似,这容易产生负迁移;只有结构特性相似,但表面特性不相似,则对于某些学习者而言,很难激活和提取头脑中的相关信息,难以产生知觉相似性,因而也不易产生迁移。比如代数式 $x^2+y^2+2xy-m^2$ 表面看上去与公式不同,但通过适当变换可以成为 $(x+y)^2-m^2$,它与公式具有相同的结构特性。如果不能摆脱表面现象的控制,则迁移易受阻。

(二)学习目标与学习过程的相似性

除了学习材料这种客观的相似性影响迁移外,个体加工学习材料的过程是否相似也影响着迁移的产生。加工过程的相似性可视为主观相似性。由于加工过程往往受到活动目标的制约,因此,目标要求是否一致、相似,将在一定程度上决定加工过程是否相似,进而决定能否产生迁移。

韦斯伯格等曾做了一个实验,要求被试先进行配对联想学习,然后解决邓克尔的"蜡烛"问题,即发现一种将蜡烛固定于墙上的方法。在解决实际问题之前的配对联想学习中,有一组配对"盒子—蜡烛"实际上为该问题的解决提供了一个可能的解法,但极少有被试能注意到这种关键线索与解决问题间的相关。研究者认为,不能从前面的配对联想学习中迁移到"蜡烛"问题,这可能是由于缺乏相似的目标或相似的加工过程。因为被试以"发现一种方法将蜡烛置于墙上"这个目标作为线索去记忆中搜索,是目标本身而不是孤立的问题元素(盒子或蜡烛)唤起了过去的经验。先前获得的"盒子"和"蜡烛"的联系此时并不起作用,被试在配对联想学习中并没有进行这样的加工活动,即如何将两个问题元素(盒子与蜡烛)以某种方式结合起来。

认知心理学对编码与提取过程的相似性的研究同样也为迁移中的加工过程的相似性问题提供了证据。雅格比让被试分别从事两种活动:第一组被试在没有任何联系的情况下去阅读某一个词(如"冷")。第二组被试从事生成反义词的活动("与热相反的词是什么")。然后两组被试都进行知觉识别(速示识别)测验和再认测验。结果第一组被试在知觉识别测验上的成绩优于第二组,而第二组在再认测验上的成绩优于第一组。研究者认为,生成反义词需要进行语义加工,而再认测验则涉及较多的语义分析;阅读某一词所涉及的是知觉加工,而这正是知觉识别测验所强调的。这一结果说明编码与提取过程的相似性是非常重要的。

某一项目能否提取出来取决于编码的方式。同样,信息能否迁移也取决于它是如何以及在什么情境中编码的。信息如果是以将来可提取、可应用的方式编码的,即编码和提取过程具有相似性,则易于迁移。

除上面列举的各种相似性外,一些研究者还强调两种学习情境中所涉及的其他成分的相似,如态度、情感以及学习中的环境线索等。建构主义特别强调真实性学习(authentic learning),真实性学习即目前的学习应与将要面对的现实世界中所从事的活动相似。通过让学生进行真实性的学习,可以发挥学生的主动性,探讨最佳的学习方式,明确学习的目的性,提高迁移产生的可能性。

二、原有认知结构

原有的学习对后继学习的影响是比较常见的一种迁移方式。虽然不同的历史时期对原有经验的称呼和定义不同,但对其在迁移中的作用这一问题的关注并未因此而减少。可以说,原有经验的特性直接决定了迁移的可能性及迁移的程度,这一点已为许多研究者认可。

(一)原有经验的水平

曼德勒曾汇总了大量的动物学习和人类言语学习的迁移研究,得出了如图 3-2 所示的原有学习水平与迁移之间的关系。

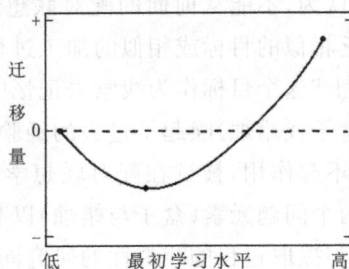

图 3-2　学习水平与迁移量之间的关系

从图 3-2 中可以看出,随着先前学习水平的提高,迁移刚开始时是负的,但随着练习的不断扩大,先前学习水平不断提高,迁移逐渐由负变为正,并达到较高水平的迁移。曼德勒认为,之所以产生这种结果是由于刚开始某些消极因素也随着练习的增加而增大到一定程度,对迁移产生影响。但随后逐渐扩展的练习也使得个体获得了更为一般的学习,即获得了学习方法等经验,这些一般的经验具有广泛的适用性,能够有效地促进正迁移的产生,同时也抑制、超过了负迁移的作用,使最终的结果表现为正迁移的量大大提高。

虽然上述结果是从较简单的学习中得出的一般性结论,但也反映了迁移中的一些基本规律。以此为基础,其他一些研究者对先前经验的丰富性、概括性、适当性等问题进行了更为深入、细致的分析和研究。

(二)原有经验的组织性

认知心理学的研究表明,信息能否提取在很大程度上依赖于信息在记忆中是如何组织的,合理组织的信息易于提取,也易于迁移。

依据概括的原理来组织有关信息,这是保证经验结构具有组织性的首要环节。拥有抽象、概括的认知结构,可以使个体不受表面相似性的制约,能从结构特性着眼,并发现其结构相似性,进而产生迁移。比如在学习物理学中的杠杆原理时,应通过各种变式来充分理解这一基本原理,找出杠杆的支点、动力臂和阻力臂,使学生在遇到轮轴、滑轮等问题时,也能够不受表面因素的干扰,应用杠杆原理来解答问题。

对专家和新手的对比研究发现,专家对于信息的组织是非常合理的,并且主要根据信息的内在深层结构进行组织,而新手主要根据信息的表面特征加以组织。所以,迁移时专家能根据已有的组织良好的信息进行恰当的提取,以应用于具有相同的结构特性的其他情境。新手则难以适应表面特性发生变化的新情境,无法从原有的认知结构中提取相应的信息。诺维克对专家与新手的迁移问题进行了对比研究,发现当先前的学习与后来的学习具有结构相似性但表面不相似时,专家比新手更易产生正迁移。当两种学习仅具有表面相似而结构特性不同时,新手比专家更易产生负迁移。这是因为专家拥有组织合理的概括的认知结构,能在抽象的结构水平上注意到问题间的相似性,较少受到表面特性的干扰。新手则根据外显的表面线索形成表象,并以此作为提取线索,对具体相似的表面特征的问题通常用相似的方式解决。

一般而言,原有经验的概括水平越高,迁移的可能性越大,效果越好;概括水平越低,迁移的范围越小,效果也越差。贾德的经典的水中打靶实验即是例证。布鲁纳(1982)非常强调概括的原理在迁移中的作用,认为所掌握的内容越基本、越概括,则对新情况、新问题的适应性就越广,也就越能产生广泛的迁移。在教学中,他强调要掌握每门学科的基本原理、基本概念,因为领会基本的原理和概念是通向适当的训练迁移的大道。

组织合理的经验结构不仅表现在其抽象、概括性方面,还表现在经验的丰富性方面。许多实验和事实都证明,具体而丰富的经验对于迁移的产生也是非常必要的,而且正迁移往往随着练习中所提供的具体事例的数量的增加而增加。脱离具体事例而孤立地学习抽象的概念、原理,这在一定程度上无助于迁移的产生。专家之所以具有较强的迁移能力,除了具有概括的认知结构外,还具有大量的依据概括原理而组织起来的具体经验,这些经验为迁移的产生提供了基础。为此,欲最大限度地产生迁移,不仅要拥有抽象、概括的认知结构,而且也要拥有一定量的具有典型代表性的具体信息。也就是说,既要注意原有的经验结构的概括性,又要注意其丰富性。

(三)原有经验的可利用性

有时,即使个体拥有迁移所需的某种经验,但由于这种经验在头脑中处于一种惰性状态，不能被激活、应用，最终同样也无助于迁移的产生。

吉克和霍利约克的实验表明了惰性知识的存在。他们要求被试解决邓克尔的射线治疗肿瘤问题。该问题描述了某病人腹部有一肿瘤，但不可开刀，只能用一种射线治疗。但射线容易损伤肿瘤周围的健康机体组织。如果用低强度的射线，虽无害于健康机体，但对肿瘤不起作用。问题是如何应用射线治疗肿瘤同时又不伤害健康组织？为了给被试一个潜在的知识背景，在呈现上述问题前，实验者要求被试读一段关于某将军带领部队攻占城市中心要塞的故事。故事中描述了某城市中心有一要塞，从该要塞中延伸出许多条道路，并埋有地雷。若把部队集中起来从一条道上进攻，则易触发地雷。将军成功地解决了这一问题。他将大队人马分成小分队，并派遣到各条道路上，最后同时聚集到要塞并攻占了要塞。在被试能准确地回忆出该故事之后，实验者呈现射线治疗肿瘤问题，并要求被试予以解决。实验结果表明，在没有任何提示的情况下，70％的人都不能主动、自觉地把将军攻占要塞的方法（将大的力量分成小的，并同时汇聚于某处）迁移到射线治疗肿瘤的问题上面。这意味着前面的信息处于一种惰性状态，尽管它具有潜在的可迁移性。

总之，要产生迁移，原有的经验结构必须能够被有效地激活、提取。这就要求在建构经验结构时，应该强调这些经验的适用性条件，以便以后在适当的情境中能够充分利用、迁移有关经验。同时，还可以提供适当的机会让学习者在真实的情境中应用所学的经验。

决定原有经验的可利用性的关键因素是学习者的认知技能与元认知技能。由于迁移过程是通过一系列复杂的认知活动来完成的，而认知技能与元认知技能又是调节、控制认知活动，保证其顺利完成的必要条件，所以个体是否具有认知与元认知技能也影响着迁移的产生。有些情况下，个体虽然掌握了某种迁移所必需的知识，且学习对象也具有相似性，但仍不能产生迁移，其原因可能在于缺乏必要的认知技能和元认知技能。拥有这些技能，可以使学习者沿着正确、合理的程序分析问题，使其注意力集中到要迁移的问题上。简言之，这些技能可以促使个体知道何时、何处、如何迁移某种经验，在一定程度上增强原有经验的可利用性。

三、学习定势

定势也叫心向，是指先于一种活动而指向该活动的一种心理准备状态。有实验表明，鼓励学生建立学习的心向，将有利于习得经验的迁移。定势的作用是双向的，如果新旧学习活动的思路是一致的，定势就会促进正迁移的发生；反之，定势不但不会产生正迁移，而且会妨碍学生的创造性思维，对学习产生干扰,导致负迁移的发生。

第四节　学习迁移规律在教学上的应用

一、学生学习迁移的促进

学校教育的价值并不单单在于"授之以鱼",简单地给学生传授知识、技能;更重要的是"授之以渔"。教会学生学习,培养和发展学生的迁移能力。美国学者埃德加·富尔在《学会主活》一书中指出:"未来的文盲将不再是不识字的人,而是没有学会学习的人。"可见,促进学生学习迁移策略的研究具有重要的现实意义。

(一)确立合理的教学目标

现代教学论认为,教学目标是教学过程的起始环节,也是非常重要的环节,它贯穿着教学的全程,并指导教学的进行。因此,确立合理的教学目标对于教学本身的意义是显而易见的。

长期以来,我们设计教学目标都仅从静态的内容性质的角度来进行,主要涉及知识、动作技能和态度情感三个领域的内容。但是这种教学目标的设计与教学和学习的动态特点显然是不相符合的。好的教学不仅应该让学生掌握当下的知识,而且更重要的是要使学生学会通过自己已有的知识经验来学习当下知识。简单地说就是让学生学会迁移。一个好的教学必须是能够发展学生迁移能力的教学。因此将"为迁移而教"作为教学目标之一应该是无可争辩的。将"为迁移而教"作为教学目标之一并渗透到知识、动作技能、情感态度三大领域中具有重要的意义。首先,"为迁移而教"作为教学目标不仅符合教学过程的动态特点,而且可以实现教学本身的价值。另外,迁移目标的引入使得教学目标由一维变成了立体的结构,进而增强教师教会学生迁移的意识,使他们在具体的教学当中不仅重视教学的内容,更重视学生学习的效果;不仅注重学习的量,更重视学生学习的质。当然,将"为迁移而教"作为教学目标也会激励学生的"迁移学习"意识,使得学生在自己的学习中有意识地通过迁移来学习新的知识。

(二)科学精选教学材料

在教学过程中,教师不可能将一门学科所有的知识都传授给学生,学生也不可能毫无选择地学习所有内容。因此,要使学生用有限的时间和精力来掌握尽可能多的有用的知识经验,教材就必须科学精选。

精选教材至少要把握两条原则:第一,材料要具有时代性。现代科技和知识的发展日新月异,更新速度之快难以想象。作为教学的材料要最大限度地与时代同步,及时关注最新的科学成果和时代信息。相对陈旧的教学材料而言,具有时代特征的教材一方面可以提高学生的学习兴趣,另外还能够让学生学习前沿的知识,不断更新知识结构,实现更广泛的迁移。第二,教学材料要具有迁移的价值。这就要求所选的材料既要包括基本的原理,而且还要有典型的实例和丰富的变式练习。只有这样,教师在教学过程当中才能够有"理"有"据",为学生学习迁移的发生创造最有效的条件。

(三)合理组织教学内容

对精选的教学材料如何组织编排才能发挥教学内容的最大可迁移性呢?这就要求教学内容在编排的时候要从促进迁移的角度出发,以最优的知识结构,最佳的呈现顺序来帮助学生乃至教师实现迁移。具体来说,有以下三条原则:结构化原则、一体化原则和网络化原则。

结构化是指教材内容的各构成要素具有科学的、合理的逻辑联系,能体现事物的各种内在关系,如上下、并列、交叉等关系;一体化是指在组织教材内容时,既要防止教材中各种要素之间的相互割裂、支离破碎,又要防止相互干扰或机械重复,使各种构成要素能整合为具有内在联系的有机整体,从而有利于学生合理知识结构的形成;网络化是指教材各要素之间上下左右、横纵交叉联系要沟通,要突出各种基本经验的连接点、连接线,为迁移的产生提供直接的支撑。

(四)有效设计教学程序

合理编排的教学内容是通过合理的教学程序得以实施的。良好的教学程序能够促进学生迁移能力的发展。因此,有效地设计教学程序对于教学来说就显得格外重要了。良好教学程序的设计要把握以下两条原则:

第一,知识的传授要遵从一般到个别,抽象到具体的组织原则。首先是宏观学科内容上的安排要明确什么内容放在前面,什么内容放在后面,注意知识的前后联系;然后是微观的课堂教学,每节课教学内容的设计应该结合教学对象的特点来确定具体教学的程序,将概括性高、派生性强、迁移价值最大的知识,例如概念、原理等放在整堂教学的最前面,为学生学习迁移的发生做好充分的知识准备。

第二,要注意知识的纵向和横向联系。在进行新知识的教学中,教师不但要关注学生当下知识的学习,而且要注意新旧知识经验的联系与贯通。强化学生对新旧知识经验之间的联系与分化,促进学生良好知识结构的形成,提高学生习得知识的迁移范围和价值。

(五)教会学生学习与迁移

许多研究和教学实践都证明,一些学生虽然拥有解决问题所需的知识。但是由于缺乏必要的学习方法,致使迁移受阻,出现人们常说的"死读书""读死书"现象。因此,要促进学生迁移能力的发展,关键在于教会学生学习,学会迁移。主要应从下面两方面入手。

第一,要培养学生的迁移意识。教师应该通过各种形式让学生懂得什么是迁移,帮助学生发现迁移的规律。

第二,教师还应该培养学生的迁移能力。培养迁移能力的过程是一个循序渐进的过程。

(1)首先要在教师的指导下发展学生理解一般性原理的能力。任何原理都是以文字和语言的形式呈现的,是文字符号的集合。因此,对原理背诵、识记并不能说明真正理解了原理。作为教师的教学就不能满足于学生对原理的简单背诵,而应该通过对原理的应用练习,让学生理解原理是如何在迁移中起作用,并让学生用自己的语言重新阐述原理的意义。达到对原理的真正理解。

(2)多情境中知识应用教学,帮助学生积累迁移的经验。学习迁移的发生除了依赖于旧学习情境中知识、技能的学习程度以外,也依赖于新、旧学习情境的相似程度。某个学生虽然学会了当下的知识,但这并不能保证在任何情况下学生都能"学以致用",将其迁移到以后的学习和实践情境当中去。例如,有的学生学会了平面几何,却不能解决现实生活中一栋大楼高度的测量问题;也有些学生学会了 SPSS 统计软件的基本操作,但面对具体的统计问题时,就显得束手无策了。因此,为了促进学生迁移,教师教学就应当注重情境性。即在多种情境中教会学生对知识的应用与变通,尤其是当下知识在将来情境中的应用,为学生积累迁移经验提供机会,并使学生的"感性迁移体验"通过实际应用教学上升为"理性体验"。

(3)当学生具有理解一般性原理的能力,并有了丰富的迁移体验以后,教师就应该培养学生独立分析、概括的能力。尽管角度不同,各种迁移理论都强调了主体对新旧学习"共同要素"的概括能力,可以说概括是迁移的核心。学生只有具备了独立分析和概括问题的能力,才能够在复杂的学习情境中把握知识之间的联系,找到新旧学习情境的共同点,进而产生迁移。

(4)培养学生的迁移能力还应该帮助学生形成良好的认知策略和元认

知策略。一方面,在教学中教师要善于把学习读书的方法教给学生,例如关于理解的方法,记忆的方法,复习巩固的方法等。另一方面,鼓励学生自己总结出适合自己的学习经验,并在同学之间相互交流。这些策略性知识的掌握可以改善认知过程,提高思维品质,有助于促进学生迁移能力的发展。

二、学习迁移规律在教学中的应用

教育系统中教学的目标是使学生接受及掌握经验,以形成和发展学生的能力与品德。而迁移是实现这一目标的有效途径,也是检验教学是否达到目标的可靠标志。因此,在实际教学中,应该掌握和应用学习迁移的规律,以提高教学成效。

(一)精选教材

在教学过程中,教师并不是把一门学科的所有内容都一步步教给学生,学生也不是毫无选择地学习所有内容,这不仅是不可能的,也是没有必要的。要想使学生在有限的时间内掌握大量的有用的经验,教学内容就必须精选。精选的标准就是迁移规律,即选择那些具有广泛迁移价值的科学成果作为教材的基本内容。所谓具有广泛迁移价值,就是指掌握这些基本内容后,在以后的学习或应用中,许多与之相关的其他内容无须重新教学或学习,只需稍加引导和点拨,学生即可掌握。这些基本内容具有广泛的适用性。

要教给学生一门学科的基本的科学成果,就必须从浩瀚的科学研究成果的海洋中精选出适合学生的基本内容。如前所述,只有那些概括的基本知识、基本技能和行为规范才具有广泛的适应性,其迁移价值较大。

当然,在选择这些基本的经验作为教材内容的同时,还必须包括基本的、典型的事实材料,脱离事实材料空谈概念、原理,则概念、原理也是空洞的,是无源之水,无本之木,当然也无法迁移。大量的实验都证明,在教授概念、原理等基本知识的同时,配以具有典型代表性的事例,并阐明概念、原理的适用条件,则有助于迁移的产生。

精选教材要随科学的发展而不断变化和更新。虽然学科的基本概念、基本原理具有较高的稳定性,但随着科学技术的迅猛发展,原来作为学科基本内容的教材可能会失去其原有的作用,所以,应及时注意科学新成果的出现,以新的更重要的、迁移范围更广的原理、原则来代替。因此,在精选教材时,要注意其时代性,吐故纳新,不断取舍,使之既符合科学发展的水平,又具有广泛的迁移价值。

(二)合理编排教学内容

精选的教材只有通过合理的编排,才能充分发挥其迁移的效能,学习与教学才能省时省力。否则迁移效果小,甚至会阻碍迁移的产生。怎样才能合理编排教学内容呢? 从迁移的角度来看,其标准就是使教材达到结构化、一体化、网络化。

结构化是指教材内容的各构成要素具有科学的、合理的逻辑联系,能体现事物的各种内在关系,如上下、并列、交叉等关系。只有结构化的教材,才能在教学中促进学生重构教材结构,进而构建合理的心理结构。

一体化指教材的各构成要素能整合为具有内在联系的有机整体。只有一体化的教材,才能通过同化、顺应与重组的相互作用,不断构建心理结构。为此,既要防止教材中各要素之间的相互割裂、支离破碎,又要防止相互干扰或机械重复。

网络化是一体化的引申,指教材各要素之间上下左右、纵横交叉联系要沟通,要突出各种基本经验的联结点、连续线,这既有助于了解原有学习中存在的断裂带及断裂点,也有助于预测以后学习的发展带、发展点,为迁移的产生提供直接的支撑。

结构化、一体化和网络化是一致的,其关键是建立教材内容之间的上下、左右、纵横交叉的联系。通过对教材内容进行系统、有序的分类、整理与概括,可以将烦琐、无序、孤立的信息转化为简明、有序、相互联系的内容结构。而有组织的合理的教材结构又可以促进学生对教材内容的深层次的加工与理解,有助于学生构建合理的知识结构,使学生的学习达到融会贯通。

(三)合理处理教学程序

合理编排的教学内容是通过合理的教学程序得以体现、实施的,教学程序是使有效的教材发挥功效的最直接的环节。教学程序可以从两个方面考虑:一是宏观方面,即对学习的先后顺序的整体安排;二是微观方面,即具体的每一节课的安排。无论是宏观的整体的教学规划还是微观的每一节课的教学活动,都应体现迁移规律,都应该把各门学科中的具有最大迁移价值的基本内容的学习置于首要地位。处理好这种教学与学习的程序是非常必要的,否则教学效率受到影响,学生学起来感到吃力,不易把握所学内容的内在联系,这直接影响着认知结构的构建,同样也影响到迁移。

在宏观上,教学中应将基本的知识、技能和态度作为教学的主干结构,并依此进行教学。因为基本的知识、技能、态度等都具有适应面广、包容性大、概括性高、派生性强等特点,作为主干教材,可以最大程度地发挥其效用。在安排这些基本内容的教学顺序时,应该既考虑到学科知识本身的内在逻辑联系,即知识序,又要考虑到学生的心理发展顺序及其可接受性,即学生的认知序。综合兼顾知识序与认知序,从整体上来科学、有效地安排教学程序。

在微观上,应合理组织每一堂课的教学内容,合理安排教学顺序。依据从已知到未知、从简单到复杂、从具体到抽象等顺序来沟通新旧经验、建构经验结构。在激发学习动机、引入新内容、揭示重点、难点、反馈等诸环节上都应精心设计,以利于学生真正理解、掌握所学习的内容,并能将所掌握的内容进行适当的迁移。同时也要注意各堂课所教内容之间的衔接,沟通知识经验之间的有机联系,促使学生的学习既能达到纲举目张,又可以"牵一发而动全身",激活有关经验,避免惰性,建立合理的经验结构。教师应帮助学生对所学的内容进行整理、提炼,将前后知识加以沟通和融会贯通,真正提高学生学习的质量。

(四)教授学习方法

许多研究和实际教学都证明,学生的迁移能力在很大程度上与学生所掌握的学习方法有关。学生虽然拥有解决问题所需的知识,但由于缺乏必要的学习方法,致使迁移受阻,表现在不能有效地利用所学的知识去解决问题。

学习方法可以说是促进有效学习的一些手段、措施,是培养学生的迁移能力、使学生学会学习的前提条件。"工欲善其事,必先利其器"。掌握学习方法不仅可以促进对所学内容的理解,而且可以改善学生的迁移能力,因为学习方法中包含了非常重要的信息,如在什么条件下迁移、如何迁移所学的内容、迁移的有效性等等,这些信息可以提高迁移的意识性,防止经验的惰性化。如果说某一学科的具体内容的迁移属于特殊迁移的话,则学习方法的迁移属于普遍迁移,具有广泛的迁移性,加之学习方法本身又包含了有效迁移的信息,所以,掌握学习方法无疑是提高迁移能力的有效途径。

由于大部分学生都不能自发地产生一些有效的学习方法,因此更需要教师的指导与教授。这意味着教学中仅教给学生组织良好的信息还是不够的,还必须教授必要的学习方法。传统的教学的主要弊端就是忽视学习方法的教授,这就使学生的学习能力的培养难以落到实处。授之以鱼,不如授之以渔。教授必要的学习方法,可以从根本上改善迁移能力,提高学习与教学的效率。

第四章　学习动机

第一节　学习动机及其相关概念概述

一、动机与学习动机的概念

在分析学习动机之前,首先应明确心理学中"动机"的含义。其实,所有的学生都是有动机的,但问题在于究竟有怎样的动机,这就涉及学习动机的种类问题。

(一)动机的含义及功能

动机来源于拉丁文 Movere,意思是移动、推动和引起活动。现代心理学将其定义为"由某种需要所引起的直接推动个体活动、维持已引起的活动并使该活动朝向某一目标以满足需要的内在过程或内部心理状态"。美国心理学家阿特金森把动机分成两个层次,即 motive 和 motivation。前者是指隐藏的倾向,后者是指所激发的 motive,即隐藏的倾向转化为行为。换言之,只有当适当的刺激(诱因)出现时,motive 才会被激发,并转变成 motivation,推动个体的行为。我们所运用的动机概念既有 motive 也有 motivation 的含义。动机是用来说明个体为什么要从事某种活动,而不是用来说明某种活动本身是什么(what)或怎样进行的(how)。

动机有三种基本功能:①激活功能。动机能激发有机体产生某种活动,带着某种动机的有机体对某些刺激,特别对那些与动机有关的刺激反应特别敏感,从而激发有机体去从事某种反应或活动。例如饥饿者对食物、干渴

101

者对水特别敏感,因此也容易激起寻觅活动。②引导功能。动机与需要的一个根本不同就是:需要是有机体因缺乏而产生的主观状态,这种主观状态是一种无目标状态。而动机不同,动机是针对一定目标(或诱因)的,是受目标引导的。也就是说需要一旦受到目标引导就变成了动机。③维持和调整功能。当个体的某种活动产生以后,动机维持着这种活动针对一定目标,并调节着活动的强度和持续时间。如果达到了目标,动机就会促使有机体终止这种活动;如果尚未达到目标,动机将驱使有机体维持或加强这种活动,以达到目标。

(二)学习动机的含义及种类

学生的学习行为同样离不开动机对其的激活、引导、维持和调节,这种作用于学习的动机称为学习动机。我们将其界定为"是激发个体进行学习活动、维持已引起的学习活动,并使学习行为朝向一定目标的一种内在过程或内部心理状态"。学习动机是怎样产生的呢? 一般来说,学生的学习动机是社会和教育对学生学习的客观要求在学生头脑里的反映,它在学生的主观上以对学习的意向或愿望的形式被体验着。在学校教育工作中,只要能引起学生的这种意向或愿望,同时又有相应的能满足学生意向和愿望的活动存在时,就能产生推动学生学习的动力。但是,社会和教育对学生的要求并不都能成为学习动机,只有那些对学习能起推动作用的心理因素,才能成为学习动机。

学习动机既可看成一般的人格特征,也可以看成暂时的唤醒状态。如,通过人格测验,发现有些人有较高的成就需要,这种需要能持久推动学生的学习活动。这里的高成就需要既是个体的一种学习动机,也是稳定的人格特征。又如,在一节语文课上,教师为调动学生学习积极性,采取故事导入法,学生立即进入高度唤醒状态并准备投入后继学习。这样激起的学习动机是特殊动机状态。

西方心理学家大都根据动机产生的诱因来源将学习动机分为内在动机和外在动机。内在动机,也称内源性动机,它是由个体内在兴趣、好奇心或成就需要等内部原因引起的动机,并且活动本身就能使活动者的需要得到满足。如,有的大学生对心理学很感兴趣,课余时间主动阅读一些心理学的经典书籍或者刊物,从中不仅了解了一些心理学知识,也掌握了一些调节自我心态的技能。这种学习动机是由学习者本人自行产生的,学习活动本身就是学习者所追求的目的,而且由此激起的学习活动的满足在学习过程本身,而不在学习活动之外的奖赏或分数,让学生本人乐在其中。

外在动机,也称外源性动机,指由外在的奖惩或害怕考试不及格等活动之外的原因激起的动机。学生努力学习,其满足不在活动过程本身,而在学习活动之外。如有的学生学习只是为了获得奖学金,赢得老师的赞赏、同学的羡慕,这种动机就是外在动机。许多研究表明,内在动机比外在动机更能激发学生长久的学习。现在广为提倡的"愉快教育"就是强调通过内在动机维持学习,让学生能体验到学习的快乐,以期将学生"要我学习"的被动局面变成"我要学习"的主动局面。但学生学习不像游戏,有的学习可能使人感到愉快,但更多的学习是十分艰苦的,如背诵数千个外语单词,要与遗忘做斗争,要使知识转化为熟练的技能等都需要进行大量的重复练习。没有远大的目标,没有适当的外来压力,单靠个人兴趣是不可能获得成功的。

二、与学习动机相关的几个概念

学生学习的原因是多方面的,所以可以从许多不同方面来解释其行为原因,即学习动机。这些方面包括目标导向、兴趣与情绪、自我图式。

(一)目标导向

人的许多行为动力可以用目标导向来解释,如参加四年一届的奥运会并获得好成绩既是许多优秀运动员奋斗的目标,也是推动他们刻苦锻炼的动力。目标是个体在动机性活动中努力追求的结果。如学生顺利升学,动物吃到食物等都是个体追求的结果,所以都可以作为行为的目标。当学生按照目标指引的方向去努力学习时,学生的这种学习行为是目标导向的行为。在这种行为中,学生一般意识到他当前的状况(如成绩属于中等)和将要实现的理想状态(成绩达到优等)以及这两种状态之间的差距。目标激励个体去努力消除两者之间的差距。

心理学家认为,目标之所以对人起激励作用,其原因是:第一,目标能指引人的注意,使之集中精力去完成当前任务;第二,目标能激发人的努力,"鼓足干劲,力争上游";第三,目标能增加人的持久性,"不达目的誓不罢休";第四,目标能促使人寻求新的策略,改进学习或工作方法。可以将目标分成四类。

1. 以任务为目标

以学习或掌握为目标的学生倾向于寻求挑战性任务,不怕困难。他们主要关心自己已掌握的情况和能力的提高,不注重同学之间的比较。他们也倾向于寻求他人帮助,运用较适合的认知加工策略和学习策略。

2.以成绩为目标

以成绩作为目标的学生关心要通过与他人比较显示自己的能力,关心获得好的测验分数。把超过他人作为目标的学生倾向于做那些看上去很聪明的事,如为了显示书读得多,就读那些容易的书。如果认为不可能胜过别人,他们可能采取避免失败的策略。他们更关心别人的评价,却不太关心自己习得了什么。

3.以回避为目标

以回避为目标的学生不要学习,他们只求避免辛苦的工作。这类学生力图不花多少努力尽快完成作业和学习活动。当他们不必努力,或工作容易或他们能游手好闲时,他们就感到成功。

4.社会性目标

社会性目标是与学生社会需要有关的目标。当学生年级升高进入青少年期时,他们的社会联系增多,他们参加了许多非学业性的活动,如体育活动、约会等,此时社会性目标对他们来说变得很重要。这类目标涉及多种需要,与学习有不同性质的关系,有的有助于学习,有的不利于学习。例如,为家庭和集体争取荣誉而努力学习的目标能支持学习;在合作学习中,担心伤害同学的感情,而避免指出错误概念,则无助于学习。

上面分别讨论了不同的目标导向和不同的学习者的特征,但在实际生活中,学生的学习目标往往不是单纯的,学生能协调多种目标,根据实际情境对不同目标做出选择。教师应引导学生确立以任务为导向的目标,为支持这种目标创造良好的环境。教师可以通过两种方式对学生的目标产生影响:第一是反馈。通过反馈告诉学生他们的努力已在逐渐接近目标,这种反馈会进一步激励学生朝着目标做出更大努力,或者进一步提高自己的目标。如在一项研究中告诉学生,他们已达到75%的目标,学生的自信、分析思维和成绩都得到提高。第二是认可目标。认可目标涉及两个方面:一是学生认可他人为自己确定的目标;二是学生自己建立目标。在这两种条件下,目标的建立可以促进学习。

按当前状态和要实现的预期理想状态之间的差距大小,可将目标分为长远目标和近期目标。长远目标一般较为抽象、笼统;近期目标具体、明确。目标的动机作用对不同年龄儿童是不同的。一般来说,具体的短期目标有助于激励年龄较小的低年级儿童的学习;长远的抽象的目标不易被低年级儿童认可,故很难起到激励作用;相反,对于高年级儿童或青少年来说,长远的目标可以对他们起持久的激励作用。

（二）兴趣和情绪

1. 兴趣

学前儿童喜欢看动画片，少年儿童偏爱看武侠小说，成年男子迷恋看球赛。人们常用兴趣来解释这样的行为，说学前儿童对动画片感兴趣，成年男子对足球比赛感兴趣。心理学把兴趣定义为个体对某人或某事物的选择性注意的倾向。兴趣是由内外两个因素构成的：一是个体内在的需要，二是外界的人或事物具有满足个体内在需要的价值。如学前儿童有求知需要，少年儿童有崇拜英雄、追求惊险刺激的需要，成年男子有发泄自身情绪的需要，由于动画片、武侠小说和足球赛能分别满足他们的需要，所以它们分别成了学前儿童、少年儿童和成年男子选择性注意的对象。

兴趣可以分为直接兴趣和间接兴趣。直接兴趣是由外界事物或活动本身的性质引起的，如学前儿童对动画片的兴趣；间接兴趣是由活动的结果的工具性价值引起的，如认识到学好外语可以出国，因而对学习外语感兴趣。低年级学生因认知发展的限制，其学习兴趣主要是直接兴趣。间接兴趣随年龄增长而提高。

人们凡是从事与自己兴趣一致的活动便感到轻松和愉快，凡是从事与自己的兴趣不一致的活动便会感到厌烦和劳累。因此，教师和家长都感到在调动学生的学习动机时，培养学生的学习兴趣的重要性。常言道："兴趣是最好的老师。"在培养学生的兴趣时应注意两点：第一，人的学习兴趣总是与人的能力密不可分。父母和教师只要仔细观察就可发现，凡是儿童感兴趣的活动，儿童总是在这方面表现出某种潜在能力，儿童在某项活动中由于表现较好，得到父母或教师的赞扬，他将对该项活动表现出兴趣，如此良性循环，因能力而导致兴趣，因兴趣而导致满足和能力提高。第二，所谓培养学生的兴趣主要指间接兴趣。年幼儿童不易认识活动结果的价值，包括它们对个人和对社会的价值。因此，间接兴趣的培养是一个逐渐发展的过程。

2. 情绪与焦虑

现代学习心理学家认为，学习不是一个思维与解决问题的冷认知过程，而是一个伴有情绪的热认知过程。上面谈到的兴趣是与人的情绪分不开的。人们从事有兴趣的活动会感到愉快和轻松，在活动中得到满足。但人的情绪与学习的关系不是单一的，有时起促进作用，有时起抑制作用。

心理学研究较多的是人的情绪唤醒水平与学习成就的关系。早在20

世纪初,耶基斯和多德森研究发现,情绪唤醒水平过高或过低都不利于学习,中等唤醒水平,学习效果最好。因为动机水平和焦虑水平都以被试的情绪唤醒水平为指标,而且当人在情绪唤醒时会出现心理和生理反应,包括脑电波模式、血压和心率与呼吸频率的变化,所以耶基斯—多德森定律有时被视为反映动机水平或焦虑水平与学习成就之间关系的原理。

教师在运用耶基斯—多德森定律调动学生的学习积极性时应注意如下几点:第一,对于高焦虑的学生应尽量少给他们学习上的压力,而对于低焦虑的学生应适当施加压力,使两者的唤醒趋向于中等水平,从而调动其学习积极性。第二,对于简单任务,如背外语单词、做算术口算题等,可以通过竞赛等方式提高学生的动机水平,从而提高学习积极性与学习效果。第三,对于带有创造性的新学习或问题解决任务,不宜用开展竞赛等活动来施加压力,而应放宽时限,让学生在轻松的环境下学习,效果更好。

(三)自我图式

自我图式是个体对自身的看法,包括对自己的能力、效能的信念和自我价值观等。

1.关于能力的信念

心理学家认为,成人常采用两种能力观,即能力不变观和能力增长观。前者意味着能力是稳定的、不可控制的个人特质。据这种观点,有些人的能力比其他人强,而且每一个人的能力都是固定不变的。后者意味着能力是不稳定的、可控制的。通过努力学习和实践,随着知识增加,能力也会随之增长。

年幼儿童持能力增长观。大多数低年级儿童认为,努力与智力是同一回事,认为聪明的学生由于更努力变得聪明。如果你成绩差,你就笨,你肯定不用功;如果你成绩好,你肯定聪明,你一定很努力。而到11岁或12岁,儿童开始能区分努力、能力和成绩之间的差异。此后,他们开始相信,有些人从不努力,但很成功,必定很聪明。这时有关能力的信念开始影响动机。

持智力不变观的学生倾向于确立成绩目标,他们既希望使人感到聪明,但又可以保护自己的自尊。他们选择做那些他们擅长又不要花太多努力的事,因为对他们来说,太卖力或失败都意味着能力低下。这种学生保护自尊的另一种策略是什么事也不干,因为你什么也不干,而你失败了,就没有人能责怪你无能。

持智力可以改变观的学生倾向于确立任务目标,他们希望提高自己的能力,因为对他们来说,能力的提高意味着聪明。失败不意味着没有希望,只意味着还需要更加努力,他们倾向于确立中等偏难的目标,这种目标具有最大的激励作用。

2.关于自我效能的信念

自我效能感的概念是班杜拉提出来的,他把自我效能感定义为"对产生一定的结果所需要的组织和执行行为过程的能力的信念"。

自我效能感不同于自我观念和自尊。自我观念是关于自我的一般观念,是个人对自己多方面知觉的总和,其中包括个人对自己的情感、能力、兴趣、欲望,以及个人与别人的关系的了解等,也包括自我效能感。自我观念是通过内外比较而发展起来的,它需要利用其他人或自我的其他方面作为参照框架。自我效能感只涉及成功完成某项任务的能力,不需要比较。它涉及的问题是你是否能完成该任务,而不涉及其他人是否成功。自我效能感对行为有很强的预测作用,而自我观念没有这样的预测作用。

自我效能感也不同于自尊(或自重),前者涉及个人对自己能力的判断,后者涉及个人对自己重要性的判断。两者没有直接关系。例如,某人可能感到自己在某一领域有很高的效能,但不一定有很高的自尊,反之亦然。

自我效能感通过确立目标来影响动机。如果某人在某一领域有较高的效能感,他将确立较高的目标,而且较少担心失败,最后影响其策略的选择。如果某人自我效能感低,他将不仅不可能确立高目标,而且可能回避困难的任务,"甘拜下风"。

自我效能感与归因有密切关系。如果把成功归因于内部的或可以控制的原因,如能力或努力,则自我效能感将会提高。自我效能感也影响归因。若某人对于做某事有很强的自我效能感,他很可能会将失败归因于缺乏努力;若他对于做某事缺乏自我效能感,他很可能会将失败归因于缺乏能力。从自我效能感的研究可见,奥苏伯尔和加涅主张在某些条件下调动学生积极性的最好方法不是从动机入手,而是从认知入手,这是正确的。教师首先把课教好,使学生学有所得,使他们感到自己是有能力学好某种课业的。学生有这样的自信,才会投入学习的努力。

三、学习动机的基本结构

在实际学习过程中,学习的动力因素虽然多种多样,但比较常见的有以下三种,即推力、拉力和压力。推力是发自个体内心的学习愿望和需求,它可以通过学生对学习的必要性的认识、对学习的求知欲、对未来的理想等产生。拉力指外界因素对学习者的吸引力,使学生从事学习活动。学位、社会地位等可对学生的学习活动构成拉力。压力指客观现实对学习者的要求,迫使其从事学习活动。考试、家长与学校的要求、社会现实都可以成为压力。这三种因素都可以促使个体进行学习,因此都是学习的动力因素。但是应该指出的是,压力往往难以独立、持久地起作用,必须真正地转化为推力或拉力才能发挥其动力作用。因此,促使主体从事学习活动的直接作用成分只有两个,这就是推力和拉力。作为主体学习愿望的推力,实质上是主体的一种学习需要;而作为对主体的学习活动具有吸引作用的拉力,实质上是一种学习期待。因此,学习动机的两个基本成分就是学习需要和学习期待,两者相互作用形成学习的动机系统。

（一）学习需要及内驱力

学习需要是指个体在学习活动中感到有某种欠缺而力求获得满足的心理状态。它的主观体验形式是学习者的学习愿望或学习意向。这种愿望或意向是驱使个体进行学习的根本动力,它包括学习的兴趣、爱好和学习的信念等。从需要的作用上来看,学习需要即为学习的内驱力。所以,学习需要对学习的作用,就称为学习驱力。

奥苏伯尔在其《学校学习》一书中提出,学校情境中的成就动机主要由以下三个方面的内驱力组成,即认知的内驱力、自我提高的内驱力和附属的内驱力。这三种内驱力就是学习需要的三个组成因素,也就是说在个体内部至少有这三种需要是指向学习的。①认知内驱力是一种要求理解事物、掌握知识,系统地阐述并解决问题的需要。它以求知作为目标,从知识的获得上得到满足。这种内驱力主要是从人类原始的好奇心和探究欲中派生出来的。②自我提高的内驱力是指个体由自己的学业成就而获得相应的地位和威望的需要。它可以使学生把学习行为指向在当前学校学习中可能取得的成就,以及在此基础上将自己的行为指向未来学术和职业方面的成就和地位。但它不直接指向知识和学习任务本身,而是把学业成就看作是赢得地位和自尊的根源。成就的大小决定所赢得地位的高低,同时又决定着自尊需要的满足与否。所以,它是一种间接的学习需要,属于外部动机。在学习过程中,认知内驱力即内部动机固然重要,但自我提高的内驱力即外部动机也是必不可少的。这是因为学生不可能始终坚持以掌握知识为学习目标。③附属内驱力是指个体为了获得长者(如教师、家长等)的赞许而表现出来地把工作、学习搞好的一种需要。它既不直接指向学习任务本身,也不把学业成就看作是赢得地位的手段,而是为了从长者那里获得赞许和接纳。这说明学生对长者在感情上具有依赖性。

不过,成就动机的三个组成部分即认知内驱力、自我提高内驱力和附属内驱力在动机结构中所占的比重并非一成不变,通常是随着年龄、性别、个性特征、社会地位和文化背景等因素的变化而变化。在儿童早期,附属内驱力最为突出,他们努力学习获得学业成就,主要是为了实现家长的期待,并得到家长的赞许。到了儿童后期和少年期,附属内驱力的强度有所减弱,而来自同伴、集体的赞许和认可逐渐替代了对长者的依附。在这期间,为赢得同伴的赞许就成为一个强有力的动机因素。而到了青年期,认知内驱力和自我提高内驱力成为学生学习的主要动机,学生学习的主要目的在于满足自己的求知需要,并从中获得相应的地位和威望。

(二)学习期待及诱因

学习期待是个体对学习活动所要达到目标的主观估计,它是另一个构成学习动机结构的基本要素。学习期待与学习目标密切相关,但两者不能等同。学习目标是个体通过学习活动想要达到的预期结果,而在个体完成学习活动之前,这个预想结果是以观念的形式存在于头脑之中的。因此,学习期待就是学习目标在个体头脑中的反映。

诱因是指能够激起有机的定向行为,并能满足某种需要的外部条件或刺激物。诱因可以是简单的物体如食物、水等,也可以是复杂的事情如名誉、地位等。凡是使个体产生积极的行为,即趋向或接近某一目标的刺激物称为积极诱因。例如,在激发学生学习积极性的教育措施中,教师所提供的奖品、成绩等都是积极的诱因。相反,消极的诱因可以产生负性行为,即离开或回避某一目标。可以说,学习期待是静态的,而诱因是动态的,它将静态的期待转换成为目标。所以,学习期待就其作用来说就是学习的诱因。

在学校情境中,具有诱因作用的学习目标是多种多样的,常见的主要有以下几种。

①长远目标与短近目标:在将来实现的目标即长远目标,眼前或很快即可实现的目标为短近目标。

②远大目标与具体目标:那种较一般、宽泛的、总的、大的目标为远大目标,与某项具体任务的完成相连的目标即具体目标。

③内在目标与外在目标:梅赫认为,内在目标是指向任务本身(如理解某一内容)或指向自我的目标(如比别人做得更好、证明自己有能力),外在目标是指向他人(如取悦于他人)或外在奖励等目标。

④掌握目标与操作目标:心理学家普遍认为,受掌握目标所引导的学生关心怎样掌握知识、技能或如何改善自己的能力,即旨在提高理解、掌握等能力;而受操作目标引导的学生关注自己是否看上去更聪明,即旨在证实能力,获得对能力的有利评判或避免不利评判。

事实上,个体可能同时有多种学习目标,如掌握知识技能,获得有利的能力评价,避免不利评价。在另外一些情境中,可能有目标冲突,如在掌握目标与操作目标中二择一(通过学习使自己变得有能力还是使自己看上去有能力),或在两种操作目标中二择一(力求看上去有能力与避免看上去无能)等。但是,无论何种形式的目标,都会使个体形成相应的期待,并产生定向性的学习行为。

(三)学习需要和学习期待的关系

学习需要和学习期待是学习动机的两个基本成分,两者密切相关。学习需要是个体从事学习活动的最根本动力,如果没有这种自身产生的动力,个体的学习活动就不可能发生。所以说,学习需要在学习动机结构中占主导地位。另外,学习需要是产生学习期待的前提之一,因为正是那些能够满足个体的学习需要与那些使个体感到可以达到的目标的相互作用而形成了学习期待。学习期待则指向学习需要的满足,促使主体去达到学习目标。因此,学习期待也是学习动机结构的必不可少的成分。

四、学习动机与学习的关系

虽然某些特定的学习事例可以在基本上没有动机的情况下发生,例如巴甫洛夫的条件反射,仅仅是依赖于条件刺激与无条件刺激的暂时接近,但要有效地进行长期的认知领域的学习,如掌握某一门学科的知识,动机是绝对必要的。可以设想,一个人去做某件毫不感兴趣的事情,他是很难做出持久努力的。许多事例表明,造成学生学习困难的最大因素往往不是智力方面的而是动机方面的。虽然有时会发现有些学生因为理解力过低而不能领会教学内容。但导致学生成绩低下的原因更多的往往是因为他们缺乏学习的动机。学习动机对学习的影响主要体现在学习过程和学习结果这两个方面。

(一)学习动机对学习过程的影响

动机对学习和保持的影响与认知结构等认知变量是不一样的。在学习阶段,认知变量通过学习的同化方式影响着认知的相互作用过程;在保持阶段,这种变量仍旧通过同化机制发挥作用,在保持期间还持续地产生累积作用,由此决定了新获得意义的可利用性的相对程度。然而,典型的动机变量并不是直接参与认知的相互作用过程,而是以间接的方式产生影响,主要表现在启动、维持和监控三个层面。

1.对学习行为的启动作用

学习动机对学习过程的启动作用首先是在桑代克的动物实验中得到证实的。在桑代克的实验中,要想让猫解决如何从问题箱中逃脱的问题,就必须使它处于饥饿状态,这样,它就会表现出焦躁不安的内心紧张状态,为克服这种紧张状态,就会唤起觅食行为,而且,饥饿程度越高,寻找食物的内驱力就越强,即启动作用就越大。同样,对学生的学习来说,当学生有了学习需要,获得了学习动机后,就会在学习前做好准备,集中精力在某些学习上,从而较易启动其学习行为。形象地说,动机变量所起的作用,犹如"催化剂",而不是"特效药",它们对最初的学习只产生间接的增强与促进作用。不少心理学家认为,动机对于学习的促进作用,主要是以注意的加强为中介的。

2.对学习行为的维持作用

由某种学习动机激起的学习行为出现后,学习动机就像指南针一样指引着学生的学习行为,使已被激起的行为始终朝着既定的学习目标进行。苏联心理学家马卡连柯的研究发现。如果要求一个5～6岁的学龄前儿童毫无原因的保持某种姿势站立一段时间,是比较困难的。然而,如果让他们在游戏中扮演某个感兴趣的角色,使他们对这一活动有较强的动机,那么,他就会较长时间地保持某种站立姿势,且保持同一站立姿势的时间差不多是前一种情况的3～4倍。我国心理学家沈德立等1990年的研究也发现,学习动机水平高的小学一年级新生的课堂注意情况要好于学习动机水平低的学生。

3.对学习过程的监控作用

在实际教学情境中,学生的学习动机和由之而激起的学习行为可能经常要受到来自学生自身和外部各种因素的影响。如学习目标的改变、学习兴趣的转移、外界要求的变化、诱因价值的变化等都会影响已出现的学习行为,影响学生学习的专注程度,影响其注意分配,影响其付出努力的程度等。如果学生具有正确的、水平适合的学习动机,那么,由之而引起的学习行为的各个环节就会受到它有意或无意的调节和监控,排除来自内外因素的干扰,朝着既定的学习目标做出不懈的努力,直到目标的实现。

(二)学习动机与学习效果的关系

学习动机对学习过程有着广泛的影响,这种影响最终会在学习结果上表现出来。学习动机与学习效果之间的关系一直是心理学家和广大教育实际工作者十分关注的问题,正确把握两者的关系对教育者来说是十分重要的。学习动机对学生的学习效果的影响究竟有多大?这种影响是积极的还是消极的呢?研究表明这种影响取决于两个要素:一是取决于学习动机本身的强弱,二是取决于学习者行为的质量。

首先,一般来说,学习动机越强,有机体学习活动的积极性就越高,从而学习效果越佳。当学习动机过弱时,学习者对活动持漠然态度,学习效果或效率必然很低。当然,在动机强度过大时,学习者处于高度的紧张、焦虑状态,其注意和知觉的范围变得过于狭窄,也会限制正常活动,从而使学习效率降低。例如在高考前作了充分准备的学生,以其实际能力和水平完全可以考出一个好成绩。但临场发挥时处于高度紧张焦虑状态,唯恐考不好,结果限制了自己能力的发挥,反而降低了效率。这样的事屡见不鲜。所以,为了使行为卓有成效,就应努力避免动机过强或过弱。使其处于最佳水平,只有动机处于最佳状态时,在其他因素恒定的情况下,才能最大限度地提高行为效果或效率。

需要说明的是,学习动机强度的最佳水平不是固定不变的,它往往会因课题性质不同而不同。当学习比较容易的课题时,学习效率会因动机强度的增强而提高;当学习比较困难的课题时。学习效率会因动机强度的增强而下降;在一定范围内,动机增强有利于学习效率的提高,特别在学习力所能及的课题时,其效率的提高更明显。这一规律早在 1908 年就被耶基斯与多德森通过实验证实了,被称为耶基斯-多德森定律(见图 4-1)。

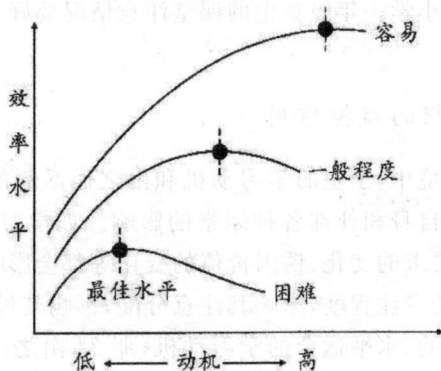

图 4-1　耶基斯-多德森定律

其次,学习动机对学习效果的影响还与个体行为的质量有关。因为动机必须以行为为中介对行为效果发生影响,所以行为质量对学习效果的影响至关重要。一个学习动机很弱的学生当然不会有高质量的学习行为发生,因此也不能获得很好的学习效果。但一个学习动机很强或达到最佳动机水平的学生,也不一定能表现出高质量的学习行为。因为学习行为的质量不仅受动机影响,还受许多变量的影响,如学习基础、教师指导、学习方法、学习习惯、智力水平、个性特点、健康状况等的制约。因此,学习动机和学习效果之间的关系并非完全一致。只有把动机、行为、效果三者联系起来,才能看出动机与行为效果之间既一致又不一致的关系。现以"M"代表动机。"B"代表行为,"E"代表行为效果,可以得到四种常见的 M—E 的关系类型(见表 4-1)。其中,"＋"表示好或积极;"－"代表坏或消极。

表 4-1 动机与行为效果的关系

	正向一致	负向一致	正向不一致	负向不一致
M	＋	－	－	＋
B	＋	－	＋	－
E	＋	－	＋	－

从表 4-1 可以看出,在四种 M—E 关系类型中,有两种动机与效果的关系是一致的,另两种动机与效果不一致。一致的情况是学习动机强,积极性高,行为质量也高,则效果好,这是正向一致;相反,动机弱,积极性不高,行为也不好,则效果差,这是负向一致。不一致的情况是:动机强,积极性高,如果行为质量不高,其效果也不会好,这是负向不一致。可能是由于学生基础知识差、智力发展落后、学习方法不好、学习习惯没有形成,以及身体不好等造成的;相反,学习动机不强,如果行为质量高,其行为效果也可能好,这是正向不一致。据此,可以得出这样的结论:学习动机是影响学习行为、提高学习效果的一个重要因素。但它必须通过行为质量等中介因素才能发挥作用,并不是决定因素。激发学习动机固然是重要的,但改善各种主客观条件以提高学习行为质量才是关键的。只有抓住了这个关键。才能保持正向一致和正向不一致,消除负向一致与负向不一致,提高行为效果。

第二节 学习动机的理论

对于学习动机的实质及其培养与激发的规律,心理学家提出了种种不同的理论观点,这些理论从不同的角度解释了人类的学习行为。

一、强化动机理论

学习动机的强化理论是由联结主义学习理论家提出来的,他们不仅用强化来解释学习的发生,而且用它来解释动机的产生。联结主义心理学家用 S—R 的公式来解释人的行为,认为动机是由外部刺激引起的一种对行为的冲动力量,并特别重视用强化来说明动机的引起与作用。在他们看来,人的某种学习行为倾向完全取决于先前的这种学习行为与刺激因强化而建立起来的稳固联系,强化可以使人在学习过程中增强某种反应重复可能性的力量。与此相应,联结学习理论的中心概念是刺激与反应之间的联结,而不断强化则可以使这种联结得到加强和巩固。按照这种观点,任何学习行为都是为了获得某种报偿。因此,在学习活动中,采取各种外部手段如奖赏、赞扬、评分、等级、竞赛等,可以激发学生的学习动机,引起其相应的学习行为。

但是,学校中的强化,既可以是外部强化,也可以是内部强化。前者是由教师施与学生身上的强化手段,后者则是自我强化,即学生在学习中由于获得成功的满足而增强了学习的成功感与自信心,从而增强了学习动机。而无论是外部的或内部的强化,都有正强化与负强化之分,并与惩罚有着千丝万缕的关系。一般说来,正强化和负强化都起着增强学习动机的作用,如适当的表扬与奖励、获得优秀成绩、取消讨厌的频繁考试等便是正强化或负强化的手段;惩罚则一般起着削弱学习动机的作用,但有时也可使一个人在失败中重新振作起来,如频繁的惩罚、考试不及格等便是惩罚的手段。在学习中如能合理地增强正强化,利用负强化,减少惩罚,将有助于提高学生的学习动机水平,改善他们的学习行为及其结果。

当然,强化动机理论就其主要倾向来说,是联结派的学习动机理论。由于联结派的强化动机理论过分强调引起学习行为的外部力量(外部强化),忽视甚至否定了人的学习行为的自觉性与主动性(自我强化),因而这一学习动机理论有较大的局限性。

二、成就动机理论

成就动机是一种力求成功并选择朝向于成功(失败)目标的活动的一种倾向。它是教育心理学领域中最为重要的一个动机。实验表明,以成就为动机的学生坚持学习的时间会更长些,即使遇到挫折,也往往会归结为自己还不够努力。如果说归因理论是从结果来阐述行为的激起,那么,成就动机是从原因来谈论行为的引发。

成就动机的研究最早可追溯到莫瑞,他在 1938 年研究人的需要时发现,人有一种非常重要的需要,叫成就需要,并编制了主体统觉测验(TAT)来测量这种需要。但真正对成就动机进行研究是 1950 年以后,主要研究者有阿特金森和麦克米兰等,他们对成就动机进行了系统的研究,提出了在当今动机领域中最重要的理论。麦克米兰是从宏观角度对成就动机展开研究的,着重探查分析社会集体成员的成就动机水平与该社会的经济、科技发展的关系。阿特金森则是从微观的角度着重探讨成就动机的实质、发生和发展,成就行为的认知和归因等问题。

以往的动机理论认为,行为是个体特性(内驱力或张力)、目标对象的性质(诱因值)、经验或学习变量(习惯或心理距离)的函数。阿特金森则将各因素综合起来,将个体的动机、成功的诱因以及成功的可能性设想为行为的决定因素。

阿特金森区分了成就动机中的两种不同倾向:一是力求成功的需要;二是力求避免失败的需要。一个人面临一种任务时,这两种倾向通常是同时起作用的,两种力量势均力敌时,个体就会感到心理冲突的痛苦。如果力求成功的倾向强于回避失败的倾向,就会促使人奋发上进;反之,则会导致迟疑退缩。因此,在阿特金森看来,每个人的成就行为都受到这两种倾向相互制衡和消长的影响。相应地,可以将人分为追求成功者与避免失败者两种类型。

阿特金森认为,生活使人们面临难度不同的任务,他们必然会评估自己成功的可能性。力求成功者旨在获取成就,并选择能有所成就的任务。这种情况,最有可能发生在他们预计自己成功的把握有 50% 的概率时。因为这给他们提供了最大的现实挑战。如果他们认为成功完全不可能,或胜券在握,动机水准反而会下降。反之,避免失败的需要强于力求成功愿望的人,在预计自己成功的机会大约有 50% 时,则会采取回避态度。他们往往选择更易获得成功的任务,以使自己免遭失败;或者选择极其困难的任务,这样即使失败,也可为自己找到合适的借口。因此,力求成功者成就动机高,选择中等难度的任务;避免失败者成就动机低,倾向于选择很困难或者很容易的任务。

阿特金森认为,具有较强的获得成功的愿望并不能保证具有成就行为,因为还必须考虑避免失败的动机。提高成就行为的最好方法是将获得成功的强烈愿望与失败的低恐惧结合起来。比如说,关于学习任务的难度问题,如果学生认为任务太难,他就会因为对失败的高度恐惧以及成功的低期望而不去努力,或轻易放弃。如果课程不能满足学生的不同需要,我们所期望的成就行为也难以展现。在增强对成功的期望的同时,减弱对失败的恐惧可以提高学习动机。

此外,成就动机与学业的成功是互为因果的。成功诱发了获取更多成功的愿望,而这种愿望又促使更多的成功产生;相反,那些在学习情境中很少体验过成功的学生,他们大都会失去在学习上取得成功的动机。而将兴趣转向其他的方面(如社会活动,甚至是一些违法犯罪活动等)。作为教师,要善于肯定学生学习的进步,多创设一些让其体验成功的机会。研究表明,学习成就动机随着学生在学校生涯的延伸而逐渐减弱。

阿特金森的成就动机理论综合了需要、期望和诱因价值,把人类动机的情感方面与认知方面统一起来,这对整个动机理论来说是一种突破性的进展,对更完整的动机理论的建立和发展有着深远的理论意义。

三、成败归因理论

维纳提出,可以根据三个维度对成败的原因分类。这三个维度是:①内外维度。据此可把导致成败的原因分为内部原因和外部原因。内部原因即个人自身的原因,如个人的能力、努力等;外部原因即个人自身之外的原因,如任务难度、运气等。②稳定性维度。据此可以把内部和外部原因再分为稳定的原因和不稳定的原因。③可控制维度。根据稳定和不稳定的原因还可再细分为个人自身能控制的原因和个人自身不能控制的原因。

(一)学生的归因

研究表明,在上述多种归因中,只有努力、能力、任务难度、运气和心境是学生常用来解释学习成败的主要原因。从大量的资料分析得知,儿童(也包括成人)通常都有一个自我保护系统。他们一般把成功归因于内因(努力、能力),把失败归因于外因(任务难度、运气不好)。但也有些学生不能运用这种自我保护策略,把自己的学习成绩不良归因于自己缺乏能力,常常避开以成就定向的活动,或者在这种活动中不愿努力。有一项研究分析了自小学五年级到高中三年级 743 名被试的归因模式,结果表明,学生的归因模式能有效地预测他们将是否选择要求技能、努力或运气的任务。除了把失败归因于内部原因之外,还有一些学生把成功归因于外部原因,如考试容易或运气好等,他们在成功之后找不到进一步努力的方向。这两种归因模式都是消极的,在成绩不良的学生、残疾儿童以及某些女生中有较普遍的表现。

(二)教师的归因

根据心理学家的分析,在评论学生的测验时,教师常常把学生的成功归因于学生的家庭条件、努力、兴趣和教师好的教学技能。但当学生考得不好时，教师常指责学生准备不充分、能力低、家庭条件差和考题难。也就是说，教师倾向于与学生共享考试成功的荣誉，但把失败的责任归因于外部(非教师)的原因。这虽然可以用自我保护机制来解释，但它不是一种良好的敬业精神。教师越愿意为学生的失败承担个人的责任，就将更加努力为避免学生的失败做出奉献。

(三)控制源与人格特征

控制源，又译控制点，是指导致成败的原因在自身之内还是自身之外。归因研究发现，人们对决定自己的活动与命运力量的稳定看法将成为他们的人格特征。心理学已区分出内部控制与外部控制两种不同的人格特征。具有内控特征的人认为，自己从事的活动和活动的结果是由自身具有的因素(如能力或努力)决定。具有外控特征的人则认为自己的活动及其结果受命运、机遇和他人的摆布。在现实生活中，极端的内控者和外控者是不多的。一般来说，内控者具有较高的成就动机，外控者的成就动机相对要低些。内控者把学业上的成功归因于能力和勤奋，把失败归因于努力不够。因此，成功将会给他们带来更多的鼓励，使学习信心进一步提高，失败则是需要付出更大努力的标志。不论学习成败，他们都会促使自己投入更多的精力，显示出更高的学习积极性。相反，外部控制者把学习的成败归因于外界因素，如把学业成功归因于猜对了答案、碰到好运气等；把失败归因于教师教得不好、题目太难等客观因素。不论学习成败，他们的反应都是消极的。他们对自己的能力和努力都失去信心，对学习缺乏兴趣，不愿投入更多的精力和做出更多的努力。可见，要改变一个人的稳定的归因看法涉及改变一个人的人格特征，通过改变人格特征可以影响其行为动机。

(四)教师情感与学生的归因

一系列研究表明，教师的情感影响学生的归因。S·古勒姆的研究发现，学生测验成绩不良，老师生气，这意味着教师相信学生未做充分努力。同样，教师对学生的不良成绩表示同情，意味着他相信学生缺乏能力。教师把学生失败归因于学生缺乏努力且表示愤怒，会造成学生内疚感。这种内疚感常常是一种积极的激励力量。把失败归因于低能并表示同情，会造成羞愧感，而羞愧感不是一种积极的激励力量，反而会导致学生退缩、回避。此外，对完成容易的任务的表扬，对未完成这种任务不给批评，以及过多不必要的帮助，也会像教师的同情一样，导致事与愿违的结果。教师和家长都必须恰如其分地对儿童进行批评、表扬，表示同情和给予帮助。

四、学习动机的自我理论

(一)自我效能理论

班杜拉认为,自我效能感是影响学习的一个重要动机性因素,高自我效能感的学生,其内在学习倾向更强;低自我效能感的学生,其内在学习的倾向较弱。因而我们可以通过增强学生的自我效能感来间接提升其学习动机。

班杜拉指出,个体对自我效能的认识主要基于三方面信息。一是亲身获得的成就。亲身获得的成就是以切实的经验和能力为基础的,所以对于个体评判自我效能来说,它是最具影响力的信息源。一般说来,成功会使个体提高对自己的效能评估,反复的失败会降低效能的自我评估。二是替代性经验。人们对自身能力的评价,有一部分是通过将自己的行为与他人的行为比较得到的。个体能够利用榜样示范的行为信息来判断自己的能力。一般说来,那些具有与自己类似能力或稍高能力的人,为个体衡量自身效能提供了最丰富的信息。如学生发现与自己能力差不多的同学取得好成绩,就会相信自己也有能力取得好成绩。三是权威劝说。个体对能力的自我评价在一定程度上还受到那些被认为是权威评价人物的观点所影响。个体对劝说者的知识、能力越信任,他们对自我效能的评价越有可能受到言语说服的改变。

根据自我效能信息的来源,我们可以相应地采用一些方法来增强学生的自我效能感。①增加学生学习成功的机会。为了让学生更多地体验到成功,有经验的教育者经常采取三种做法:一是对某些学生尤其是差生降低成功的评判标准,在其取得了相对较小的成功也及时给予鼓励;二是尽可能地发掘学生的长处,给学生充分的展现自己的长处的机会;三是为学生设置合适的学习目标,或者把长期的、困难的目标分解成具体的、近期的、简单的目标,使学生看到从事复杂的学习任务过程中自己的每一步进展,更多地体验到学习的进步和成功,认识到自己有可以挖掘的潜力。②为学生树立合适的学习榜样。一般说来,为学生树立的榜样最好是与之在各方面的情况类似。因为学生认同与自己相似的他人的学习进步,很容易替代性地转化成对自己的能力的认同。例如,假定给一个成绩居班里 30 名的学生树立学习榜样,最好把榜样定位在学习成绩在班里居 30 名左右而近来学习又进步比较明显的学生,这样成绩居 30 名的学生很容易相信,既然情况差不多,他能取得进步,我也完全有能力取得这样的进步。③言语说服。学生经常从老师和父母那里得到一些说服性的信息,比如,"你完全有能力做好这件事",

"如果你不能取得学习成功,还有谁会成功呢?"这种积极的说服性反馈在某些时候也可以增强学生的自我效能感。

(二)自我决定理论

自我决定理论是由美国心理学家戴西和赖恩提出的一个动机理论。该理论认为,人是积极的有机体,具有先天的心理成长和发展潜能。自我决定就是在充分认识个人需要和环境信息的基础上,个体对行动所做出的自由选择。

人类有三种基本的心理需要,它们分别是胜任力(competence)需要、自主需要和关联需要。胜任力需要是指在与他人、任务或活动交互作用的过程中,个体感觉到自己能胜任、有能力的需要;自主需要是一种控制感,指个体自主地与环境相互作用的需要,从归因的观点来看,就是一种知觉到的对原因的内部控制;关联需要指的是隶属于某一群体的需要,类似于归属的需要。

内部动机的产生与上述三种需要息息相关。能满足个体胜任力需要,让个体产生成就感的社会事件,才能增强个体行为的内部动机;个体在产生成就感的同时,如果没有体验到自主感,其内部动机也不能得到增强,因而自主需要才是内部动机产生的关键;尽管关联需要不是内部动机的必要条件,但在充满安全感与归属感的环境中,由于关联需要得到了满足,个体更容易产生内部动机驱使的行为。

上述三种需要的满足状况也会影响到外部动机的内化。归属需要的满足是个体接受他人信念或价值、实现外部动机内化的必要条件,当个体体验到对团体或重要他人的高度归属时,会自愿地内化其价值观;如果个体对某项活动具有较强的效能感,则更有愿意参与其中,个体的胜任力知觉能促进外部动机的内化;自主体验是促进内化调节的关键因素,个体只有处在一个可以自由选择、遵循自己意愿、在思维方式和行为上不受外界束缚的环境、自主需要得到满足时,才能对外在规则进行有效的整合。

有关教师期望的研究表明,许多教师经常给成绩优异者提供自主和选择的机会,对成绩落后者的学习活动则往往采取各种控制。尽管成绩落后者常常需要较多的外显指导,但他们也需要体验到对学习的自我调节与控制。对于学习成绩落后者来讲,过多的外部指导不仅无助于其能力的提高,反而增加了其学习上的无助感。正是由于缺乏对自身学习的自我决定感,这些学生逐渐丧失了对学习的信心和兴趣。因此,教师改变自己对成绩落后者所持的动机信念,在学习上给这些学生一定的自主权与选择权,让其感受到对自己学习活动的控制与调节,将有助于提高他们的自主学习水平。

第三节　学习动机的激发

一、激发与维持学生的学习动机的两个模型

(一)ARCS 模型

ARCS 模型是由美国佛罗里达州立大学的凯勒教授提出的一个动机模型,该模型关注的是如何通过教学设计来调动学生的学习动机。所谓 ARCS,是指四个英文单词首字母的缩写。这里 A 代表注意(attention),R 代表关联(relevance),C 代表信心(confidence),S 代表满足(satisfaction)。在凯勒看来,上述四个方面代表了四类主要的动机策略,围绕这四个方面来设计教学,就可以较好地激发学生在课堂学习中的动机。

(1)注意。对于低年级学生可以通过卡通片、彩色图片、故事等激发学生的兴趣;对于高年级学生可以提出能引起他们思索的问题,激发其求知欲。

(2)关联。是指教学要与学生的知识背景、个人需求和生活经验联系起来。因为与自己切身相关的事物,更容易引发关注。

(3)信心。为了建立自信心,教学中应提供学生容易获得成功的机会。如教师课堂提问时注意将难易不同的问题分配给不同程度的学生,使他们都能参与问题讨论。

(4)满足。每节课都应让学生学有所得,让学生从成功中得到满足;对学生学业的进步多做纵向比较,少做横向比较,避免挫折感。

(二)TARGETT 模型

伍尔福克在其主编的《教育心理学》中引述了卡罗尔·艾米斯提出的 TARGET 动机作用模型。这里的 T 代表任务(task),A 代表自主(autonomy),R 代表被认可(recognized),G 代表分组(grouping),E 代表评价(evaluation),T 代表时间(time)。

伍尔福克认为教师期望对学生的学习动机也具有重要影响,因而在该模型上再添加一个 T,从而使之变为 TARGETT。TARGETT 的具体含义如表 4-2 所示。

表 4-2　TARGETT 的具体含义

影响因素	重点	目标	可行的策略例子
任务 （task）	学习任务如何结构化； 要学生做什么	提高学习任务的内在吸引力； 使学习有意义	教学与学生的背景和经验相关联； 避免对出席、等第或分数给予奖赏（钱或其他物品）
自主 （autonomy） 或责任	学生在学习或学校决策中的参与	为学生提供做出选择或承担责任的适当自由	布置任务时给予学生选择机会； 请学生评论学校生活； 鼓励学生自发学习并评价自己的学习
认可 （recognized）	在学校情境中的认可与奖励的使用	为全体学生提供学习被认可的机会； 在达到目标中认可进步	促进自我奖励； 不应强调"光荣榜"； 认可并公布与学校有关的广泛的学生活动
分组 （grouping）	学校学习的经验的组织	创建认可并欣赏全体学生的环境； 扩大社会相互作用尤其是边缘学生的相互作用的范围； 促进学生社会技能发展	提供合作学习、问题解决和决策的机会； 为了增加同伴相互作用范围,鼓励多种群体关系
评价 （evaluation）	评价与评估过程性质与运用	等第评定与报告过程； 与标准测验运用有关的实践； 目标与标准的定义	不要强调成绩的横向比较； 为学生提供提高他们的成就的机会； 建立反映学生学习进步的等第与报告制度
时间 （time）	学校日程的时间安排	允许学生支配时间以适应学习任务和他们的需要； 为学生提供延长学习时间的机会	只要可能就允许学生按自己的速度前进； 鼓励学习经验安排的灵活性
教师的期望 （teacher's expectations）	对学生能力的信念与期望	对全体学生抱适当但较高的期望； 告诉学生：期盼你们成长	给全体学生提供改进自己的作业的机会； 监控学生:谁得到了哪些机会

(三)两个动机作用模型的比较

仔细比较两个动机作用模型,可以发现,两者的共同点多于不同点。可以说,两者的基本精神是一致的。两者都强调处理学生学习动机问题贯穿教学全过程,包括课前的准备,课中教师与学生、学生与学生之间的互动以及课后的评价与反馈;两者也都强调处理学习动机问题涉及教师自身的素质、学生的人格特征、教学目标的设置和教学内容的安排等方方面面。

具体地说,第一,A 模型中的注意(A)和关联(R)与 T 模型中的任务(T)和自主或责任感(A)是一致的。两者都涉及学习目标和学习任务与学生的经验相联系,适合他们的需要;强调学习任务内在吸引力,而且主张让学生有选择余地,提高学生承担的责任。

第二,A 模型中的自信心(C)和 T 模型中的认可(R)和教师的期望(T)是一致的。两者都涉及教师信任学生,认可学生的点滴进步,从而建立学生完成学习任务和克服困难的自信心。

第三,A 模型中的满足(S)和 T 模型中的认可(R)和评价(E)是一致的。两者都主张用学习获得的自然结果带来的满足和愉快强化学生的学习行为;两者都强调个人自身比较,不强调学生之间的横向比较。所以后一模型包括了前一模型的基本精神。

不过,后者增加了分组(G)和学校日程的时间安排(T)这两个项目。分组主要涉及班级大小,班内程度不同的学生的分组教学。这里要处理的核心问题是学生学习能力和智力的个别差异问题。学校日程的时间安排涉及整齐划一的上下课铃声往往干扰学生的学习,不利于调动学生的学习积极性。处理这一问题的核心仍然是学生的个别差异问题。班级教学中处理个别差异的问题是令全世界的教育家和政府最头痛的问题。加涅说,虽然教学是以班级进行的,但学习是以每一个个体进行的,所以要调动学生的学习积极性必须考虑每一个个体的学习速度和特点。

二、激发内部学习动机的方法

可以说,在其他条件相同的情况下,动机是有效教学的最重要因素之一。想要学习的学生就能够学会任何东西。但是,教师如何才能保证每个学生都愿意学习、都愿意努力去学习复杂的内容呢? 以下是关于激发学生内部学习动机的几种方法。

(一)尊重学生的兴趣,激发学生的求知欲和好奇心

过去的教育之所以容易引起学生的厌学情绪,其中最重要的一个原因

就是完全不尊重学生的合理兴趣与需要,只是家长或教师凭自己的"一厢情愿"去教育学生,不将学生当"有血有肉有情有义"的活生生的人看,而简单地认为学生只是一个"空心大萝卜",可以凭教育者的主观意志去自由"塑造",这种将学生物化的做法自然易引起学生的反感。激发学生学习兴趣的首要策略是尊重学生的合理兴趣,引导学生追求既合乎主体需求又合乎社会文化要求的爱好。

求知欲和好奇心是内部动机最为核心的成分,它们是培养和激发学生内部学习动机的基础。心理学的研究表明,人类从出生起就具有一种好奇求知的本性,只不过儿童入学后,他们的求知欲、好奇心开始出现分化,有些儿童的好奇心、求知欲随着学习的成功而不断得到发展,而大多数学生则因学习失败而对知识失去好奇心、求知欲。激发学生的求知欲主要有以下两个方法。

1. 创设问题情境

"不确定性是动机的根源"。心理学家伯尔林指出,人有一种"认知的好奇心",总是试图获取用以理解和控制环境的各种知识。他认为,这种认知的好奇心源于遇到的新信息与原有知识之间的不一致所导致的观念冲突。伯尔林提出了利用惊奇、疑问、困惑、矛盾等方法可以激起个体的这种认知的好奇心。当学生得到与自己原有认知结构不一致的新颖的、奇特的信息时,就会产生认知冲突,引起心理上的不确定性,从而激起解决认知不确定性的动机。

2. 增强学习本身的趣味性

增强学习本身的趣味性,教师可以从两个方面着手。

一是通过任务本身的变化。同样的学习任务,采取不同的呈现方式,所引起学生的兴趣是不同的。通过变化可以引起学生的好奇心和注意力。事实表明,无论多么好的教学内容,多么有效的教学方法,如果日复一日、年复一年地重复,学生都会感到厌倦,克服这种厌倦的有效方式就是不断变化的任务与方法。

二是注意选择能够吸引学生兴趣的材料。那么学生对哪些事物容易发生兴趣呢? ①对可能获得成功的事容易发生兴趣。苏霍姆林斯基指出:"只有在因学习获得成功而产生鼓舞力的地方,才会出现学习兴趣。"②对抱有期望心理的事容易发生兴趣。教师要善于激励学生产生对学习的期望心理。③对能带来愉快感的事物会发生兴趣。美国教育心理学 J. M. 索里认为:"兴趣的定义是增强快感。"除了成功会带喜悦之外,融洽的师生关系,民主自由、轻松愉快的课堂气氛,教师幽默的语言等因素都会使学生产生愉快感。④对难度适中的教学容易发生兴趣。难度适中,既符合学生原有水平,又有一定挑战性。过易,引不起学生的兴奋感;过难,上课听不懂,当然也没有兴趣。一些教师教学面对少数尖子生,差生上课坐飞机,这是造成差生厌学、弃学的主要原因。此外,教师可在内容的安排上,包含学生容易识别的特征,例如在性别、年龄、宗教、方面与读者相似的特征;从学生的认知需求出发。安排他们认为重要的生活事件,以及一些令人感兴趣的轶事和实例。但应当注意,给学生呈现有趣任务,必须与教学(或学习)目标相一致,因为有些材料处置不当,将使学生习得的内容发生变化,从而违背了本来的教学意图。

(二)对学生进行积极归因训练,减少习得性无助感

归因理论告诉我们,不同的归因方式对其后学习行为产生巨大的动机作用。在学生完成某一学习任务后,教师应指导学生进行成败归因。一方面,要引导学生找出成功或失败的真正原因,即进行正确归因;另一方面,更重要的是,教师也应根据每个学生过去一贯的成绩的优劣差异,从有利于今后学习的角度进行积极归因,哪怕这时的归因并不真实。

大多数学习困难的学生都将失败归因于不可控制的能力因素,并因此不再做出努力;而将成功则归因于运气或任务容易。长此以往,就逐渐成为应付学业的一种习惯。甚至导致产生习得性无助感,变得无助、冷漠,听之任之,破罐子破摔。"习得性无助"的概念最初是由美国学者塞利格曼等人通过实验提出的。这种无助感会使动物表现出反应性降低等消极行为,妨碍新的学习。很多以人为被试的实验也得出了同样结论。人们发现,习得性无助感产生后有三方面表现:①动机降低。②认知出现障碍。形成外部事件无法控制的心理定式,如通常会认为不管自己做什么,都注定要失败或毫无意义,并会在内部形成这样的解释:"我失败了,是因为我笨。这意味着我总是要失败"。实质是形成一种防御性悲观主义,以保护自己;③情绪失调。最初烦躁,后来变得冷淡、悲观、颓丧、陷于抑郁状态。到了习得性无助感的状态,纵然轻易成功的机会摆在面前也鼓不起尝试的勇气。因此,有必要通过一定的归因训练;使他们学会将失败的原因归结为努力,从失望的状况中解脱出来。

韦克曾对一些数学成绩差又缺乏自信的学生进行归因训练。在训练中,让他们解答一些数学题。当他们取得成功时,告诉他们这是努力的结果;而当他们失败时。告诉他们这是因为努力还不够。因为只要相信努力会带来成功,那么人们就会在今后的学习过程中坚持不懈地努力,并极有可

能导致最终的成功。经过一段训练后,学生不仅形成了努力归因,而且增强了学习的信心,提高了学习成绩。由此可见,在教学中进行归因训练是较有成效的。

在众多归因训练方法中,我国青年学者隋光远提出的"积极归因训练"模式是改变学生不正确的归因、提高学习动机的一条有效的途径。"积极归因训练"包含两层含义,一层是"努力归因",无论成功或失败都归因于努力与否的结果。因为学生将自己的成败归因于努力与否会提高学生学习的积极性,当学习困难或成绩不佳时,一般不会因一时的失败而降低将来会取得成功的期望。第二层含义是"现实归因",针对一些具体问题引导学生进行现实归因,以帮助学生分析除努力这个因素外,影响学习成绩的因素还有哪些,是智力、学习方法,还是家庭环境、教师等因素。这些因素在多大程度上影响其学习成绩,并尽力指出解决这些问题的方法,以提高学生克服困难的勇气,增强自信心。这种归因训练的好处在于,在学生做"努力归因"时又联系现实,在做"现实归因"时又强调努力,体现了主客观相统一的辩证法思想,在教育实践中也被证明是行之有效的好方法。

(三)帮助学生建立合适的目标,丰富学生的成功体验

学生的成就动机与其成功和失败的经历有关。成功的体验会增强学生的或就动机,而过多的失败会削弱其成就动机。因此,教学中创造条件使学生获得成功的机会和体验,是激发学生学习动机的重要方法。苏霍姆林斯基认为,成功的欢乐是一种巨大的情绪力量,它可以促进儿童好好学习的愿望,缺少这种力量,教育上的任何措施都是无济于事的。学习差生之所以差,重要原因之一就在于学习上过多的失败,严重挫伤了他们的自尊心、自信心。教师可以通过引导学生正确树立学习目标定向,合理设置目标,来创设使学生(特别是差生)获得成功的机会和体验,激发其成就动机。

心理学家德魏克和尼克尔斯等发现学生的学习行为是由两种目标定向引起的:学习目标和成就目标。学习目标定向的学生把学习的目标看成是掌握所学的知识、获得某方面的能力;而成就目标定向的学生则把学习的目标基本上看成是为了获得对其能力的积极评价或避免否定的评价。

不同的目标也会影响到学生的学习动机。一般来说,具体的、短期内能实现的、难度中等的目标可以有效激发学生动机,因为这样的目标既有一定的挑战性又能完成,由此产生的成就感特别强烈。为此,教师应当指导学生将相对宽泛的总体目标分成多个具体的子目标,将一个长远目标分成多个近期子目标。例如,学生要写一篇科研论文,可以先拟定提纲,再向老师征求建议,收集资料,做实验,向全班同学及教师进行解释,修改结果,最后提

交论文。此外。目标的可接受性也会影响到动机,如果学生接受教师或自己设定的目标,就能激发起学习动机,但如果学生拒绝他人设定的目标,又不愿自己设定目标,就无法激发学习动机。一般来说,如果目标是现实的、有一定难度且有意义,而且对目标的价值有合理的解释,学生就容易接受目标。如果与家人和同伴一道来设置目标,那么,目标的可接受性就更强。

(四)帮助学生正确认识自我,增强学生的自我效能感

国外有不少研究表明自我效能与学业成绩呈正相关。班杜拉在 1981 年研究发现,那些对数学毫无兴趣、数学成绩特别差的学生,经过一段时间的训练后,他们的成绩和自我效能都显著地提高了,而且,觉察到的自我效能与对数学活动的内部兴趣呈明显的正相关。舒恩克 1984 年的研究和约翰 1987 年的研究都表明学生的自我效能水平可以准确地预测学生的学业成就水平。国内也有人通过实验研究发现不仅自我效能与学习成绩呈正相关,而且,在教学实践中通过一定方法和措施进行训练也是可以改变和提高的。

增强学生的自我效能感,可以通过以下几个方式。

(1)要求学生形成适当的预期。设想可能自我,可引发学生更高的成就动机。教师可以让学生回答一些涉及"可能自我"的观念性问题。有研究者曾设计了一项训练计划,促使学生了解将来他们有可能从事的工作,并知道要获得这些职位至少要有中学毕业证书。此外,还让学生学会如何应付否定的或消极的反馈和失败,包括受到不公平的待遇等。该研究设计的宗旨是通过训练,使学生逐渐坚定这一认识:自己可以控制将来的成功,只要有付出就会有回报。研究结果显示,与控制组(不接受训练)的学生比较,实验组的学生对将来成功可能性的期望更高,他们相信自己能获得比较好的工作和较高的社会地位,如法官或外科医生等,而且学业成绩也获得了中等程度的改善。

(2)许多学生尤其是学业成绩不良的学生,由于对自己的学习能力持怀疑态度,表现出很低的自我效能水平,在学习中放弃尝试和应有的努力,进而影响学习成绩。教师可以通过为他们选择难易适合的任务,让他们不断地获得成功体验,进而提高自我效能水平。

(3)让学生观看和想象那些与自己差不多的学生的成功操作,通过获得替代性经验和强化来提高他们的自我效能,使他们确信自己也有能力完成相应的学习行为,从而推动学习的进行。此外,教师还可以通过归因训练改变学生对自己学习能力的错误判断,形成正确的自我效能判断。

三、激发外部学习动机的方法

(一)及时提供反馈信息

了解自己活动的进展情况本身就是一种巨大的推动力量,会激发学生进一步学习的愿望。教师及时提供反馈信息能帮助学生及时发现、纠正错误,调整学习的进度,使用合适的学习策略来完成学业任务。如果学生在学习很长时间之后,仍不能知道其进展情况和取得的成就水平,不能指望学生会继续保持巨大的学习热情。罗斯等做过一个很有说服力的实验。他们把一个班级的学生分成三组,每组给予不同的反馈。对第一组,学习后每天告诉其学习结果;对第二组,每周告诉其学习结果;对第三组,则不告诉学习结果,如此进行 8 周后,改换条件。三个组 16 周的学习成绩如图 4-2 所示。

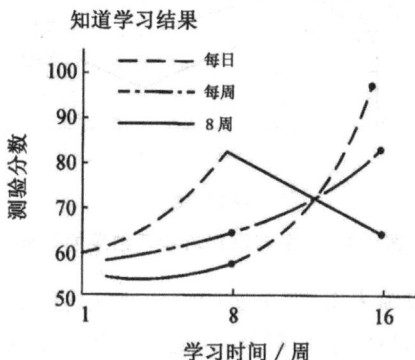

图 4-2　不同反馈的动机作用

实验结果表明:在第 8 周后,除第二组显示出稳步的前进以外,第一组与第三组情况则变化很大,即第一组成绩逐步下降,而第三组成绩则迅速上升。由此可见,反馈在学习上的效果是很明显的,尤其是每天及时反馈,较之每周反馈效果更佳。如果没有反馈,不知道自己的学习结果,则缺乏学习的激励,很少进步。所以,教师应尽可能让学生及时准确具体地了解自己学业的进展情况及取得的成就,对学生完成的作业(练习、试卷等)的批改切忌拖延,也不能过于笼统,只给“对错”,尤其是对错误的批改分析,越具体,越有针对性,效果越好。

(二)适当使用表扬和批评

尽管在一定的情形中适度地批评和惩罚对促进学习是有效的。但一般来说表扬、鼓励、奖励要比批评、指责、惩罚更能有效地激发学习动机。赫洛克曾把 100 名四、五年级的学生分成四个等组,在四种不同诱因的情况下进行加法练习,每天 15 分钟,共进行 5 天。第一组为受表扬组,每次练习后给予表扬和鼓励;第二组为受训斥组,每次练习后,严加训斥;第三组为观察组,每次练习后,既不给予表扬,也不给予批评,完全不注意他们,只让其静听其他两组受表扬和受批评;第四组为控制组,让他们与另外三组儿童隔离,单独练习,不予任何评价。最后测量他们的成绩,结果如图 4-3 所示。

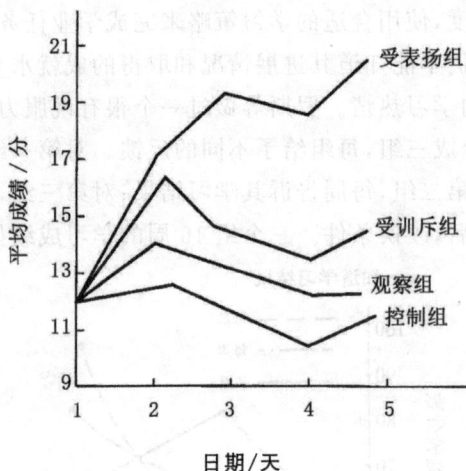

图 4-3　奖励与惩罚对学习结果的影响

就学习的平均成绩来看,三个实验组的成绩均优于控制组,受表扬组和受训斥组的成绩又明显优于观察组,而受表扬组的成绩不断上升。这表明对学习结果进行评价,能强化学习动机,对学习起促进作用。适当表扬的效果明显优于批评,而批评的效果比没有批评的好。

虽然很难做到,但所有学生的所有进步都是应当受到肯定、表扬和鼓励的,使之体验成功,产生能力有效感。只奖励少数学生的课堂是不能激励大多数学生的,尤其是低成就和力求避免失败的学生,对他们来说,教师这种对表扬和奖励的"吝啬"和"偏向"只有副作用(特别是对集体性的和有风险的活动)。假如一个人的学习从来不受到老师的肯定、关注、表扬,尤其对未成年人来说,失去学习的动力就不奇怪了。但是,这并不意味着表扬和奖励可以滥用。对学生进步的认可,除了要有普遍性之外,还要有针对性。任何的批评和表扬都应让学生感到有理有据,是对自己努力和能力的肯定,过火与不及都有损动机作用。试想,当一个学生按任务要求做出难度较大的数学题时,教师却对作业的整洁大加赞扬会产生什么效果?而学生认为自己不费吹灰之力就完成一件作业,或作业做得很不怎么样的时候,教师却把他大大表扬一通,正如我们在第二节中所讲的,这时学生很可能做出这样的归因:这么糟的东西,他竟然表扬我,一定以为我是个笨蛋。所以,布洛菲提出,表扬一定要针对真正的进步与成就,而且是在有客观的证据直接表明进步与成就出现时给予,要向学生说明理由,使之归因于努力和能力。他同时还建议,表扬应私下进行,这一点似乎值得商榷,因为评价进行的方式应当考虑到学生的年龄、人格特征及情境因素等,不能一概而论。

(三)外部奖励的使用要适当

学生不可能在任何时候对任何学习内容都有兴趣,在这种时候适当使用外部奖励可以激发其学习动机。但是外部动机作用不会使学习活动指向掌握目标,学生不会在学习中采取积极的学习策略,难以产生成功感,从而培养能力信念。而且外部奖励使用不当比表扬的滥用危害更大,不仅会使学生产生消极归因,更有可能损害原来已经拥有的宝贵的内源性动机。莱珀称之为外部奖励的隐蔽性代价,即对原来有内在兴趣的活动因不适当外在奖励而损害对活动本身的兴趣。所以,奖励并非越多越好,尤其是外部的物质性奖励应当慎用。教师应首先了解学生原有的学习兴趣,然后再考虑外部奖励是否必要。

(四)改革学校和课堂奖励结构

新近的学习动机研究表明,传统学校和课堂奖励结构以成就定向,追求升学率和考试成绩,注重学生之间的横向比较。这些做法奖励的是学生的成绩而不是学生的真正的掌握,不利于调动学生学习的积极性。普莱斯利等说:"大量证据表明,改革学校使之更有助于激励学生学习动机的最大问题,是美国人被等第观俘房了,每当我们与教育家谈论重新建构课堂结构,使之提高学习动机时,总有一个可怕的幽灵——成绩报告单撞进来。只要学生取得了进步,人人可以获得 A 等的理想恰好不适合美国学校的评价制度"。因此,心理学家呼吁重新构建学校和课堂奖励结构,使之从成绩定向转向掌握定向。按掌握定向的奖励结构,应保证每一个学生学有所得,只要他取得进步,都有权得好的分数和评价。

第五章 知识与技能的学习

第一节 知识学习概述

一、知识的定义

关于知识的定义,一直存在着争议。比如布卢姆将知识定义为对具体事物和普遍原理的回忆,对方法和过程的回忆,或者对一种模式、结构或框架的回忆。还有一些研究者将知识定义为由信息构成的、储存于长时记忆中的表征。这类定义比较强调知识的结果,未能反应知识产生的来源,因而只是对知识的现象描述。另外,西方许多心理学家倾向于把知识视作言语信息,即用言语符号来标志某种事物或表述某些事实。这种解释又使得知识的含义过于狭窄,也不能全面说明知识的本质。

一般而言,知识可以在两种意义上使用。一是指人类知识,该类知识经常以书籍、计算机或其他载体来储存,构成人类所具有的信息总和。二是个体知识,是某个体的头脑中所具有的信息总和。无论是人类知识还是个体知识,其实质都是通过主客体的相互作用产生的,是客观事物的特征与联系在人脑中的能动的反映,是客观事物的主观表征。对于这一定义,可以从知识的产生基础和表现形式两个方面来理解。

从知识的产生基础来看,它是在主客体的相互作用的基础上,通过人脑的反映活动产生的。主客体的相互作用即反映活动的主体与作为反映对象的客体之间的相互作用。如果没有被反映的对象,即没有事物的特征与联系的作用,则头脑中不会产生任何反映。因此,知识来源于客观存在的事物,具有客观性。

从知识的表现形式来看,是主客观相统一的产物,是一种主观表征。知识虽然是对客观事物的反映,具有客观性,但知识并不是客观事物本身,而是客观事物在人脑中的主观印象,因此它又具有主观性。

二、知识的类型

知识的种类是多种多样的,但目前尚无统一的分类标准。研究者提出了多种类型的知识,如抽象知识和具体知识、内隐知识和外显知识、陈述知识和程序知识等。研究者还发现,在不同的学科领域,知识这一术语也有不同的名称,而各名称之间往往有重叠,甚至互相矛盾。所以,研究者认为,形成一套一致的、彼此相关的知识术语体系是非常重要的。

人们在使用知识这一名词时,往往有广义与狭义之分。广义的知识将心智技能和认知策略也包含其中,泛指人们所获得的经验。狭义的知识仅指个体获得的各种主观表征,不包括技能和策略等调控经验。狭义的知识一般可从以下角度进行分类。

(一)感性知识与理性知识

根据知识的不同反映深度,知识可分为感性知识和理性知识。所谓感性知识,是对事物的外表特征和外部联系的反映,可分为感知和表象两种水平。所谓理性知识,反映的是事物的本质特征与内在联系,包括概念和命题两种形式。概念反映的是事物的本质属性及其各属性之间的本质联系,如"教育心理学是研究教育系统中学生的学习及其规律与应用"就是一个概念。命题也就是我们通常所说的规则、原理、原则。它表示的是概念之间的关系,反映的是不同事物之间的本质联系和内在规律,如"教育心理学是心理科学与教育科学相结合的产物"就是一个命题。

(二)具体知识与抽象知识

根据知识的不同抽象程度,可以将知识分为具体知识与抽象知识。前者指具体而有形的、可通过直接观察而获得的信息。该类知识往往可以用具体的事物加以表示,如有关日期、地点、物品等方面的知识。抽象知识指不能通过直接观察,只能通过定义来获取的知识。这类知识往往是从许多具体事例中概括出来的、具有普遍适用性的概念或原理,如有关道德、人性等的知识。

(三)陈述性知识与程序性知识

根据知识的不同表述形式,知识可以分为陈述性知识和程序性知识。陈述性知识主要反映事物的状态、内容及事物变化发展的原因,说明事物是什么、为什么和怎么样,一般可以用口头或书面语言进行清楚明白的陈述。它主要用来描述一个事实(如"北京是中国的首都")或陈述一种观点(如"生命在于运动"),因此也称描述性知识。程序性知识主要反映活动的具体过程和操作步骤,说明做什么和怎么做,它是一种实践性知识,主要用于实际操作,因此也称操作性知识。由于它主要涉及做事的策略和方法,因此也称为策略性知识或方法性知识,如怎样操作某一机器,怎样解答数学题或物理题等。

应该说明的是,以安德森为代表的一些西方心理学家所讲的程序性知识实质上与我们所讲的技能类似,而与此处"知识"的含义不同。加涅在对学习结果进行划分时提出的言语信息与智慧技能都可以视为知识。其中,言语信息指事实性知识,而智慧技能实际上指的是概念和原理性知识。

(四)具体知识、方式方法知识和普遍原理知识

在各种知识分类中,较有代表性的是布卢姆在认知领域的教育目标分类系统中提出的知识分类。他把知识分为三个大的类别:具体的知识、处理具体事物的方式方法的知识以及学科领域中普遍原理和抽象概念的知识。

所谓具体知识,指具体的、独立的信息,主要指具体指称物的符号。它们是较复杂、较抽象的知识形态的构成要素。具体知识又包括两个亚类:一是术语的知识,指具体符号的指称物的知识;二是具体事实的知识,是有关日期、事件、人物、地点等方面的知识。

所谓方式方法知识,是有关组织、研究、判断和批评的方式方法的知识。这种知识介于具体的知识与普遍原理的知识之间的中等抽象水平上。该类知识包括五个亚类:一是惯例的知识,是有关对待、表达各种现象和观念的独特方式的知识;二是趋势和顺序的知识,是有关时间方面各种现象所发生的过程、方向和运动的知识;三是分类和类别的知识,是有关类别、组别、部类及排列的知识;四是准则的知识,是有关检验或判断各种事实、原理、观点和行为所依据的知识;五是方法论的知识,是有关在某一特定学科领域里使用的以及在调查特定的问题和现象时所用的探究的方法、技巧和步骤的知识。

所谓普遍原理知识,指把各种现象和观念组织起来的主要体系和模式的知识。该类知识处于高度抽象和非常复杂的水平上。它又包括两个亚

类：一是原理和概括的知识，是有关对各种现象的观察结果进行概括的特定抽象要领方面的知识；二是理论和结构的知识，是有关为某种复杂的现象、问题或领域提供一种清晰的、完整的、系统的观点的重要原理和概括及其相互关系方面的知识。

三、陈述性知识的心理表征

在当代信息加工心理学中，知识的表征是一个核心概念，它可以理解为知识在大脑中的储存和组织方式。一个外在的客体在心理活动中可以以具体形象、概念或命题等表征形式表现出来。表征反映着客观事物，也代表相应的事物，如一个人看到地铁，便在他的头脑中留下"地铁"的形象，该形象便是他见到地铁的心理表征。同一事物可以有不同形式的表征。不同表征形式所具有的共同信息称为表征的内容，而每一表征形式称为编码。心理学家一般认为，陈述性知识主要以命题网络或图式来表征。

(一)命题与命题网络

1.命题

"命题"这个术语来自逻辑学，指表达判断的语言形式，由系词把主词和宾词联系而成。例如，"北京是中国的首都。"这个句子就是一个命题。

在认知心理学中，命题是指语词表达的意义的最小单位。一个命题是由一种关系和一组论题构成的。关系一般由动词、副词和形容词表达，有时也用其他关联词如介词表达。论题一般指概念，通常由名词和代词表达。

请看下面的句子：

(1)小明给张英一本有趣的书。

这个句子可以分解成下面两个更简单的句子：

(2)小明给张英一本书。

(3)这本书是有趣的。

句子(2)和(3)各表达一个命题。句子(2)中的论题是"小明、张英和书"，关系是"给"。句子(3)中的论题是"书"，关系是"有趣的"。可见，句子(1)是由两个命题构成的。命题用句子表达，但命题不等于句子，命题只涉及句子表达的意义。人们在长时记忆中保持的不是句子本身，而是句子表达的意义。

认知心理学家用了许多不同方法来表示命题。常用的方法是，用一个圆(或椭圆)表示一个命题，用箭头指出命题的论题和关系。如"蚂蚁吃了甜果酱"这个句子中包含两个命题，用上述方法表示(图中 S 代表主体，O 代

表客体,它们都是论题;R 表示关系):

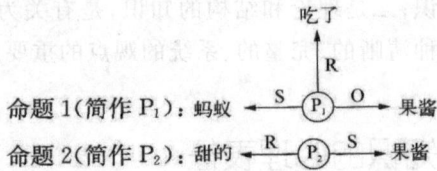

命题 1(简作 P₁)：蚂蚁
命题 2(简作 P₂)：甜的

2.命题网络

如果多个命题具有共同成分,就可以把若干命题彼此联系起来组成命题网络。例如,上面两个命题中有共同成分"果酱",通过它可以把两个命题联系起来组成如下命题网络：

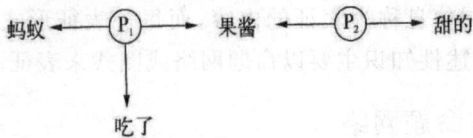

科林斯和奎廉的一个经典实验支持了知识以命题网络的层次结构贮存的观点。他们认为对动物、鸟、鱼等分类的知识,是以图 5-1 的层次结构贮存的。

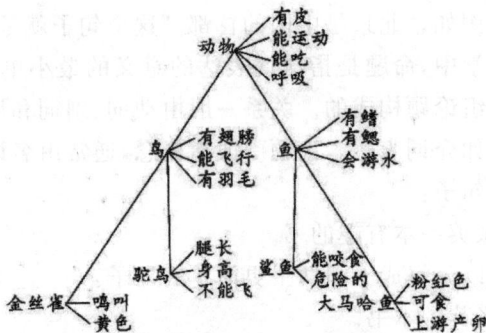

图 5-1　知识的层次结构贮存

科林斯和奎廉认为,不同动物的知识概括水平不同。在每一概括水平上贮存了可以用来区分其他水平的物体的属性。例如,"有皮"是所有动物的属性,贮存在最高水平。用这一属性可以把动物与矿石(没有皮)等区分开。又如,"有羽毛"是所有鸟的属性,贮存在比"动物"低一级水平上,可以用来区别鸟与非鸟的动物(如鱼、狗等没有羽毛)。科林斯等进一步假定,由于贮存在知识网络中的事实的距离不同,提取它们的反应时也将不同。例如,"金丝雀是金丝雀吗?""金丝雀是鸟吗?""金丝雀是动物吗?"这三个问题,其中第一个问题概括水平最低(被定为 0 级),第二个问题概括水平较高(被定为 1 级),第三个问题概括水平最高(被定为 2 级)。研究表明,随着问题概括水平的提高,被试判断问题真伪的反应时也随之延长。

(二)图式

J. R. 安德森认为:对于表征小的意义单元,命题是适合的;对于表征一些较大的、有组织的信息组合而成概念,命题显然是不适合的。例如,人们有关公园的知识,如果用"公园是人们休闲或娱乐的室外场地"这一命题表征。不足以表征与"公园"有关的全部知识。仅仅列出这些事实,也不足以把握它们相互关联的结构。像"公园"这样的概念是由它们的许多属性组合而成的。人们对有关这些属性组合的知识储存方式称为图式。关于图式,很多哲学家和心理学家对其进行过解读。康德认为,人的心灵中生来就有某些认知图式,只有把这些图式施加于混乱的经验"材料"上,人才可以理解知觉经验。在皮亚杰认知发展理论中,图式是一个中心概念。皮亚杰认为儿童生来就有某些认知图式,如"吸吮图式""抓握图式"。现代认知心理学家在巴特利特和皮亚杰的图式概念基础上进一步发展了图式概念。

他们认为,用图式表征一类事物,不仅包含了该类事物的命题表征,如"公园是人们休闲或娱乐的室外场地",这句话基本上是一种命题表征,而且也包含了该类事物的知觉信息的表征,如有关公园的大小、公园的一些游乐设施等的表征主要是一种知觉形象表征。这样,图式不是命题的简单扩展。而是对同类事物的命的或知觉的共性的编码方式。图式具有一般性和抽象性,而不是具体的或特殊的。因此,现代认知心理学将图式分为两类:一类是关于客体的图式,如人们关于建筑物、人物等的图式;另一类是关于事件的图式或做事的图式。香克和阿伯尔逊把这种表征反复出现的事件的图式称作脚本,如人们出外旅行、去医院就诊、去 KTV 唱歌的图式。它是人们关于多次出现的有时间顺序的事件的图式表征。如"去医院就诊"这个经常出现的事件,一般可以分解成如下的阶段:到医院所在地、排队挂号、候诊、看病。如果没病就可以回家了,如果病情清晰,药物治疗,或者做一些检查明细病因,再由医生决定做何种治疗。由于这样的步骤多次重复出现,人们头脑中形成了去医院就诊的定型图式。事件的图式与客体的图式一样,也有上下位的层次组织。如"去医院就诊"是娱乐活动的下位例子,"挂号"就是就诊的一个子图式。

(三)双编码理论

双编码理论认为,陈述性知识以言语和意象两种方式表征。这一理论的提出者佩维沃认为,知识是由言语和意象(或表象)表征的联想网络构成的。言语系统中的词是客体、事件和抽象观念的代码,它们与其表征的对象的联系是任意的(如"书"这个词与实际书并没有物理上的相似性)。意象系统的非言语表征与引起它们的知觉具有某些共同特征(如一本书的表象与实际书的知觉有某些共同特征)。意象表征包括视觉表象(如铃的表象)、听觉表象(如铃声)、动觉(如摇铃的运动)、与情绪有关的骨骼肌感(如心跳加速)以及其他非言语表征。例如,一本书的意象表征涉及与书相关的视觉和触觉的性质。言语表征一般是系列化的,而意象表征能同时对许多特征进行编码。一个复合意象(如教室的意象)能同时对与教室有关的特征进行编码,而教室的言语表征一次只能涉及某一信息(如房子内有课桌,中间有通道,墙壁上有窗子,如此等等,直至穷尽教室的所有特征)。

意象表征系统和言语表征系统的成分是彼此联系的。如大多数人有关书的意象表征和言语表征之间存在联系。当客体与图片呈现时,由于有这样的联系,人们见到图片,就能生成心理表征和名称。又如,"外科"一词可以引起丰富的非言语联想,包括生动的疼痛的意象,缝针处的撕裂和紧绷感的记忆。因此,双编码是有效和高效思维的重要方面。

佩维沃曾经列举了60种可以用双编码理论解释的现象。如具体材料比抽象材料易记,因为前者易于双编码,后者不易于意象表征。又如,图片与词语相比,图片比词易学,词读起来快,而图片的命名较慢。这表明,对于词语而言,可以直接进行言语编码,在对图片的反应中,只能通过意象表征才能接近言语编码。许多证据表明,视觉表象的激活干扰视知觉,反之亦然。从神经生理学来看,左半球损伤更易于干扰言语加工;相反,右半球损伤则更易于干扰非言语加工。这些都是有利于双编码理论的证据。

(四)神经网络理论

有些认知心理学家对知识在人脑中表征的基本形式感兴趣,但是他们的大多数研究是通过计算机模拟进行的。也就是说,计算机程序可以将信息编成神经网络的代码。这些神经网络与生物神经网络有许多相似点。在计算机中研究的神经网络包括如下成分。①有与神经元相似地的节点或单元,但它们与神经元不同,只有一种性质,即可以在不同水平上被激活(神经元则有多种性质)。如果结点在高水平上被激活,则人可以意识到被激活的东西;结点也可以在低水平上被激活,此时人处于无意识状态。②结点与结点之间有联结。两个结点可以通过同时兴奋相联结,也可以通过一个兴奋与一个抑制的方式相联结。结点之间的这些联结是长时记忆的原材料。③学习是联结的创造及其强度的改变。与神经元之间的联结增强相似,联结加强的基本方式之一,是同时激活若干结点。

　　这种理论可以解释字母和词形的识别。就成人识别字母而言,字母有如下特征:横线、竖线、锐角、向右凸出的曲线和对角线。假定呈现某个字母,它激活了人脑中竖线和向右凸出的特征,因为成人无数次见过 P、R 和 Q,所以这两个特征与 P、R、Q 有牢固的联系。因此,当呈现 P 时,这两个被激活的特征与 P、R、Q 相联系,从而激活表征这些字母的结点,并认出 P。由于确认 R 需要激活另一特征,即字母下半部分的对角线,而确认 Q 需要激活下面的对角线和右面的凸出部分,所以上述两个特征与 P 相吻合,抑制的信号从 P 发送到 R、Q 和其他字母的结点。

　　儿童学习字母就是在特征和字母之间建立联结。婴幼儿在认识字母之前会唱字母歌,知道字母名称。以后,当幼儿见到字母并被告知这是字母"P"时,P 字母名称和其特征的联系得到加强。通过日常交往和看图画、书籍等,幼儿多次经历字母 P 名称和 P 的视觉表征之间的联系。每次接触,字母名称和其特征的联系得到一次加强,最终每当见到 P 的特征时,该特征便能自动激活 P 的名称。

　　同理,可以解释单词的再认。例如,当呈现单词 EACH 时,每一个字母的特征和这些字母之间的联结被激活。与此同时,该词中的 E 与首位之间的联结,A 与第二个位置,C 与第三个位置以及 H 与第四个位置之间的联结也被激活。也就是说,在激活了 E 的同时也部分激活了其与首位的联结,其他字母也一样。对于成人而言,他们曾多次经历第一 E、第二 A、第三 C、第四 H 这组字母与其位置的联结,所以在见到 EACH 时,EACH 的特征及其位置被激活,而其他词被抑制。

　　研究表明,英语词汇中相同词干的词语与无相同词干的词相比,前者更易于识别。这可以用神经网络理论来解释。因为词的一个部分越是常用,人们接触的机会越多,越容易被激活。

　　鲁梅哈特和麦克里兰提出平行分布加工理论解释英语单词的识别。他们认为,大脑由许多小机器构成,每一小机器学习一类特征信息,这些小机器相互联系且能同时运作。例如,当呈现字母 E、A、C、H 及其位置时,大脑同时进行加工。一个多音节词可分成几个音节,每一个音节又由几个字母构成,每一个字母又具有几个特征。这样,通过激活字母的特征及其联结来识别字母,通过激活一组特征字母及其联结模式来识别音节,通过激活一组特殊音节及其在词中联结的位置来识别多音节词。

　　按照平行分布加工理论,词义(概念)的激活依赖较低级音节和模式的激活。知晓意识中的任何东西(如一个词、一个表象或一个概念)都要归根于神经网络中的基本表征,即联结的模式。虽然现代联结主义者对词义加工提供了解释,但其解释不如解释字形与字音的知觉有效。

联结主义对知识的解释的重要教育含义是:在掌握高级的知识之前,必须先掌握低级的知识。因此,在学习单词之前必须先掌握特定的字母,即在字母特征模式及其名称与声音之间建立联系。这种由低级到高级的知识加工被称为自下而上加工,与之相对的是自上而下加工。

许多心理学家在考虑人的心理时,重点放在高级信息加工,很少关心支配符号表征系统的结点的神经或特征模式的激活。有些心理学家认为,联结主义模型不能表征某些作为人类知识核心的关键信息。例如,该模型不能解释蕴含在命题中的句法关系。

四、程序性知识的学习

程序性知识是一种动态的知识,表现为一个人能顺利地完成某种操作,是个体具有的用于具体情境的算法或一套行为步骤。从广义知识的角度看,构成基本认知技能的重要成分主要是程序性知识。而且,在人的知识结构中,程序性知识占有重要的地位。有关研究表明,专家与非专家之间的一个主要区别是,专家具有本领域丰富的程序性知识,专家懂得怎样分类,懂得操作信息的专门化规则。因此,探讨程序性知识的本质、学习过程,教师应采取怎样的教学措施才能促进学生有效掌握就显得尤为重要。

(一)程序性知识的表征

1. 产生式

现代认知心理学家认为,表征程序性知识的最小单位的是产生式。产生式这个术语来自计算机科学。信息加工心理学的创始人西蒙和纽厄尔认为,人脑和计算机一样,都是"物理符号系统",其功能都是操作符号。计算机之所以具有智能,能完成各种运算和解决问题,乃是由于它储存了一系列以如果/则(if/then)形式编码的规则的缘故。也就是说,由于人经过学习,其头脑中储存了一系列以如果/则形式表示的规则。这种规则称为产生式。产生式是所谓条件-活动的规则(简作 C-A 规则)。C-A 规则与行为主义的 S-R 公式有相似之处,但也有原则上的区别。相似之处是每当 S 出现或条件满足时,便产生反应或活动;不同的是,C-A 中的 C 不是外部刺激,而是信息,即保持在短时记忆中的信息,A 也不仅是外显的反应,还包括内在的心理活动或运算。

2. 产生式系统

简单的产生式只能完成单一的活动。有些任务需要完成一连串的活动,因此,需要许多简单的产生式。经过练习,简单产生式可以组合成复杂的产生式系统。这种产生式系统被认为是复杂的技能的心理机制。如果说,若干命题通过其共同的观念而形成命题网络。那么产生式通过控制流而相互形成联系。当一个产生式的活动为另一个产生式的运行创造了所需要的条件时,则控制流从一个产生式流入另一个产生式。

(二)程序性知识的学习阶段

程序性知识的学习一般也可以分为三阶段。第一阶段与陈述性知识的学习相同。如在英语学习中,学习"将 I sleep at PM 10:00 yesterday 改成合适的时态",这是一种典型的程序性知识的学习(或智慧技能的学习)。学生要能顺利完成这一任务,必须知道英语中将动词改为过去式的规则。知道或能陈述该规则,与应用这一规则支配自己的行为并不是一回事。所以,程序性知识学习的第一阶段是陈述性的。第二阶段是通过应用规则的变式练习,使规则由陈述性向程序性的形式转化。就"把英语动词一般现在时态改为过去时态"来说,学生通过教师讲解或阅读教材,知道了一般现在时态改为过去时态的规则,并能陈述这些规则(陈述性知识),再通过大量的句子变化的练习,每当看到"yesterday"等表示过去时刻的词时,能立即根据规则把句子中的动词改为适当的过去时。这时相应的规则已经开始支配学生的行为,知识由陈述性向操作性转化,规则开始转化为办事的技能。第三阶段是程序性知识发展的最高阶段,规则完全支配人的行为,技能达到相对自动化。如熟练掌握英语的人,可以脱口说出规范的符合时态规则的英语句子,而不必有意识地去考虑有关语法和句法规则。根据加涅的观点,认知策略是一种特殊的程序性知识,所以认知策略的学习也是如此,先必须知道要学习的认知策略是什么,这是陈述性的;然后通过应用有关策略的练习,使有关学习、记忆或思维的规则支配自己的认知行为;最后能在变化的条件下顺利应用有关规则支配与调节自己的认知行为,达到学会学习的目的。

(三)三种基本智慧技能学习的过程与条件

加涅将智慧技能分为五个亚类。
(1)辨别:区分事物之间的不同点。
(2)具体概念:识别具有共同特征的同类物体。
(3)定义性概念:运用概念的定义特征对事物分类。

（4）规则：运用单一规则办事。

（5）高级规则：同时运用几条规则办事。

这五种智慧技能的习得有着如下的层次关系：高级规则学习以简单规则学习为先决条件，规则学习以定义性概念学习为先决条件，定义性概念学习以具体概念学习为先决条件，具体概念学习以知觉辨别为先决条件，这是加涅的智慧技能层次论的核心思想。现代认知心理学认为，概念和规则既是陈述性知识的核心成分，也是程序性知识的核心成分。而概念与规则的学习以辨别学习为前提条件。因此，知觉辨别、概念、规则可视为最基本的三种技能。

1.知觉辨别学习

辨别指对个体刺激的不同物理特征做出不同反应的能力，它是智慧技能学习的基础。知觉辨别过程可以用模式识别来解释。如婴幼儿识别妈妈的脸。心理学家假定，婴幼儿见到妈妈的脸，脸的特征被储存在头脑中，以后再次看到妈妈的脸，他用储存的模式与新知觉到的脸的特征加以比较，如果两者的特征相吻合，则识别了妈妈的脸。知觉辨别能力有很大的天生成分，大部分知觉辨别能力是在日常生活中学会的。但是，到了学龄期，儿童在语文识字、外语语音和词汇学习以及其他许多学科的学习中仍有辨别学习的任务。这样，在学校教育中，辨别能力的培养常常是教学尤其是小学低年级教学的主要任务之一。从物体形状、颜色、大小、轻重的辨别，到文字与符号（如＋、－等）的辨别都是儿童必须学习的。

为了提高辨别技能学习的效果，教师需要知道促进辨别学习的内外部条件。以便采取相应的教学方法。依加涅的观点，影响辨别学习的内在条件是，个体必得经由感官觉察到刺激，而且能辨别各刺激之间相同或相异的特征。这种内在条件虽不能直接观察，但可由个体表现的外显反应来确定。因此，在教儿童辨别学习时，要想了解儿童是否具有这种内在条件，要求他指出刺激的异同特征是必要的。如教汉语拼音 lin 与 ling 的区别时，老师提供这两个音的标准读音，要求学生立即辨别出教师读的是哪个音。在教学中安排外在条件时，教师可按学习原理中的两项原则来处理：一是当儿童做出正确反应时，立即给予适度的强化（表示赞赏）。教师对学生的反应及时做出对与错的反应，这样，学生的辨别就会出现分化与精确化。二是让正确的反应多加几次练习，以避免遗忘。吉布森的知觉实验表明，在没有外部反馈信息或强化的条件下，单纯重复观察图片，有时也能提高知觉辨别能力。如南方人受方言的影响，在感知语音时分不出前鼻音和后鼻音，翘舌音与平舌音。教师应让学生反复感知这些音，并对发音正确与否提供反馈与纠正。

2.概念学习

概念是对具有共同关键特征的一类事物的概括性认识。事物之所以能分成不同的类别,乃是由于它们具有共同特征(或本质属性)的缘故。学生在陈述性知识的概念学习中,相对而言要简单许多,只要有充足证据表明学生理解了概念并能用语言陈述同类事物的共同本质特征时,就说明此学生已掌握了这个概念的内涵,如果他或她能将这个概念准确记住,那么在要用的时候自然能准确提取出来。程序性知识在开始阶段也是陈述性知识,在学习程序性知识的诸多概念时,学习陈述性知识的策略同样是适用的。但是,学习程序性知识中的概念与学习陈述性知识中的概念的最大不同点是:在程序性知识的概念学习中,不论用何种方式教授概念,学生理解了概念并能用语言陈述同类事物的共同本质特征时,仅表明智慧技能完成了它的陈述性知识阶段的学习。这仅仅是一种静态的方式存储。而程序性知识中的概念作为一种智慧技能的本质特征,在于它们能在不同于原先的学习性情境中应用。

要使这种静态的"程序性知识"转化为动态的"技能"。在促进程序性知识中的概念学习的关键一步是,提供适当的变式练习,使学生在规则适用的条件下表现出相应的行动。由"知道怎样做"开始变得若能做到这一步方才真正掌握了这个概念。具体而言,概念学习的变式练习中,要将概念表达为条件和行动两个部分。要领的条件部分是对概念本质特征的描述或概念的实例,行动部分是对概念名称的提取。例如,"鸟"的概念的产生式可以表达为"如果有一种动物是长羽毛的,如果这种长羽毛的动物是卵生的,则这种动物是鸟。"其变式练习应该是保持其本质特征不变,让学生辨别鸟的正例。如乌鸦、麻雀、鸡和鸭等。这样的变式练习,使学生准确地掌握了概念的本质特征,并能在出现概念的各种变式的情况下,还能够进行准确的辨别。

3.规则学习

"规则"是指定理、定律、公式、原理、规则等。学习规则同概念学习一样,其学习过程既可以通过发现的形式进行,也可以通过接受的形式进行。按照现代认知心理学的观点,规则学习主要有两种形式:一是从例子到规则的学习,也叫样例学习,发现学习,是上位学习的一种。二是从规则到例子的学习,也叫接受学习,是下位学习的一种。

样例学习是指从学习具体事例中找出解决问题的条件,根据条件采取"行动"。这样,通过所蕴含的"条件—行动"产生式的一步步学习,最终形成解决问题的产生式系统。如要求两组学生根据呈现的例子,找出规律,用最简便的方法求 $1+3+5+\cdots+99$ 的和。有的学生能发现规律,即"几个连续奇数的和等于奇数个数 N 的平方"。采用例—规法的条件是:①同时呈现体现规则的若干变化的例子;②学生应积极辨别例子,提出假设,并根据例子的变化来验证假设;③教师对学生的发现活动给予指导和反馈,保证学习成功。样例学习可以通过样例题把解决问题的正确途径直接呈现在学习者面前,即呈现一个智力技能习得所必要的信息或步骤,而将一些无关的信息排队在学习者知觉范围之外。这样,可以引导学习者的思路,减轻认知负荷,并能促进学习者对产生式"条件"的认知和概括,从而最终掌握一般的产生式规则。通过样例学习,学习者可以创造出新的、适应性产生式系统,在解决相似问题方面,其智力技能的操作水平有较大提高。当然,要使学习者的智力技能能够移植内化,也与形成动作技巧一样,必须通过一定时间与次数的练习,才能从试练发展到熟练。二是从规则到例子的学习。这是下位学习的一种形式,就是先为学习者提供一个解决问题的产生式系统。即解决问题的方法和步骤。然后让学习者根据这个产生式系统解决具体问题。其教学方法简称规一例法。随着学生年龄增长和年级升高,规一例法的教学应用的范围越来越广。例如,在平面几何教学中,当学生掌握圆周角概念、圆周角定理和弦切角概念以后,学生可以通过从规则到例子的学习,迅速习得弦切角定理。规则接受学习的条件是:①学生认知结构中有同化新规则的概括水平更高的规则、原理或结论等(也称上位规则、原理或结论);②学生应比较新规则与原有上位规则的异同点;③教师或教材提供适当例子说明新规则与原有上位规则的异同。

第二节　技能学习概述

一、技能的实质及其类型

为了探索技能的形成规律,首先必须明确技能的实质与特征,分析技能的类型与作用,明确技能与知识、策略的关系。这样,技能的形成和培养才能有正确的方向。

(一)技能及其特点

1.技能的实质

在日常生活中,人们经常使用技能这一术语,如阅读技能、解题技能、运动技能等等。心理学对技能的早期研究,主要集中在相对简单的动作技能方面,如打字、发电报等,现在则更重视对复杂的技能如阅读技能、写作技能、解题技能等进行研究。不过,从目前的研究现状来看,虽然许多研究者都认为技能是一种重要的心理现象,但对于技能的定义至今还没有达成一致的意见。

《心理学大词典》中的定义为"个体运用已有的知识经验,通过练习而形成的智力动作方式和肢体动作方式的复杂系统"。《简明心理学百科全书》将技能定义为"通过练习形成的能完成一定任务的动作和智力操作系统"。《中国大百科全书·心理学卷》则将技能定义为"通过练习获得的能够完成一定任务的动作系统"。也有人把技能界定为"在练习的基础上形成的按某种规则或操作程序顺利完成某种智慧任务或身体协调任务的能力"或"知觉与动作的协调"能力,其中动作不只限于操作范围,也包括较复杂的认知动作。

通过对上述定义的分析,我们可以看到:技能首先表现为一种活动方式,这种活动方式可能是外显的、展开的动作系统,也可能是内隐的、简缩的动作系列,这与知识是不同的。其次,技能这种活动方式应表现出规则性,技能是熟练的、按照一定的规则组织起来的动作系列,不同于随机的、任意的动作组合。因此,我们可以把技能界定为通过学习而形成的合法则的活动方式。

2.技能的特点

综合技能的有关研究,可以归纳出技能具有如下几个基本特点。

(1)技能是通过学习或练习形成的,不同于本能行为

技能是在后天的学习过程中,通过不断练习而逐步完善的。研究发现,许多技能的学习过程符合幂定律。幂定律反映了完成某一任务所需时间与练习量之间的关系。完成某一任务所需时间的长短,可以表示技能的熟练程度,练习量则可以根据练习所花费的时间或练习次数来加以测量,用公式表示,即 $T=aP^{-b}$。其中 T 是完成某一任务所需的时间,P 是练习次数或所花费的练习时间,a 与 b 是常数。这种关系可以用图 5-2 表示如下:

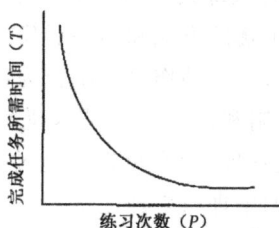

图 5-2　练习的幂定律图示

从图 5-2 中可以看到,在学习的最初阶段,练习对技能形成有非常明显的改善,随着练习的不断进行,技能进步的速度逐步减慢,但仍有进步。

(2)技能是一种活动方式,区别于程序性知识

技能是由一系列动作及执行方式构成的,属于动作经验,不同于属于认知经验的知识。知识学习所要解决的是事物是什么及怎么样(陈述性知识)、做什么及怎么做(程序性知识)等问题,即知与不知的问题。技能学习所要解决的是完成活动要求的动作会不会及熟练不熟练的问题,即会不会做及做得怎么样的问题。因此,程序性知识虽与活动动作的执行密切相关,但它仍只是一类专门叙述活动(包括心智活动)规则和方法的知识,它只是解决活动的定向依据,而不是活动方式的本身。因此,把技能界定为程序性知识是片面的,只看到了两者之间的联系,而没有看到两者之间的本质区别。例如在"拧螺丝"这项活动中,程序性知识是说明如何拧螺丝的动作步骤及执行顺序,技能则是实际拧螺丝的动作方式,是把这些程序性知识转化成相应的活动方式。因此,要真正掌握技能,不仅要掌握某些程序性知识,而且更重要的是要通过实际操作,获得动觉经验,才有可能实现。由此可见,技能不仅与陈述性知识不同,而且与程序性知识也不能等同。

(3)技能是合乎法则的活动方式,区别于一般的随意行为

技能中的活动方式不是任意的动作组合,各动作的构成要素、执行顺序和执行要求都体现了活动本身的客观法则的要求,符合活动的内在规律,不是一般的随意动作。为此,技能不同于习惯,习惯是自然习得的,它既可能符合规律,也可能不符合法则;而技能是通过系统的学习与教学而形成的,是在主客体相互作用的基础上,通过动作经验的不断内化而形成的。只有合乎法则的活动方式,才能对活动的对象进行有效的加工、改造,才能使对象本身朝着预期的目标发生变化,也才能使这种活动方式具有广泛的适用性和高度的稳定性,才能对活动本身具有广泛的调节作用。只有这样,作为技能的活动方式才能在活动中通过不断练习而形成动力定型,逐步实现自动化并向能力转化。

研究表明,合乎法则的熟练技能具有五个基本特性:一是流畅性,即各动作成分以整合的、互不干扰的方式和顺序运作。也就是说,动作顺序在时间上可以互相重叠和交叉;一组动作可以组合为单一的组块,而这种组块又可以作为一个整体加以控制和运作。二是迅速性,即快速地做出准确的反应。对专家与新手的研究发现,专家可以快速地处理大量的信息。三是经济性,完成某种活动所需的生理与心理能量较小。四是同时性,即熟练的活动的各成分可以同时被执行或者可以同时进行两个无关的活动。五是适应性,即能够适应各种变化的条件,显示其活动的稳定与灵活。

(二)技能的类型

对技能的分类可以从不同的维度来进行,不过目前还没有一种为人们广泛接受的分类标准。有人将技能分为知觉技能、操作技能与认知技能。知觉技能主要指监测某种刺激是否出现的技能,如在屏幕上识别某种物体。操作技能指包括了明显的身体运动的技能如体操、游泳等。认知技能则包含了非常复杂的思维决策,如阅读技能、疾病诊断技能、问题解决技能等。但这三种技能之间的界限有时并非很清楚,许多实际的技能可能包含了这三种技能中的某些成分,只是比例不同而已。事实上,在知觉—运动技能和认知技能之间没有明显的界线,几乎所有的动作行为都是在认知控制之下来完成的,而许多认知的目的又是通过动作作用于环境来实现的。

虽然各种技能之间存在着相互的交叉和渗透,很难将它们截然分开,但是大部分研究者还是主张对技能进行分类研究。他们认为,对技能进行分类有助于深入探讨技能的结构与规律,有助于促进技能的有效形成,并主张把技能分为操作技能与心智技能两种。

1. 操作技能

操作技能又叫运动技能、动作技能,是通过学习而形成的合乎法则的操作活动方式。日常生活中的写字、打字、绘画;音乐方面的吹、拉、弹、唱;体育方面的田径、球类、体操;生产劳动方面的车、铣、刨、磨等活动方式,都属于操作技能的范畴。

操作技能除了具有上面所列举的技能的一般特点外,还具有与心智技能不同的其他一些特点。首先,就动作的对象而言,操作技能的活动的对象是物质性客体或肌肉,具有客观性。其次,就动作的进行而言,操作动作的执行是通过外部显现的肌体运动实现的,具有外显性。第三,就动作的结构而言,操作活动的每个动作必须切实执行,不能合并、省略,在结构上具有展开性。

2. 心智技能

心智技能也称智力技能、认知技能,是通过学习而形成的合乎法则的心智活动方式。阅读技能、写作技能、运算技能、解题技能等都是常见的心智技能。一般而言,心智技能与操作技能相比,具有以下三个特点。

第一,动作对象的观念性。与操作活动不同,心智活动的对象是客观事物在人脑中的主观印象,是客观事物的主观表征,是知识和信息。所谓客观事物的主观表征,即客观事物的特性与人脑内部的某些信号特性之间的一种标定关系,它们之间是一种反映与被反映的关系。两者虽有联系,但不能等同。客观事物的主观表征,属于主观观念的范畴。因此,心智活动的对象具有观念性。

第二,动作执行的内潜性。由于心智活动是对观念性对象进行的加工改造,它既不像操作活动那样,以外显的形式(在头脑外部)通过肢体运动来实现,也不像言语活动那样,可以借助于言语器官或口腔肌肉的运动信号而觉察到活动的存在。心智活动是借助于构造上与机能上不同于外部言语的内部言语进行的,只能通过其作用对象的变化而判断活动的存在。因而心智动作的执行,是在头脑内部进行的,具有内潜性。

第三,动作结构的简缩性。由于心智动作是借助内部言语这一工具进行的,这就决定了心智动作不像操作动作那样必须将每一个动作实际做出,也不像外部言语那样必须把每个动作一一说出。鉴于内部言语是不完全的、片段的,因而心智动作成分可以合并、省略及简化。由此,心智动作具有简缩性。

根据心智动作的上述特点,我们可以把心智活动的确切定义概括为:在人脑内部借助于内部言语,以简缩的形式对事物的主观表征进行加工、改造的过程。

(三)技能的作用

个体的技能一旦获得,就会对其学习、生活和工作发生影响,影响到个体的能力发展与问题解决等。

1.技能作为合乎法则的活动方式,可以调节和控制动作的进行

技能不仅可以控制动作的执行顺序,即动作成分之间的顺序关系,而且可以控制动作的执行方式,即动作的方向、形式、强度、动作间的协调等等。技能可以使个体的活动表现出稳定性、灵活性,能够适应各种变化的情境。

2.技能是获得经验、解决问题、变革现实的前提条件

经验获得的过程是人脑对外在事物的反映过程,而这种反映又是通过一系列的心智动作实现的。通过心智活动,对感性经验进行加工,形成更高级的理性经验。技能调节着经验获得的过程,决定着经验获得的速度、水平,是经验获得的手段。

解决问题的过程也包含着一系列的心智活动和外部操作活动,从形成问题表征、确定问题的性质与类型、探索解决问题的可能的方法,到实施解

决问题的方案,都是通过各种心智与操作动作实现的,而合乎法则的心智与操作技能保证了问题的顺利解决,也达到了变革现实的目的。

3.技能是能力的构成要素之一,是能力形成发展的重要基础

心理学研究表明,能力的形成与发展,与个体经验的积累、与知识和技能的获得是分不开的。能力是对活动起到稳定的调节作用的一种心理特性,这种稳定的调节作用是通过知识与技能的概括化、系统化实现的。虽然知识和技能本身并不是能力,但是通过广泛的迁移,可以逐步地概括化和系统化而发展成为能力。所以,技能是能力形成和发展的重要基础,应从知识与技能的掌握和迁移入手来培养能力。

二、动作技能的学习

(一)动作技能的界定

这里我们将"动作技能"界定为是在练习基础上形成的、按某些规则或操作程序顺利完成某种智慧任务或身体协调任务的能力。这一定义使技能变得可以捉摸和便于操作。

一般来说,动作技能包括以下四个特征。

(1)动作技能是后天习得的一种能力。只有那些后天学得的,并能相当持久地保持下来的动作活动方式才属于动作技能。

(2)动作技能在时空结构上具有不变性,其外部结构应是由若干动作按一定的顺序组织起来的动作体系。例如,原地推铅球这一动作技能,从持球、蹬腿、转体到最后出手用力的动作顺序是不变的;其空间结构也具有稳定性。不过,它在原型的基础上有多种变式。例如,篮球的运球动作这种空间结构,有时幅度大些,有时幅度小些;有时节奏快些,有时节奏慢些,但运球的基本样式是不变的。

(3)动作技能是一种有意识、有目的的活动能力。也就是说,只有当人们利用一组动作去完成一项具体任务或解决一个问题时,如利用一组身体动作去表现情感(体操)或修理某种电器等,这时的活动能力才被称作动作技能。

(4)动作技能是通过练习从低层次的感知系统与运动系统的协调关系向高层次的协调关系发展,最终达到高度自动化和完善的熟练程度。熟练程度越高的动作技能,越能自动化地轻松敏捷地完成。例如,单手肩上投篮,随着熟练程度的提高,投篮的技能越完善,投篮的命中率越高,而且意识的参与和控制的程度越少。

(二)动作技能的构成成分

一般而言,动作技能由以下几种成分构成。

(1)动作或动作组。动作是人体的一种空间造型以及驱动这种空间造型的内部冲动。动作和动作组是动作技能中易于被观察到的成分。从难易程度的角度来分,动作有三种类型:反射动作、基本—基础动作、技巧动作。从上述三种类型动作之间的关系来看,基本—基础动作是由一系列的反射动作组成的。因而,每一基本—基础动作都是一组反射动作的组合,或称一个反射动作组;而技巧动作又是由一系列的基本—基础动作组合而成的,是一个个基本—基础动作组。专业或行业的技巧动作群组又构成了该专业或行业的动作语汇。从发展角度来看,反射动作主要受遗传的影响,是随个体成熟发展起来的;基本—基础动作,如跑、跳等,主要是随个体的成熟发展起来的,但训练能增强其精确性和熟练程度;技巧动作则主要是习得的,具有明显的专业性,如打网球与打乒乓球,其技巧动作是不同的。

(2)知觉能力。知觉能力包括动觉、听觉、视觉、触觉辨别的能力,其中手眼协调、手脚协调、身体平衡对完成任务有重要意义。在完成动作技能任务时,对于动作完成情况的观察。对于环境因素的利用都离不开知觉的作用。知觉的部分缺失往往会造成不能完成某些动作技能,因此,知觉是动作技能的组成部分之一。某些专业或行业的技巧动作有特殊的知觉要求,如对飞行员的距离知觉能力和注意分配能力,对司机的手眼协调、手脚协调等能力要求较高。知觉的另一个重要作用是发现并有效利用反应所需的线索。知觉测验往往作为专业动作技能测验的一项重要内容。动作任务的完成,必须有认知过程的参与。因而人们对动作或动作组的熟练过程也离不开其他认知能力的参与,如知觉、记忆、想象、思维等。

(3)体能。体能主要包括耐力、力量、韧性、敏捷性等。体能是动作技能的重要组成成分,是完成动作技能的前提和保障。每一动作任务的完成都需要相应体能的支持,离开体能,动作任务就不可能高质量地完成,动作技能就会大打折扣。比如,一名排球运动员已熟练掌握了排球的专业动作语汇,但在长时间的对抗赛中,若耐力较差,可能就会发生动作变形,出现发球失误等问题。可见,体能是优质完成动作任务的重要保证。

(三)动作技能的分类

根据不同的标准,可以把动作技能分为不同的类型,其分类是相对的。其中,在动作技能学习领域研究中,连续—断续这个维度的划分更为常见。

1.连续性动作技能和非连续性动作技能

根据主体对外部刺激的调节方式,我们可以把动作技能分成连续性动作技能和非连续性动作技能两种。连续性的动作技能是指需要完成的动作序列较长,而且在完成活动任务的过程中需要根据复杂的内外刺激进行连续、不间断地调整操作者与外部关系的动作技能,如舞蹈、打字、体操等。其特点是动作的延续时间较长,动作与动作间没有明显可以直接感知的始点和终点,难以精确计数。非连续性的动作技能是指只包含较短的序列,可以进行精确计数,并对一个特定的外部刺激做出一个特定的反应的动作技能。它是由突然爆发的动作组成的,如射箭、举重、手枪慢射等。其特点是动作延续时间短,动作与动作间可以直接感觉到始点和终点,一般是自我调节的,较少受外部情境控制。由于两类动作技能控制的性质不同,完成任务所需的能力和策略也不同,比如赛车运动员和举重运动员完成任务的策略就不相同。事实上,有些人偏向于完成连续性运动任务,而有些人则更喜欢完成不连续的运动任务。

2.封闭性动作技能和开放性动作技能

根据主体对外部条件的利用程度,我们可以把动作技能分成封闭性动作技能和开放性动作技能两种。封闭性动作技能是指完全依赖肌肉的内部反馈信息指导的动作技能,如跳水、投掷铁饼等。这种技能的特点是不需要外部环境因素作为参照,而且具有相当固定的动作模式。该技能与高度可预测的稳定环境因素有关。开放性动作技能是指必须根据外部刺激的变化而相应调节自己动作的动作技能,如驾车、踢球、击剑等。其特点是必须参照外部环境刺激来调节动作。该技能与不稳定、预测性低的环境因素有关。

3.精细动作技能和粗大动作技能

精细与粗壮是指与动作技能有关的肌肉的性质和数量。根据所涉及的骨骼、肌肉以及动作幅度大小,我们可以把动作技能分成精细动作技能和粗大动作技能两种。粗大的动作技能是运用大肌肉的,并且往往是全身性的运动,如打网球、跑步、游泳、举重等。其特点是需要整个躯体和大块肌肉群的运动才能完成活动。而精细的动作技能则主要运用关节和手指的运动并要求动作具有协调、精致、幅度小的技能,如雕刻、刺绣等属于精细的动作技能,其特点是仅仅涉及身体或四肢小肌肉群的运动来完成活动。不同的人在获得精细与粗壮动作技能的难易方面存在明显的差异,而且研究表明,两种动作技能存在较低的相关。

4.工具性动作技能和非工具性动作技能

根据完成活动时是否需要凭借一定的工具,我们可以把动作技能分成工具性动作技能和非工具性动作技能两种。工具性动作技能是指需要操纵某种工具才能完成活动的技能,如写字、打字、雕刻等。其特点是需要操纵现成的工具。非工具动作技能是指不需要操纵工具,只需要利用机体一系列的骨骼、肌肉运动就能完成活动的技能,如跳舞、走路、唱歌等。其特点是不需要操纵任何工具。

(四)动作技能的形成过程

动作技能的形成,是通过练习从而逐步地掌握某种动作方式的过程。关于动作技能的形成和发展的过程有多种研究理论,如认知派的整体结构理论,动力定型的纯生理学理论等都分别从不同的角度对动作技能的学习进行了阐释和说明。

1.认知阶段

认知阶段也称知觉阶段。这一阶段主要是理解学习任务,并形成目标意向和目标期望。目标意向主要指学习者对自己解决问题的目标模式反应和动作形式,在头脑中形成一个表象,即明确解决问题的目标模式。而目标期望则是对自己的作业水平的估价,即明确自己能做得如何。这两种期望对动作技能的学习起着定向作用。

学习者在技能学习的起始阶段,首先要通过对示范动作的观察,对刺激情景的知觉,来形成一个内部的动作意象,以作为实际执行动作时的参照。而要形成这样一个意象,则需要对线索和有关信息进行适当的编码。线索和信息的编码,可以是形象的,也可以是抽象的;可以是视觉的,也可以是语词的;可以是有意义的,也可以是孤立的。为了形成有利于动作技能学习的目标意象,学习者通常用自己擅长的方式来对线索进行编码。儿童通常利用视觉表象进行编码,而成人则能够将视觉表象和语词联系起来,共同编码。在形成目标意象过程中,学习者不仅借助于对现有任务的知觉和有关线索来编码,也可借助于先前的有关经验。这就是说,学习者通常还从长时记忆中激活有关信息,并有效地检索、提取出来以帮助编码。这个阶段学习者常常会忙于领会技能的基本要求,掌握技能的局部动作,导致注意范围比较狭窄,精神和全身肌肉紧张,动作忙乱,呆板而不协调,出现很多多余的动作,不能察觉自己动作的全部情况,难以发现错误和缺点。在此过程中,教师应该抓住动作的主要环节和学生掌握动作中存在的主要问题进行教学,不应过多强调动作细节,而应以正确的示范和简练的讲解帮助学生掌握动作。

在认知阶段,学习者不仅形成目标意象,而且还依据自己以往成功和失败的经验,依据自己的能力和目前任务的难易,形成对自己作业水平的期望。这一期望既表现在质的方面,即动作质量的好或坏,也表现在量和范围上,即能完成动作的多寡。一般来说,有明确目标期望的学习,较之于目标期望模糊的学习更有效。

2.联系形成阶段

在这一阶段,重点是让适当的刺激与反应形成联系并固定下来,整套动作联为整体,变成固定程序式的反应系统。在这一阶段,练习者已经逐步掌握了一系列局部动作,并开始将这些动作联系起来,但是各个动作还结合得不紧密。在从一个环节过渡到另一个环节,即转换动作的时候,常出现短暂的停顿。以骑自行车为例,整个骑车动作可先分解为脚蹬动作和手握把动作,学习者初学时只能逐个去练习。但这两个分解动作是连不起来的,不是忘了脚蹬,就是忘了扭车把,动作不协调,不能掌握平衡,而且精神紧张,双眼总是盯着前轮,不敢远视,控制不了自己的动作。这个阶段练习者的协同动作,是交替进行的,即先集中注意一个动作,然后再注意做出另一个动作,反复地交替,进行不同的动作。这种交替慢慢加快,技能结构的层次不断提高,然后逐渐形成整体的协同动作。这一阶段的主要特点是技能的局部动作被综合成更大的单位,最后形成一个连贯的动作技能的整体。练习者视觉控制作用逐渐减弱,而肌肉感觉的自控作用逐步提高,动作间的相互干扰减少,紧张程度有所减弱,多余动作趋于消失。

在这一阶段,必须排除过去经验中的习惯的干扰。例如已经学会开汽车的人,在学习开飞机时,因为飞机的转弯是用脚操纵的,所以他必须排除用手转动控制盘的习惯的干扰。学会了打简化太极拳的人,在学习打杨氏太极拳时,常常把简化太极拳中后坐的整脚的动作带到杨氏太极拳里来,而在杨氏太极拳中是没有这个动作的,因此他必须努力纠正这些习惯性动作。动作技能相互干扰是负迁移的表现,对新的动作技能的掌握起阻碍作用。

3.自动化阶段

动作技能形成的最后阶段是一长串的动作系列已联合成为一个有机的整体并已巩固下来。随着动作技能的巩固和发展,暂时联系达到非常巩固的程度以后,动作即可出现自动化现象。所谓自动化,就是练习某一套技术动作时,可以在无意识的条件下完成。其特征是对整个动作或者是对动作的某些环节,暂时变为无意识的。各个动作相互协调似乎是自动流出来的,无须特殊的注意和纠正。技能逐步由脑的低级中枢控制。这时,练习者的多余动作和紧张状态已经消失,练习者就能根据情况的变化,灵活、迅速而准确地完成动作。能够自动地完成一个接一个的动作,几乎不需要有意识控制。熟练操作特征就是动作技能进入自动化阶段的特征。例如,走路是人类自动化的动作,在走路时可以谈话、看报,而不必有意识地想该如何迈步、如何维持身体平衡等。又如我们常会看到很多女性边打毛衣边和别人聊天,而不用紧张地盯着毛衣针。自动化并非没有意识的参与,只是意识的程度较低。事实上,在活动过程中,一旦遇到障碍,人就会增强意识程度来调整动作,排除障碍。动作技能的自动化成分越多,或动作技能越完善,动作就越具有准确性和越少耗费能量,即符合节省力量的原则,从而使完成该动作技能者注意分配的可能性增加,疲劳感也相对地降低。

研究表明,对任何动作技能掌握的熟练程度都是相对的。许多高中学生尚难以达到某项动作技能学练的最高水平,因此教师应指导学生根据自身的条件选择适当的项目进行选学,形成自己的爱好并发展专长,为终身体育奠定基础。许多体育技能的训练表明。一个运动员,要达到自己的最高水平,需要多年的练习。要保持这一最高水平,同样需要大量的练习。另外,诱因的大小也对技能的改进有很大的影响。国外对明星运动员给以重金或高报酬,就是为了促使他们不断研究新技术,不断创造新的运动纪录。

形成动作技能的四个过程是相互联系的,各过程之间并没有绝对的界限。学练水平高的学生在学习掌握新动作时,分解过程很短,对动作的精细分化能力强,掌握动作技能快。初学者在学习新动作时,分解能力较差,掌握动作较慢。动作越复杂,分化的难度也就越大。学生形成动作技能所需要的时间就越长。对于难度比较大,技术要求比较高的动作,教师应加强对学生学练的指导,同时也应引导学生进行自练。总之,动作技能的学习需要从领会动作要点和掌握局部动作开始,到建立动作连锁,最后达到自动化。

(五)促进动作技能学习的条件

动作技能的形成要经历一个复杂的过程,需要具备一系列的条件,为了提高动作技能学习的效率,必须充分了解制约动作技能形成的条件,这些条件可以分为内部条件和外部条件两类。

1.促进动作技能学习的内部条件

首先,学生必须具备学习动作技能的动机。学习动作技能的动机是在学习者产生学习动作技能需要的基础上形成的,它对学习者持久学习动作技能起到积极的促进作用。例如,学习者对打乒乓球的技能产生了学习的意图、兴趣,形成了强烈的学习动机,他就会热情地接触它,多观察他人的打球技术并积极练习,从而尽快获得这一技能。其次,学生应具有相应的生理成熟水平和丰富的知识经验。生理成熟是学习动作技能的基础,知识经验是动作技能学习的重要条件,学习者生理成熟水平愈高,知识经验愈丰富,动作技能的学习效果愈好。大量的研究与日常的观察表明,学习者掌握动作技能的能力随年龄和经验的增加而提高。一般来说,成熟与知识经验对动作技能学习的影响是相对的,对复杂的动作技能的学习。知识经验所引起的作用相对较大;而对简单的动作技能的学习,生理成熟所引起的作用相对较大。最后,由于动作技能学习的特殊性和复杂性,能掌握良好动作技能的人还应具有良好的人格特征。奥吉利夫和塔特科在1967年的研究表明,与出色完成竞赛活动有关的人格特征有:①较高的成就动机;②忍耐力、坚持性;③抗干扰、承受打击和注意稳定的能力;④控制能力;⑤任劳任怨努力吃苦的精神;⑥自信、大胆、心胸开阔;⑦高于常态的智力水平。由此可见,良好的人格特征,对动作技能的学习和掌握起着促进作用。人格类型也会影响动作技能的学习。外向性的人与内向性的人相比较,动机水平高,活动效率也较高;外向性的人比内向性的人较难形成条件反射;外向性的人易于形成粗大动作技能,内向性的人易于形成精细动作技能;外向性的人动作速度快,但欠准确,内向性的人动作速度慢,但准确性高;外向性的人动作的灵活性高,内向性的人动作的灵活性较低;外向性的人动作的稳定性较低,内向性的人动作的稳定性较高。

2. 促进动作技能学习的外部条件

(1)帮助学生理解任务的性质和学习情境,提出合理的期望

辛格等人的研究表明,动作技能的学习首先必须正确理解学习情境和任务性质,并由此形成一个基本判断,继而采取一定的策略。动作技能通常是以完成一定的任务为目标的,并在一定的学习情境中进行。因此,教师首先要指导学生理解学习任务,并在此基础上形成一定的作业期望,从而激发学习动机。其次,教师应向学生明确提出学习应达到的目标,并提出切实可行的期望。一般说来,有明确的期望和目标的学习较无明确期望、目标模糊的学习有效。

(2)准确地示范与讲解

示范、讲解在动作技能形成过程中是不可缺少的。教师的示范与讲解在动作技能的形成中具有导向功能,能引导学生做出规范的动作。准确的示范与讲解有利于学习者不断地调整头脑中的动作表象,形成准确的定向

映像,进而在实际操作活动中可以调节动作的执行。示范可以促进操作技能的形成,但示范的有效性取决于许多因素,如示范者的身份、示范的准确性、示范的时机等等。如教师在示范之初应放慢速度,分解动作,并简明扼要地讲解一些操作原理,尤其是动作概念。此外,言语讲解在技能形成过程中也起到重要的作用。进行讲解与指导时,要注意以下几个方面:①言语要简洁、概括与形象化;②应先强调最基本的概念,然后再介绍应注意的细节;③不仅要讲解动作的结构与具体要求,也要讲解动作所包含的基本原理;不仅要讲解动作的物理特性,也要指导学生注意、体验执行动作时的肌肉运动知觉;④当教练与练习者出现意见不一致时,通常是减少言语指导而代之以实际训练,让学生带着自己的观点在实践中去验证;⑤尽量用以前学过的动作或概念来加强对新技能的迁移;⑥应对技能的关键部分进行分析,让练习者在实际训练中自己检查。

(3)必要而适当的练习

练习是形成各种操作技能所不可缺少的关键环节,通过应用不同形式的练习,可以使个体掌握某种技能。一般来说,随着练习次数的增多,动作的精确性、速度、协调性等会逐步提高。观察不同学习者的练习曲线,会发现存在一些共同点:第一,开始进步快;第二,中间有一个明显的、暂时的停顿期,即高原期;第三,后期进步较慢;第四,总趋势是进步的,但有时出现暂时的退步。需要注意的是,并不是练习量越大越好,也并不是什么样的练习方式都有助于掌握动作技能。练习对动作技能的培养能否有效,关键在于练习量的把握和练习方式的选择。

(4)给予充分而及时的反馈

一般来讲,反馈来自两个方面:一是内部反馈,即操作者自身的感觉系统提供的感觉反馈;二是外部反馈,即操作者自身以外的其他事物给予的反馈,有时也称结果知识。前者是个体通过自身的视觉、听觉、触觉、动觉等获取的反馈信息,尤其是动觉反馈信息最具代表性。后者是教师、教练、示范者、录像、计算机等外部信息源对学习者的操作结果及其操作过程的反馈。毫无疑问,反馈在操作技能学习过程中的作用是非常关键的,其中结果反馈的作用尤为明显。准确的结果反馈可以引导学生矫正错误动作,强化正确动作,并鼓励学生努力改善其操作。

(5)进行专门的动觉训练,帮助学生建立稳定清晰的动觉

动觉是复杂的内部运动知觉,它反映的主要是身体运动时的各种肌肉活动的特性,如紧张、放松等.而不是外界事物的特性。这些有关肌肉活动的各种感知觉与视觉、听觉有所不同,如果不经过训练。它们很难为个体明确地意识到,并经常受到外部因素的影响,处于被掩盖的地位。由于运动知

觉的模糊性,经常会发生学习者对自己的错误动作不能意识到的现象,当然也就很难对动作进行有意识的调节或控制。这样就容易导致技术水平不稳定,难以找出动作失误的确切原因,操作技能的学习陷入盲目状态。因此,有必要进行专门的动觉训练,以提高其稳定性和清晰性,充分发挥动觉技能学习中的作用。

三、智慧技能的学习

(一)智慧技能的性质

1. 智慧技能的含义

加涅认为,智慧技能是个体有可能通过语言、数字之类的符号来对环境做出反应与描述的性能。这里的语言、数字之类的符号表示的往往是客观事物及其之间的关系。如 π 表示的是圆周率,$S=\pi r^2$,则表示圆面积、圆的半径、圆周率三个事物之间的关系。个体运用这些符号与外界相互作用,与他人进行有效交流的能力就是智慧技能。

智慧技能有时易与陈述性知识混淆起来。陈述性知识涉及个体运用语言表述客观事物及其之间的关系,而智慧技能则要将这种知识用到先前没有遇到过的事例中。如学了一篇课文后,学生能说出课文中"花儿像火一样红"一句是比喻句,这表明学生习得的是陈述性知识。如果学生在没有读过的课文中能找出其中的比喻句来,就表明学生习得的是智慧技能。

(二)智慧技能的类型

加涅将智慧技能分成了四类,分别是辨别、概念、规则和高级规则。

1. 辨别

辨别是指在一个或更多的物理或感觉维度上觉察出刺激差异的性能。简单地讲,辨别就是个体能否指出两个事物是不是一样。如给出两种不同的气味,学习者闻过后能指出这两种气味是不一样的,就表明他有辨别这两种气味的能力。但辨别并不需要学习者对刺激进行命名,如这种味道是酸味,那种味道是甜味等,学习者只需指出两者是否一样即可。

辨别通常涉及个体在多个感知觉通道觉察刺激间的差异。学习者可通过眼睛辨别刺激物的形状、颜色的差异,也可以通过嗅觉、味觉辨别刺激物在气味、味道上的差异,还可以通过触觉、平衡觉等辨别刺激物的轻重、冷暖及方位等。许多辨别的学习通常在婴幼儿时期完成,但也有一些辨别需要在学校教育情境中习得。

2. 概念

概念是指个体运用一类事物的关键特征将某一事物识别为该类事物一员的性能。加涅进一步将概念分为具体概念和定义性概念。具体概念是指学习者根据事物的物理属性(如形状、颜色、轻重、气味等)来识别概念例证的概念;定义性概念则是指学习者根据定义来识别概念例证的概念。如"红色""千克"对小学生而言就是具体概念,学生要凭借事物的颜色、轻重这些物理特征来对例证进行识别。而"密度""舅舅"这些概念属于定义性概念,必须分别根据定义"单位体积的物质的质量""妈妈的兄弟"来识别。我们不能根据事物的形状、颜色或人物的衣着、相貌等特征来识别后两个概念的例证。

判断某一个概念是具体概念还是定义性概念,有时要考虑到学生的知识经验水平。如"酸"的概念,对于化学知识甚少的幼儿、小学生来说,就是具体概念;而对于有较多化学知识的中学生、大学生来说,就是定义性概念,他们要通过定义"在水溶液中电离出的阳离子全是氢离子的物质"来判定。

3. 规则

规则是学习者在多种情境中一致地应用若干概念之间关系的性能。如学生学习英语的"一般现在时第三人称单数后动词词尾要加 s",这就是表示"第三人称单数""动词词尾""加""s"几个概念之间关系的一个规则。学生要在多个情境中一致地应用这一关系才能表明他具有这一规则,而用语言陈述这一规则只表明他具有相关的陈述性知识。

规则的一种特殊的、较为复杂的形式是程序,有时也叫操作步骤,是一些较简单的规则按一定顺序构成的连锁,如开电脑、使用显微镜、做小数除法等等,都涉及由简单规则构成的程序。有些程序是由一些操作按顺序组成的,称之为"线性程序",如计算平均数就是这样一种程序:①将所有数值加在一起;②计算数值的个数;③用数值的和除以数值的个数。有些程序包含有决策的步骤,称之为"分支程序",如除数是小数的除法的计算步骤就是一个需要决策的程序。

4. 高级规则

高级规则是由若干简单的规则组合而成的复杂规则,一般是学习者在问题解决情境中习得和创造的,因而高级规则有时也叫问题解决。如学生已学过了 $2x + 5x = ?$,$3x^2 + 4x^2 = ?$ 之类的单项式加法,然后给学生呈现多项式加法的新题目$(2x+3x^2+1)+(2+3x+4x^2)=?$，学生要解决这一问题，就要利用原先习得的规则组合成复杂的规则：将同指数的变量相加；将各项用"＋"连起来表示和。这一复杂的规则就是高级规则。

加涅进一步指出，智慧技能的四个亚类之间存在层次关系，即高级规则学习以简单规则学习为先决条件；规则学习以概念学习为先决条件；概念学习以知觉辨别为先决条件。这一思想叫智慧技能层次论，它对课程与教学的设计有重要意义。

(三)智慧技能在学科教学中的作用

在五种类型的学习结果中，加涅十分看重智慧技能，认为它是"构建大多数课程的基础"，而且"一名学生要想在某一学科领域被看作是有胜任能力的，就必须掌握许多智慧技能"。由于智慧技能的四个亚类之间存在层次关系，一种智慧技能的学习会有助于高一级智慧技能的学习，而且智慧技能还可以相对容易且可靠地观察到，因而加涅主张把智慧技能作为教学设计的主要框架。我国中小学的大多数学科，如语文、外语、数学、科学(物理、化学、生物等)需要学生学习的主要学习结果就是智慧技能。明确了这一点，才有可能清楚这些学科的主要教学目标，提高教学的效率。

(四)智慧技能学习的过程

1.辨别的学习过程

辨别学习又叫知觉学习。根据吉布森的研究，辨别学习涉及注意、抽象、过滤三个相互作用、彼此配合的过程。注意是指学习者在探索外界的活动中所做的感官调整，如听时将耳朵转向声源，嗅时用鼻子用力吸气，品尝时用舌头拨动食物等。对感觉器官的这些调整使得学习者的感觉器官与所要辨别的刺激能更好地接触，从而有助于发现刺激所独具的区别性特征。抽象是学习者在一系列不同的客体和事件中发现恒定不变的关系。抽象的结果一般是学习者发现了区别不同刺激的维度，而且这种抽象的过程可能是无意识进行的。如字母的区别性特征可能是一些像直线—曲线、垂直—倾斜这样的对照关系，这种关系是恒定不变的，即使字母的大小、颜色变了，这些关系仍是不变的。研究发现，如果恒定的关系所处的情境发生变化，就有利于学习者的抽象，反之，如果恒定的关系和关系所处的情境都不变，抽象就很难进行。过滤是学习者忽视无关的、随机变化的刺激。如在学习辨别英语音标的发音时，环境中除了有音标的发音外，还有其他不断变化的声音，如同学的说话声，教室外的风声等，学习者要忽视这些声音，否则就无法完成对音标发音的辨别。

尽管有许多知觉学习任务是在未经专门教学的条件下实现的,但是到了学龄期,儿童在语文识字、外语语音和词汇学习以及其他许多学科的学习中仍有辨别学习的任务,所以教师要采取相应的教学方法促进辨别学习。

2.概念的学习过程

(1)概念的分析

概念是思想的细胞,在介绍概念的学习过程前,有必要先分析一下概念的构成成分。一般而言,一个概念是由四个成分构成的。

1)概念例子。每一概念都指的是一个类。这个类中有许多成员,如"首都"这个类中有北京、莫斯科、东京、华盛顿等。首都概念就是从这个类的例子中概括出来的共同本质特征——国家政权所在的城市。凡符合概念本质特征的例子是概念的正例,凡不符合概念本质特征的例子是概念的反例,如纽约、上海是首都的反例。

2)概念名称。对大多数人来说,"三角形""首都"这些文字符号引起的是概念的意义,而不是具体的图形或城市。这些词是概念的符号或名称。但研究表明,婴幼儿或动物可能具有某些概念,但没有这些概念的符号或名称。

3)概念定义。概念定义是其正例的共同本质特征的概括。但也有一些具体概念没有定义,如小学低年级学生在语文实践中初步掌握了"句子"概念,但他们未掌握"句子"的定义。

4)概念属性。又称关键特征或标准属性,是指概念的一切正例的共同本质属性。例如,一切哺乳动物都有胎生和哺乳这两个属性,则胎生和哺乳是哺乳动物这一概念的属性。

(2)概念学习的认知过程

概念的学习有两种方式:概念形成与概念同化。概念学习的这两种方式涉及不同的认知过程。

1)概念形成的认知过程

概念形成是指学习者从概念的具体例子中概括出概念的关键特征,其中涉及的认知过程主要是概括和分化。概括是指学习者从具体、特殊的例子中推导出适用于同类其他例子的共同特征。这里的例子是指概念的正例,如学生在柳条、莴笋、梧桐枝这几个茎的例子的基础上,推导出茎的共同特征是有节、有芽、有皮。这就是概括。在概括时,学习者易犯两种错误,一是过度概括,又叫泛化,是指学习者把不属于某一概念的例子包括进该概念类别中。如学生认为,鸟就是能飞的动物,因而认为蝙蝠、蜜蜂都是鸟。二是概括不足,即把本该属于某一概念的例子排斥在该概念类别之外。如上述学生对茎的特征的概括会使他们认为竹子没有皮因而不是茎。学生要形成正确的概括,还需要分化这一过程,所谓分化是指学习者在反例呈现的情况下纠正不当概括的过程。如学生将茎的关键特征概括为"有节、有芽、有皮",这时呈现茎的反例"苹果""柳树根",就有助于学生认识到"有皮"不是茎独有的关键特征。

2)概念同化的认知过程

概念同化是一种接受式的学习方式。概念的关键特征通常是以定义的方式呈现给学习者,而后学习者利用其头脑中的相关原有知识来理解和习得(同化)概念的关键特征。如小学生已习得了"四边形"的概念,在学习"平行四边形"的概念时,就可以以概念同化的方式进行。他们从教科书或教师的讲授中接触到了平行四边形的定义:"两对边平行且相等的四边形",然后在其原有的"四边形"的概念与平行四边形概念的定义之间建立了联系,认识到新概念是对原有四边形概念的进一步限制,从而习得新概念的关键特征。

概念形成这种习得方式既适用于具体概念学习,也适用于定义性概念学习,概念同化则主要适用于定义性概念学习。加涅指出,学习定义性概念时,概念的定义固然重要,但概念的正例和反例对定义性概念的学习有时也是必要的。

3)变式练习:知识转化为技能的途径

不论用何种方式习得概念,学生理解了概念并能用语言陈述同类事物的共同本质特征,这仅仅表明智慧技能学习达到了陈述性知识阶段。概念作为一种智慧技能的本质特征,在于它们能在不同于原先的学习情境中应用,而促进应用的关键是变式练习。

变式是指概念的正例的变化。例如,2、3、5、7、11、13、17、19 等都是"质数"的变式,鸡、鸭、企鹅、鸵鸟、麻雀、鸽子都是"鸟"的变式。在概念形成中,总是先出现若干变式例子,使概念的无关特征不断变化,但保持概念的本质特征不变,这种习得概念的方式本身包含了变式练习。而且,如果还伴随出现反例,保证学生掌握的概念精确化,那么学生的概念掌握已经达到应用水平,智慧技能已经形成。在概念同化中,如通过呈现定义"分母为 100 的分数是百分数",学生理解了概念,教师仍需要设计计算百分数的变式练习,保证百分数的概念的应用达到熟练程度。在概念的检测阶段,教师提供概念的正反例证让学生进行判断的过程,实际上也是变式练习的继续。如检测质数概念时,出示 19、20、21、22、23、24、25、26、27、28,让学生判断哪些是质数,学生判断正确则是一种变式练习,如果判断有误,说明学生的概念未掌握,还要设计更多的变式练习并伴随反馈,直到学生正确掌握概念为止。

3. 规则的学习过程

和概念的学习一样,规则的学习也有两种常见的方式,每种方式涉及不同的学习过程。

(1)从例子到规则的学习

从例子到规则的学习又叫例规法,在这种学习中,学习者首先接触或学习若干规则的例证,这些例证往往体现了若干个概念之间的关系,而后学习者对这些例证进行分析、概括,并通过检验自己形成的有关概念间关系的假设而理解规则。最后,学习者多次尝试将习得的规则应用于不同情境中而最终习得作为智慧技能的规则。学习者的这种学习方式属于发现学习或有指导的发现学习。

如在科学课上学生要学习"声音可通过固体传播"这一规则,就先通过三次实践活动来接触该规则的三个例证。第一次活动是学生耳朵紧贴桌面,用手敲击桌腿,学生听到敲声;第二次活动是学生耳贴桌面,教师敲击水泥地,学生听到敲声;第三次活动是学生在教室的一头耳贴墙壁,教师在另一头敲击水泥墙,学生听到敲声。而后学生对这些例子进行分析讨论,概括出敲击产生的振动会通过桌腿、地面、墙体等固体而传播的结论。最后学生将这一规则用来回答"在铁轨旁如何知道很远处是否有火车开来"之类的问题而形成技能。

(2)从规则到例子的学习

从规则到例子的学习又叫规例法。在这种学习中,学习者首先运用其原有的知识经验学习规则的言语陈述,而后再学习说明该规则的例证,从而实现对规则的理解。最后学习者在不同情境中尝试练习和应用这一规则。学习者的这种学习方式相当于接受学习。

如在英语课上学生通过阅读教科书或听教师讲解,先来学习动词变过去式的一条规则:对以字母 e 结尾的动词,在其后加"d",而后又学习了"live—lived""move—moved""approve—approved"等说明该规则的例证,理解和记住该规则后,学生又将这一规则用于写出下列动词的过去式:continue,hope,assure,improve,arrive。

4.程序的学习过程

概念与规则的学习都有两种可行的学习方式供选择。程序的学习也有多种方式,其中一种比较好的学习方式是从对程序的示范中或从应用程序的样例中进行学习。在这种学习方式中,学习者先观察他人(一般是专家或教师)对程序的示范,而后对所示范的样例进行分析、解释,将所示范的程序的步骤类比到要解决的问题上,从而开始对程序的练习,直至熟练掌握为止。如在数学课上学生要学习的"用尺规作一个角的平分线"就属于程序。在学习之初,学生观察教师或教科书上呈现的对作图程序的示范:首先以 $\angle AOB$ 的顶点 O 为圆心,R 为半径作圆与角的两边分别交于点 C 和点 D。而后再分别以点 C 和点 D 为圆心,r 为半径作圆,两圆在角内交于点 E。点 O 和点 E 所确定的射线 OE 即为 $\angle AOB$ 的角平分线(见图 5-3)。在观察研习完对作图程序的示范后,学生参照这一程序的示范,练习做其他角的角平分线。经过多次练习并获得反馈,学生最终学会了运用这一程序作角的平分线。

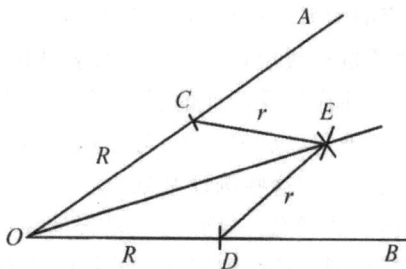

图 5-3　用尺规作一个角的平分线程序

程序的学习还可以有其他方式。一种方式是学生自己发现或自己建构出程序来。在这种学习中,学生虽然也能习得程序,但费时较多,而且习得的主要结果是生成程序的技能,这种学习更适合问题解决或高级规则的学习。另一种方式是将程序的步骤用言语方式列成清单,学习者参照清单来练习程序。但心理学的研究发现,从样例当中进行学习有助于减轻学生的认知负荷,因而给出程序的言语清单和程序运用的样例,学习者更偏爱从程序运用的样例中而不是列出的清单中学习。我们学习用电脑绘图、排版等程序时,照着书上开列的步骤做感觉学起来很吃力,但如果有人在旁边给我们示范一下如何绘图、排版,则从对其示范的观察中,我们能很快学会这些程序。示范的样例比一大堆的言语描述更有利于学习程序。

(五)智慧技能学习的条件

1. 内部条件

智慧技能学习的内部条件是指学习者事先具备的相关原有知识。加涅的智慧技能层次论具体描述的就是这种内部条件,即概念的学习要以辨别或概念定义中涉及的概念为先决条件,规则的学习要以构成规则的概念为先决条件,程序的学习要以构成程序的较简单规则为先决条件。此外,在从概念、规则的例证中进行学习时,还需要学习者具备理解这些例证的原有知识。

2. 外部条件

智慧技能学习的外部条件指教学环境中影响智慧技能学习的一些因素,主要涉及例证与练习的选择与呈现、言语指导与反馈等。

(1)例证与练习的选择与呈现

概念、规则与程序的学习往往要涉及相应的例证。学习者在其学习环境中接触到的例证的质量和数量对智慧技能的学习有重要影响。学生学习中形成的一些错误观念往往是受例证的影响所致,如学生在日常生活中经常看到,静止的车子,人推它以后就动了;静止的树枝,风吹它就动了;静止不动的犁,牛拉它就动了。在这些例证基础上,学生会概括形成"力是使物体运动的原因"这一错误的观念。导致这一错误的原因在于学生接触的例证不充分,他们没有注意到或接触到运动中的物体受力后速度变化的例证。

学习环境中为学习者提供的练习的质与量也影响智慧技能的学习。如果学习者在学习环境中进行练习的量较少,则熟练的智慧技能就不可能形成。此外,对智慧技能的练习如果集中在一段时间内,"毕其功于一役",虽然有助于技能的形成,但不利于技能的长久保持,而同样数量的练习,如果分散在不同时间练习(称之为间隔练习),就会有利于技能的保持。

(2)言语指导与反馈

言语指导指学习者在学习智慧技能过程中从外部获得的概念的定义、规则的陈述及对其加工概念规则的例证所给予的提示。反馈主要是指学习者在练习中所获得的有关练习效果的信息。智慧技能学习中如果缺乏言语指导,学生可能就难以进行学习。在概念同化和规例法中,言语指导是必不可少的外部条件。在概念形成和例规法中,言语指导也同样重要,如学生学习"能化成有限小数的分数"这一定义性概念,在找到了一些概念的正例(能化成有效小数的分数)和反例(不能化成有效小数的分数)后,如果没有来自教师的言语指导(将分数的分母分解质因数),学生是很难发现这一定义性概念的关键特征(分母的质因数中只含有 2 和 5)的。

学生在练习智慧技能过程中获得的反馈也是智慧技能学习的重要条件。如果只有学生的练习而没有反馈,学生可能会形成不正确的智慧技能,如学生学习了"化石"的概念后,练习识别化石的例子。有些学生把岩浆岩表面树枝状薄膜当作苔藓和藻类的印迹。如果不给他们反馈,学生很有可能形成错误的识别化石的技能。

第六章 学习心理发展与教育

第一节 学生认知发展与教育

一、皮亚杰的认知发展理论

(一)建构主义的发展观

皮亚杰是瑞士著名心理学家,日内瓦学派的创始人。他在其发生认识论基础上,将生物学的原则和方法引入人类发展的研究中,形成了极具影响力的儿童认知发展理论。他的发展理论体现了建构主义的思想。在皮亚杰看来,发展在很大程度上依赖于儿童对周围环境的操纵以及与周围环境的积极互动。个体与环境相互作用的建构过程促进了其内部心理结构的不断变化。这种变化不是简单地在原有信息的基础上加上新的事实和思想,而是涉及思维过程的质的变化。

皮亚杰认为智慧是有结构基础的,而图式就是他用来描述智慧(认知)结构的一个特别重要的概念。皮亚杰对图式的定义是"一个有组织的、可重复的行为或思维模式"。初生的婴儿,具有吸吮、哭叫及视、听、抓握等行为,这些行为是与生俱来的,是婴儿能够生存的条件。这些行为模式或图式是先天性遗传图式,全部遗传图式的综合构成一个初生婴儿的智力结构。随着年龄的增长及机能的成熟,在与环境的相互作用中,儿童通过同化、顺应及平衡化作用(后述),使得图式不断得到改造,认知结构不断发展。例如一个四个半月的婴儿,当看到拨浪鼓时,会伸手去抓,握住后摇晃拨浪鼓。这一系列动作包括视、听、抓握及晃动等，这样一个行为模式显然是有其神经系统生理基础的，完成这一行为的神经系统生理基础即是这一行为模式的心理结构，即图式。

又如，一个 5 岁的孩子，当被要求比较长短不同的两根木棒（长棒甲、短棒乙）哪根长，哪根短，他会毫无困难地指出甲棒长于乙棒，继续让这个孩子比较乙棒与更短的丙棒，孩子显然也能得出正确答案。但当要他比较甲棒与丙棒的长短而不显示这三根木棒，这个 5 岁的孩子就回答不了了。而当这个孩子长到 8 岁，他就能够准确地说出甲棒长于丙棒。显然 5 岁的孩子大脑中存在着正确完成甲棒与乙棒或乙棒与丙棒两两比较的心理结构，但却尚未形成在三根木棒不放在一起时比较甲棒与丙棒的心理结构。这种心理结构即图式。

皮亚杰认为，所有的生物包括人在与周围环境的作用中都有适应和建构的倾向。一方面，由于环境的影响，生物有机体的行为会产生适应性的变化；另一方面，这种适应性的变化不是消极被动的过程，而是一种内部结构的积极的建构过程。个体对环境的适应机能包括同化和顺应两个过程。

同化就是"把外界元素整合到一个正在形成或已经形成的结构中"。例如，学会抓握的婴儿当看见床上的玩具时，会反复用抓握的动作去获得玩具。当他独自一人，玩具又较远（看得见），手够不着时，他仍用抓握的动作试图得到玩具。这一动作过程就是同化，婴儿用以前的经验来对待新的情境（远处的玩具），即主体能够利用已有的图式或认知结构把刺激整合到自己的认知结构中。

顺应是指"同化性的图式或结构受其所同化的元素影响而发生的改变"，也就是改变主体动作以适应客观变化，抑或改变认知结构以处理新的信息（本质上即改变旧观点以适应新情况）。如上面提到那个婴儿为了得到远处的玩具，反复抓握，偶然地抓到床单一拉，玩具从远处来到了近处，以后这个婴儿就会用这一动作来得到玩具，这一动作过程就是顺应。

当已有的图式不能解决面临的问题情境时，就产生了皮亚杰所说的不平衡状态。个体很自然地会试图通过各种方式来调整这种不平衡。皮亚杰认为心理发展就是个体通过同化和顺应日益复杂的环境而达到平衡的过程。个体也正是在平衡与不平衡的交替中不断建构和完善其认知结构，实现认知发展的。

（二）皮亚杰的认知发展阶段论

皮亚杰认为，在个体从出生到成熟的发展过程中，认知结构在与环境的相互作用中不断重构，从而表现出具有不同质的不同阶段。他把人的发展分为四个阶段。

1.感知运动阶段(0～2岁)

在感知运动阶段,认知活动主要是通过探索感知觉与运动之间的关系来获得动作经验,在这些活动中形成了一些低级的行为图式,以此来适应外部环境和进一步探索外界环境。其中手的抓取和嘴的吸吮是他们探索周围世界的主要手段。从出生到2岁这一时期,儿童的认知能力也是逐渐发展的,一般从对事物的被动反应发展到主动的探究,例如从只抓住成人放在手里的物体到自己伸手去拿物体,其认识事物的顺序是从认识自己的身体到探究外界事物。这个阶段的一个显著标志是儿童渐渐获得了客体永恒性,即当某一客体从儿童视野中消失时,儿童知道该客体并非不存在。儿童大约在9～12个月获得客体永恒性,而在此之前,儿童往往认为不在眼前的事物就不存在了并且不再去寻找。客体永恒性是更高层次认知活动的基础,表明儿童开始在头脑中用符号来表征事物,但是还不能用语言和抽象符号为事物命名。

2.前运算阶段(2～7岁)

进入前运算阶段,儿童的言语与概念以惊人的速度发展。运算是指内部化的智力或操作。儿童在感知运动阶段获得的感觉运动行为模式,在这一阶段已经内化为表象或形象模式,具有了符号功能。并且儿童的表象日益丰富,其认知活动已经不只局限于对当前直接感知的环境施以动作,开始能运用语言或较为抽象的符号来代表他们经历过的事物,但这一阶段的儿童还不能很好地掌握概念的概括性和一般性。前运算阶段儿童的心理表象是直觉的物的图像,还不是内化的动作格式。他们还不能很好地把自己与外部世界区分开来,认为外界的一切事物都是有生命、有感知、有情感、有人性的,如儿童说"你踩在小草身上,它会疼得哭",即所谓的泛灵论。而且这个阶段的儿童在思维方面存在自我中心的特点,认为别人眼中的世界和他所看到的一样,以为世界是为他而存在的,一切都围绕着他转。如"我一走路,月亮就跟我走""花儿开了,因为它想看看我"。自我中心主义在儿童的语言中也存在。即使没有一个人听,年龄小的儿童也高兴地描述着他正在做什么。这种情况可能发生在儿童独处的时候,甚至更多地发生在儿童群体中。每个儿童都热情地说着,彼此之间没有任何真实的相互作用或者交谈,皮亚杰称之为集体的独自。本阶段儿童的认知活动具有相对具体性,还不能进行抽象的思维运算。他们的思维还具有只能前推,不能后退的不可逆性。此外本阶段儿童在注意事物的某一方面时往往忽略其他的方面,即思维具有刻板性。与思维的不可逆性和刻板性等特点相联系,本阶段儿童尚未获得物体守恒的概念。守恒是指物体不论其形态如何变化,其质量是恒定不变的。但本阶段儿童由于受直觉知觉活动的影响,还不能认识到这一点,思维存在集中化的特征。他们在做出判断时倾向于运用一种标准或维度,比如,长得多、密得多或高得多,还不能同时运用两个维度。

3. 具体运算阶段(7～11 岁)

具体运算阶段的儿童开始接受学校教育,出现了显著的认知发展。这一阶段儿童的认知结构已发生了重组和改善,思维具有一定的弹性,儿童已经获得了长度、体积、重量和面积等的守恒,能凭借具体事物或从具体事物中获得的表象进行逻辑思维和群集运算。但他们形成概念、发现问题、解决问题都必须与他们熟悉的物体或场景相联系,还不能进行抽象思维。因此,皮亚杰认为对这一年龄阶段的儿童应多做事实性或技能性的训练。此外。本阶段儿童已经能理解原则和规则,但在实际生活中只能刻板地遵守规则,不敢改变。随着分类和排序的获得,儿童获得了思维的可逆性。他们的思维开始逐渐地去集中化,能够学会处理部分与整体的关系,进行一些逆向或互换的逻辑推理。去集中化是具体运算阶段儿童思维成熟的最大特征。

4. 形式运算阶段(11 岁～成人)

这一阶段个体的思维已超越了对具体的可感知事物的依赖,使形式从内容中解脱出来,进入形式运算阶段(又称命题运算阶段)。这种能力一直持续到成年时期。本阶段中个体推理能力得到提高,能从多种维度对抽象的性质进行思维。他们的思维是以命题形式进行的,并能发现命题之间的关系;能够进行假设性思维,采用逻辑推理、归纳或演绎的方式来解决问题;能理解符号的意义、隐喻和直喻,能做一定的概括,其思维发展已接近成人的水平。皮亚杰曾举了这样的例子:爱迪丝的头发比苏珊的淡些,爱迪丝的头发比莉莎的黑些。问儿童"三个中谁的头发最黑"。这个问题如果以语言的形式出现,则具体运算阶段的儿童难以正确回答。但如果拿来三个头发黑白程度不同的布娃娃,分别命名为爱迪丝、苏珊和莉莎。按题目的顺序两两拿出来给儿童看,儿童看过之后,提问者将布娃娃收藏起来,再让儿童说谁的头发最黑,他们会毫无困难地指出苏珊的头发最黑。而当儿童智力进入形式运算阶段以后,儿童可以不必借助于娃娃的具体形象而轻松答出苏珊的头发黑。这种摆脱了具体事物的束缚,利用语言文字在头脑中重建事物和过程来解决问题的运算就叫作形式运算。皮亚杰认为,所有儿童的认知发展都会依次经历这四个阶段。认知结构的发展是一个连续建构的过程,每一阶段都有独特的结构,前一阶段是后一阶段的基础。虽然不同的儿童会以不同的发展速度经历这几个阶段,但是都不可能跳跃某一个发展阶段。在阶段的转折时期,同一个体可能同时进行不同阶段的活动。

(三)影响发展的因素

关于影响心理发展的因素,皮亚杰提出四个基本因素。

1.成熟

成熟是指机体的成长,特别是神经系统和内分泌系统的成熟。他认为智力的成长过程中,成熟不是决定条件,神经系统的成熟只能决定某一给定阶段的可能性与不可能性。环境因素对于实现这些可能性始终是不可少的。

2.练习和经验

练习和经验指个体对物体施加动作过程中的练习和习得的经验(不同于社会性经验)的作用,区分为物理经验和逻辑数理经验两种。前者指个体作用于物体,获得有关物体特性(如体积、重量等)的信息。例如儿童关于物体的重量、物体的颜色、物体表面的光滑程度、声音的高低、木块浮在水面、水结成冰等经验是通过儿童的触觉、视觉、听觉等从物体中抽取出来的。这种经验最本质的特点是来源于物体本身。后者指理解动作与动作之间相互协调的结果。皮亚杰举过一个例子解释这种逻辑数理经验:他有一位数学家朋友,小时候在沙滩上玩卵石,他把 10 个卵石排成一行,发现不论从哪端开始数都是 10 个;然后他又把卵石排成另外的形状,如排成圆形、四方形,数出来的数目仍然不变。于是他得出"数量和与顺序无关"的结论。这种经验是由主体作用于客体的动作以及动作间的相互协调结果所引起。因此,皮亚杰说,"知识来源于动作,而非来源于物体"。

3.社会性经验

社会性经验指社会环境中人与人之间的相互作用和社会文化的传递。社会环境因素对发展的影响是显而易见的,因为发展的进程可以随着儿童所受的文化教育和社会环境的差别而加速或推迟。但是,发展的次序具有连续性这一事实又充分说明,社会环境因素不是发展的充分因素。社会环境因素与物理的经验一样,它们要能对主体的发展发挥作用,必须建立在它们能被主体所同化的基础上。

社会环境因素主要涉及教育、学习和语言等方面。当我们强调经验因素在促进儿童思维发展中的作用时,实际已蕴涵着对教育因素的重视了。因为系统的教育可以使儿童更好地感受外物,获得经验(物理的和逻辑数理的)。也正是因为这一点,教育因素才能促进儿童智慧的发展。不过,虽然后天的良好教育能在一定程度上加速思维发展阶段的过渡,但并不能超越或改变发展的顺序,任何儿童即便是天才也是绝无例外的。皮亚杰十分强调教育必须切合于儿童的认知结构。他说:"即使在主体似乎非常被动的社会传递中,例如学校教育的情况下,如果缺少儿童主动的同化作用,这种社会作用仍将无效。而儿童主动的同化作用则是以适当的运算结构为前提的。"又说:"只有当所教的东西可以引起儿童积极从事再造和再创的活动,才会有效地被儿童所同化"。

4.平衡化

平衡化指个体在与环境相互作用过程中的自我调节。具有自我调节作用的平衡过程对于心理发展的上述三种基本因素起到调节作用,并且这种调节表现出定向性的特点(即朝着一定的方向发展)。平衡化的过程不能归结为单独由遗传或成熟而来,也非预先制定的先验的东西。皮亚杰既反对经验论,也反对先验论,提出了建构论。他认为新结构或新知识的形成实际上是一种建构的过程。个体的认知图式不能同化新的知识经验时,心理产生不平衡状态。每经过一次由失衡到新的平衡,其认知结构就会产生一次新的改变。个体认知结构的改变使之能够吸收容纳更多新的知识经验,促使智力水平得到发展和提高。

(四)皮亚杰发展理论对教育的影响

皮亚杰的发展理论对教育教学实践有很大的影响。许多心理发展研究与课程论都是建立在皮亚杰理论基础上的。他的理论对教育工作者的理论研究和实践探索都有重要的价值。

不主张教给儿童那些明显超出他们发展水平的材料,即不主张毫无根据地或人为地加速儿童的发展,但同时,过于简单的问题对儿童的认知发展作用也不大。在皮亚杰看来,儿童的认知发展是以学生已有的认知结构为基础的,并以已有图式与环境相互作用而产生的认知需要为动力。鉴于此,教师应该为学生提供略微高于他们现有思维水平的教学,使学生通过同化和顺应过程达到平衡,从而帮助学生发展已有的图式,并建立新的图式。对皮亚杰认知发展阶段理论的掌握有助于教师理解自己的学生处于何种阶段,是否具备掌握某一知识的认知水平。从而调整和改变教学目标。

保持学生的学习主动性和自主性,使他们积极地参与到学习活动中来。

皮亚杰反对教师主动地教而学生却处于消极状态的教学。儿童的认知发展需要丰富的环境刺激,教师要提供探索的机会,提供社会互动的机会。同时,教师要学会利用学生的生活经验,促进学生新旧知识的整合,帮助儿童纠正错误的思维方式,而不是盲目地做出判断。

儿童在认知发展过程中存在着个体差异。在教学中,每一个学生的认知发展水平和已有知识经验都有很大差异,教师要确定学生的不同认知发展水平,以保证所实施的教学与学生的认知水平相匹配。教师可以通过观察学生在解决问题时的表现来达到该目的。例如,观察学生采用的解题逻辑是什么?他们是不是只注意到问题的一个方面而忽略其他?他们是否为问题的表面现象所迷惑?他们是较有系统地说出自己的答案还是只是瞎猜?另外,通过分析学生经常出现的错误类型也有助于确定学生的思维特点和发展水平。

皮亚杰从发生认识论的观点出发研究人类个体的心理起源和心理发展,并进行了大量的临床研究来充实和验证其学说。他所强调的主客体相互作用的思想,活动在心理发展中的重要作用,以及关于个体心理发展各个阶段间的质的差异和对各阶段的具体阐述等,都具有巨大的启发意义并揭示了个体心理发展的某些规律,有助于人们预测儿童的发展并施以正确的教育影响。针对皮亚杰对儿童认知发展的年龄阶段的划分,很多人曾进行了大量的验证性研究。排除文化背景差异的影响以及研究方法等因素的影响,多数人认为皮亚杰对儿童认知发展水平的估计不足,对各阶段的年龄划分也有绝对化的倾向。例如,有人认为皮亚杰给儿童呈现的问题过于复杂,指导语也不容易理解。他们的研究显示,如果一次只呈现给被试3~4个物体,学前期的儿童就能表现出数量守恒的能力。此外,有人对皮亚杰所采用的研究方法也有异议,认为他所采用的临床实验法在技术上使他人难以重复实验以便验证和进行对比研究,而且,他所采用的被试极其有限,仅从少数几个孩子身上所得的结论的代表性令人怀疑。

新皮亚杰理论是对皮亚杰理论的修订和发展。新皮亚杰学派试图突破皮亚杰理论的局限,解决其中存在的一些问题。他们证实了儿童在特定阶段的操作能力在很大程度上依赖于所操作的具体任务;训练以及包括社会相互作用在内的后天经历能够加速儿童的发展;社会文化对发展具有重要影响。这些研究解释了用皮亚杰理论无法阐释的问题,比如,为什么在不同的任务上认知发展的速度是不同的。同时,苏联维果茨基的社会文化理论流传到西方后,人们越来越认识到社会文化环境在认知发展过程中的重要意义,也促进了对皮亚杰理论的反思和发展。

二、维果茨基的认知发展理论

维果茨基是俄罗斯著名的心理学家。在其较为短暂的学术生涯中，他运用马克思主义哲学的基本观点来研究儿童的语言、思维等心理学问题，留下了丰富的著作。虽然在他去世后，他的著作一度遭到禁止，但随着著作的解禁和翻译传播，维果茨基的思想在国际心理学界产生了重大影响。本节主要介绍他在儿童认知发展上的主要观点。维果茨基没有像皮亚杰那样描绘出不同年龄段儿童的认知发展特点，但他运用马克思主义的基本观点深入地阐述了儿童的认知发展是一个文化—历史过程，揭示了皮亚杰和信息加工心理学派未予关注的认知发展的规律。

(一)儿童的认知发展主要是高级心理机能的发展

维果茨基认为，人类具有两种心理机能：初级心理机能和高级心理机能。初级心理机能是与生俱来的心理结构，主要由生物特点决定，人和动物都具有这种功能。可以用 S—R 这种模式来表示这种机能，其特点是由环境中的刺激所引发，依赖于具体的经验，思维与行动相联系。如个体具有的简单知觉、依赖具体形象和具体经验的记忆以及具体到思维过程等，都属于初级心理机能。

高级心理机能是人类所特有的能力，主要指个体对自己思维的有意识关注，对其行为的有效掌控，处理抽象的观念以及运用逻辑关系和概括的能力。个体的分类行为、基于概念间的关系所进行的记忆(逻辑记忆)、有意注意、言语和数学式的概念性思维等，都是高级心理机能的例子。

维果茨基认为，认知发展涉及从初级心理机能向高级心理机能的转化，认知发展的结果应当是高级的心理机能。

(二)高级心理机能的社会起源

维果茨基认为，不参照儿童所处的社会环境，就不能理解其认知发展，但社会环境在这里并不只是作为影响个体认知发展的因素对待的，而是被赋予更重要的作用：高级心理机能起源于社会。换言之，高级心理机能的发展就是将外在的社会关系转换成个体内部的心理机能。对此，维果茨基阐释道：在儿童发展过程中，每项机能出现两次。第一次在社会层面，第二次在心理层面；第一次处在人际关系中，第二次处在儿童之内。所有的高级心理机能是内化了的社会关系。维果茨基将这种外部操作的内部重构叫作内化，列昂捷夫称之为占有。

社会关系向个体心理机能的转换不是直接的，而是间接进行的，儿童必须通过学习使用某一文化或社会创造的符号(或心理工具)才能实现其高级心理机能的发展。维果茨基区分了人类社会创造的工具和符号的不同作用。工具(又叫物质工具)是指能作用于客观世界中的其他事物的一些事物,它指向外部世界,导致外界事物发生变化,维果茨基称之为影响客体的导体,如人类社会创造的锄头、自行车、剪刀等都属于工具。符号(又叫心理工具)是指人类社会创造的语言、数字、代码、地图等,符号是用来控制个体内部活动的一种手段,是内部指向的。工具和符号是某一社会或文化创造的,凝聚了该社会成员的智慧,伍尔福克将其统称为文化工具。个体的高级心理机能是受其所使用的符号系统或心理工具所决定的,如只会使用1~10的罗马数字的文化部落,与使用0、分数、正负数这种计数系统的文化部落相比,其成员的心理机能明显不同。在成人或教师的帮助指导下,儿童学习使用这些心理工具,在学习使用过程中,逐渐将其内化而形成高级心理机能。

(三)创设最近发展区,促进儿童认知发展

维果茨基区分了儿童的两种发展水平:实际发展水平和潜在发展水平。实际发展水平是儿童身上已经成熟的心理机能,是发展的"果实",其表现是儿童能够独立解决问题。潜在发展水平是尚在形成中的心理机能,是发展的"蓓蕾"或"花朵",其表现是儿童在成人指导帮助下或与更有能力的同伴合作而解决问题。实际发展水平回溯性地刻画了儿童的心理发展,潜在发展水平则前瞻性地刻画了儿童的心理发展。

在区分两种心理发展水平基础上,维果茨基提出了最近发展区的概念来解释如何促进儿童的认知发展。所谓最近发展区,是指个体不能独立完成但在更有能力的同伴或成人的帮助指导下能够完成的一系列任务。处在最近发展区的儿童,在与他人的相互作用中,逐渐将体现在社会层面的高级心理机能内化,当他能自己独立执行这种心理机能时,这种心理机能就变成了他的实际发展水平,这时通过再创设新的最近发展区并将这一新的最近发展区变为儿童的实际发展水平,如此进行下去,儿童的认知就得到了发展。

(四)维果茨基认知发展理论的教学含义

维果茨基认知发展理论对教学的重要启示就是,教学要走在发展的前面,促进儿童的认知发展。最近发展区理论描绘了教学如何创设最近发展区而促进儿童认知发展,教育研究工作者则在教学实践中提出了一些具体的促进儿童认知发展的技术,即教学要为儿童认知的发展提供支架。

支架的概念来源于建筑行业的脚手架。当建筑工人建造大楼时,会在大楼四周搭建脚手架,为工人的工作提供支持。当大楼建造好后,脚手架就不大需要了,可以逐渐撤去。促进儿童认知发展的支架是由更有能力的个体提供的、旨在帮助儿童成功完成最近发展区任务的支持机制。当儿童能力有所发展时,就可以逐渐撤去支架(fading)。奥姆罗德列举了一些在不同情境中经常用到的支架:(1)与儿童一起制定一个解决新问题的方案;(2)以儿童易于模仿的方式演示如何完成任务;(3)简化任务;(4)将复杂的任务分解为几个更简单的小任务;(5)通过提问,让儿童以适当方式思考如何完成任务;(6)将儿童的注意维持在任务的相关方面;(7)激发并维持儿童完成任务的动机;(8)提示儿童完成任务的目标。

布朗和帕林克萨开发的互惠教学说明了教师如何为学生提供支架来促进他们阅读理解能力发展的。在互惠教学中,教师首先向学生介绍、解释四种阅读理解策略:提问、澄清、总结、预测,而后通过师生、生生会话的方式,在实际的阅读活动中练习使用这四种策略。在阅读课文过程中,教师和学生依次承担起引导会话的责任。刚开始,可以是教师就刚读过的某段课文做总结或提问,在适当的时候,可以要求学生阐明课文中矛盾或模糊不清的地方,或者要求学生预测课文接下来会讲什么内容。随着会话的进行,教师可以逐渐放手让学生承担起引导会话、使用策略的责任。一名学生提出问题,另一名回答,第三名则对第二名的回答进行评论;一名学生做出总结,另一名则对其进行评论或帮助其改进总结;一名学生找出他不懂的词,另一名学生则帮助他推断出该词的意义,并说明做出这种推断的理由。在这种会话形式的练习中,教师要随时对每个学生当前的技能发展水平做出评价,并提供适当的支架,如向学生示范一下阅读理解策略,给学生提供一些提示,给学生的策略运用提供反馈等。随着练习,学生对四种策略也逐渐掌握,这时教师就可以逐渐撤除支架,让学生在没有帮助的情况下独立地练习使用这些策略了。

又如,根据皮亚杰的认知发展阶段理论,学生要到初中、高中以后才具备科学探究所需要的思维水平与类型,但这并不是说科学探究只能放在初中、高中进行。根据维果茨基的认知发展理论,给小学生提供相关的合适支架,小学生也可以进行科学探究,不过这种探究是在支架支持下的探究,不是学生的独立探究。这里的支架主要是由教师、教科书等学生之外的主体提供的。科学探究的不同阶段的不同技能,不必完全由小学生来承担,教师和教科书可以承担小学生能力之外的部分,小学生与教师、教科书共同来进行科学探究,从而使探究这一技能体现在社会层面上。如教育科学版的小学《科学》教科书在安排科学探究的相关内容时,对完成科学探究的不同阶段的责任做了划分。在五年级的科学教科书中,有关摆的快慢的探究是这样安排的：

探究的问题由教科书提出(摆的快慢与什么有关?),对问题的假设由教科书提出(与摆锤、摆长、摆幅有关),实验的设计也由教科书提示——保持摆长不变,换成 1 倍、2 倍、3 倍摆锤重量:摆锤不变,换成 1 倍、2 倍摆长,实验的执行则由学生完成。结论部分由教科书提示,学生回答,反思部分也由教科书提示学生回答(什么样的摆摆动得慢? 我们怎样知道的?)。

到了六年级,探索铁生锈的原因时就减少了教科书提供的支架,只呈现如下提示：

研究的问题；

我们的假设；

实验方法；

观察到的现象；

实验结果。

由学生按照提示进行科学探究,这时教科书对学生科学探究的支架已经撤除了很大部分。随着年级的升高,教科书逐渐减少了对科学探究的支持,这有利于科学探究这种高级心理机能逐渐由个体间内化至个人内。

第二节　学生个体发展与教育

一、个体发展的含义

(一)个体的生理发展

个体的生理发展即个体活动的生理调节机制方面的变化。由于个体的生理调节机制是由一系列生物因素构成的,因此,个体的生理发展也称生物因素的发展。生物因素包括人类个体的生理结构与机能及其本能,这些生物因素与构成人类个体的特殊的生命物质直接相连,属于人类个体的自然实体方面的变化,也即个体的"硬件"的变化。

对于个体的生理发展的范围,可以有广义与狭义两种理解。广义的个体生理发展指人类个体从卵子受精开始到出生、成长直至死亡为止这一过程中的生理因素的变化。狭义的个体生理发展指人类个体出生时起到生理上发育成成人的过程中的生理结构与机能及其本能的成熟变化。

(二)个体的心理发展

个体的心理发展指个体活动的心理调节机制方面的变化。个体的心理调节机制由一系列相互关联的心理因素构成,其中包括活动的发生机制(即动机因素,包括认识与情感)、动作进行的监控机制(即内外反馈)以及作为个体心理特性(能力与品德)的内在机制。个体的心理调节机制与其生理结构(主要是大脑)有联系,但并不是人脑的分泌物。为此,心理调节机制的变化,不能简单归结为人脑这一自然实体的发展,心理发展不同于生理发展,它相当于人类个体的"软件"的变化与发展。

人类个体的心理发展有广义与狭义之分。广义的个体心理发展包括人类个体自出生到死亡的整个一生的心理变化。狭义的个体心理发展一般指人类个体从出生到心理成熟阶段的变化。

二、埃里克森的个性发展理论

埃里克森是新精神分析学派的代表人物之一。他通过临床观察和经验总结,提出个性发展八阶段的理论。该理论的基本假设是,人最初的本性既不好也不坏,但有向任何方面发展的可能性。个性的发展是一个有阶段的过程,每一阶段都必须完成一定的发展任务。每一任务又是受特定文化制约的。每一任务中包括一对矛盾。如果一个个体在每一阶段都能保持向积极品质方面发展,就是顺利完成了该阶段的任务,从而形成健康、成熟的品格;反之,如果不能向积极品质方面发展,就会产生心理—社会危机,或出现情绪障碍,从而导致病态和不健全人格。埃里克森个性发展八阶段如下。

(一)学习信任阶段

学习信任阶段是指从出生到 18 个月左右。埃里克森认为,这一阶段儿童的基本矛盾是:信任与不信任的矛盾。他认为信任感是人对周围世界及社会环境的基本态度。儿童通过感官领会世界,从母亲及家庭成员的形象中去信任世界。在此阶段,儿童得到了足够的关怀就会获得安全感;反之,如果关怀不够,或关怀不一贯或根本没有关怀,儿童就会对社会、世界甚至对人产生害怕和怀疑心理并延续到以下各阶段。埃氏认为在此阶段最有影响的人是妈妈或类似妈妈的人。埃氏同时认为,不信任感不一定都是不必要的,它是对于危险的准备和不快事情的预期。人应该朝着该信任的就信任、不该信任就不信任的方向发展,但二者应保持一定比例,信任感应多于不信任感。埃氏还认为信任不信任的问题不是在第一年都能解决的,而是在以后的阶段仍然可能变化和发展。

(二)成为自主者阶段

成为自主者阶段是指 18 个月至 4 岁,这一阶段儿童的主要矛盾是:自主感与羞耻感、怀疑感的矛盾。在此阶段儿童的依赖性减少而自主性增强,他们开始出现一种自控或影响环境的能力,可以做一些力所能及的事情。在此阶段对儿童影响较大的是父母。他认为,在安全范围内允许儿童自由,鼓励他在活动中获得成功,对于发展自主性是很必要的,否则,儿童的依赖性就会长期存在下去,或者变得过分羞怯,难为情,或者变得疑虑。当然让儿童实现自主时也要有一定的限制,以便为将来参加法制生活有所准备。

(三)发展主动性阶段

发展主动性阶段是指 4～5 岁、幼儿期。这一阶段的基本矛盾是:主动性与内疚的矛盾。在此阶段儿童开始进行各种运动,如果儿童有更多的自由和机会进行各种运动性游戏,如果父母对儿童提出的智力主动性问题给予耐心的回答,不嘲笑,不禁止幻想性游戏,那么儿童的主动性就会得到充分发展;反之,如果父母和家庭成员对儿童在智力和行为方面的主动性表现冷漠,感到令人讨厌,认为他的游戏活动笨拙可笑,儿童就会产生内疚感,并在以后的活动中持续下去。这一时期对儿童影响最多的是家庭。此外,在该阶段的儿童开始意识到性别差异,并以同性父母自居,要争取得到异性父母的爱,与同性父母发生爱情上的竞争。如果不能取得这种情爱也会发生内疚。情爱意识在下一阶段潜伏下来,直至青年期又觉醒。这一观点实际上是弗洛伊德性本能的翻版。

(四)变得勤奋阶段

变得勤奋阶段是指 6～11 岁。这一阶段的主要矛盾是勤奋感和自卑感。这一阶段的儿童逐步有了演绎推理或按规则游戏以及学习的能力。特别是掌握语言文学工具之后,使他们获得大量知识技能成为可能。在此阶段,儿童特别喜欢提问题,喜欢追根问底。埃氏认为此时当儿童得到鼓励而努力学习时,当他制造的各种东西受到赞扬和奖赏,他的勤奋感就会得到发展和加强,儿童就会变得越来越爱做这些事;反之,若父母、老师把儿童的模仿行为看作调皮捣蛋,不务正业,就会导致儿童的自卑感,儿童会感到事事不如别人。埃氏同时认为,一个儿童得到发展的勤奋感还是自卑感,在很大程度上有赖于教师的培养。在此阶段对儿童影响最大的是学校及邻居。

(五)建立个人同一性阶段

建立个人同一性阶段是指 12 至 18 岁,即青年早期及中期,初高中阶段。这一阶段的主要矛盾是:同一性与同一性混乱。儿童进入青春期后对家庭、爱情重新觉醒,对自己和与自己有关的周围世界重新进行观察与思考。首先,他们能够把自己的各种形象,综合成一个有意义的整体,对自己的过去、现在、将来产生一种"内在相同和连续"之感。其次,他们也开始认识自己和别人的异同,认识现在和未来在社会中的关联。埃里克森认为,发展这种同一性可使青年了解自己及自己与前后左右各种事物的关联,对于接受成年期的生活挑战是非常重要的。否则就会产生同一性混乱,如时间混乱——缺乏时间观念;自我肯定的困惑——怀疑自己的自我认识与别人对自己的印象是否一致;工作瘫痪——不能认识努力工作与预期效果之间的联系,对成就不抱期望,因此松懈或不坚持努力;两性混乱——不愿接触异性或乱搞两性关系;权威混乱——不了解领导和被领导的统一关系,因此产生对立或盲从。在此阶段对个体影响最大的是同辈集体,校外的集体。埃氏认为该阶段的发展与前几阶段任务的完成有密切关系。因此要达到综合的心理社会同一性,就必须在前几个阶段就注意发展积极的品质。

(六)承担社会义务阶段

承担社会义务阶段是指 18～30 岁左右,成年早期,青年晚期,这一阶段的主要矛盾是亲密与孤独。这一时期是人们进行求爱和过早期家庭生活的时期。由于生活和工作的特点,出现了人与人之间的关系。因此亲密的含义既包括爱情也包括友谊。埃里克森认为,一个健康发展的人能够在夫妻之间,朋友之间产生亲密团结的感情。能够与对方分担苦乐、互相关怀,而又不失掉自己。反之,如果一个人不能在夫妻之间,朋友之间建立一种友爱的关系,他就会产生孤独感,就不会产生与任何人分享苦乐、互相关心的感情,与此阶段密切联系的是友谊、性、竞争和合作中的伙伴。

(七)显示创造力感阶段

显示创造力感阶段是指中年期和壮年期。这一阶段的主要矛盾是创造力感与自我专注。所谓创造力感即表现为对他人、对事业、对未来的关心和投入;反之那种只关心个人的需要和舒适的人就陷入自我专注状态。埃氏认为。创造力感与社会分工和承担家务有关。

(八)达到完善阶段

达到完善阶段是指从成熟到晚年。这是一个人一生主要努力趋于完成的时期。这一阶段的主要矛盾是完美与绝望、厌弃。当一个人回顾自己的一生时感到满意,认为"我这一生过得不错",就会产生一种完美感;反之,当一个人回顾自己的一生时感觉到过去失去了很多机会,走错了方向,想重新再开始又感到为期太晚,就会产生一种绝望感。

埃里克森的理论试图找出各阶段的主要矛盾,探索矛盾的产生、解决及其与社会、教育的关联,这比经典精神分析学家有明显进步。此外,他把人的个性,作为一个整体来考察,这种整体观值得我们重视,但是这些阶段的划分及其发展任务是否切合实际,仍有待检验。第三,埃氏的研究方法,如临床观察、个案调查及治疗经验总结等,亦颇有启发性。但是,受弗洛伊德的影响,埃里克森的理论过分强调本能,把性、自我情绪说成是个性发展的动力或精神病的来源,忽视了人的意识和理智等高级心理过程在个性发展中的作用,他并没有解释个体如何以及为什么从一个阶段发展到另一个阶段,而且该理论也缺乏实证研究的支持。

三、学生的个别差异

学生的个别差异涉及的方面比较多,发展方面的差异已在上一章介绍过,本章重点介绍学生在智力、学习方式及个性上的差异,这些差异大致相当于史密斯和雷根学生特征分类体系中的稳定的差异特征。

(一)智力的个别差异

1.智力的含义与测量

(1)智力的含义

人们都知道,智力反映一个人的聪明程度。但在给智力下一个明确的定义时,心理学家却遇到了困难。研究者从各自不同的角度给出了各种各样的智力定义,如智力是"适应环境的能力""学习的能力""解决问题的能力"等,但归纳起来,大多数心理学家和教育领域的专家都同意:智力是指处理抽象观念、处理新情境和进行学习以适应新环境的能力。

20世纪70年代中期起,斯腾伯格开始对智力进行深入研究。1985年,他发表了《超越智商》一书。在书中,他对智力进行了全新的分析与界定。他认为,智力是使个体产生适应环境的行为的心理能力,而作为产生这种适应行为的心理机制是信息加工的反省成分、操作成分和知识习得成分的协同作用。其中,反省成分的作用是实现控制过程,包括完成任务过程中的计划、监控与决策,它们被统称为执行过程;操作成分指用于完成一定任务的加工过程,如信息的输入、编码、贮存及提取等,称为非执行过程;知识习得成分则指选择性编码、选择性联合、选择性比较,用于获得新知识,包括各个领域的陈述性知识与程序性知识。以上三种成分的充分协同工作便使得个体能够适应各种不同的环境,解决各类问题。

从斯腾伯格的分析可以看出,一个人适应环境能力的高低,或智力水平的高低,不仅取决于个体先天具有的遗传素质,更与后天的学习、培养有关。斯腾伯格智力结构中的反省成分、操作成分和知识习得成分无一不与知识、技能与策略的掌握密切相关。但同时我们也应看到,在智力中确实有些东西是很难因教育的影响而变化的。美国哈佛大学珀金斯用如下智力公式对此做了说明:

$$智商＝能量＋技巧＋内容知识$$

能量指人的神经系统的生理功能,它很难因环境或教育因素而改变;技巧指策略性知识;内容知识则指陈述性知识和程序性知识。显然,教育对智力产生影响是通过后两者来达到的,而在这两者中,最有效的方法是培养学生应用策略性知识的能力。

珀金斯的智力公式其实区分了两类智力:一类智力是先天的智力,主要受先天遗传因素的影响;另一类为后天的智力,其实质是广义的知识。我国智育目标中提出的"发展智力",发展的应是后天的智力,即包含陈述性知识、程序性知识和策略性知识的广义的知识。

(2)智力测验

为了对智力进行定量分析,从比纳和西蒙开始,心理测量学家编制了各种智力测验。其中最著名的除"斯坦福—比纳量表"(简称 S－B 量表)外,还有"韦克斯勒儿童智力量表""韦克斯勒成人智力量表"以及"瑞文推理测验"等。这些量表都几经修订,在中国也有修订版。在过去十年中,一些心理测量学家又根据现代的智力观编制了新的智力测验,如"K－ABC 量表",并逐渐得到重视与推广。需要指出的是,尽管测验编制者在选择测验项目时尽量避免特殊经验因素、知识因素的影响,努力扩大基因因素的影响,但是这样做并不能完全排除不同类型的认知经验、不同认知的刺激程度以及不同个性与动机变量的影响,因此智力测验测得的智力,只能视为在多种因素决定下已实现了的能量或起作用的能量。

智力测验中的一个重要概念是智商(IQ),其含义是被测验者通过智力测验获得的智龄分数与他的实际年龄之比,用公式表示:IQ＝(智力年龄/实际年龄)×100。智商的高低基本反映了一个人的聪明程度。但是,由于个体的智力年龄并非随年龄呈线性增长,而是到一定年龄出现停滞不前的趋势,因此心理测量学家在对 16 岁以上者的智力测验中引入标准分数,即将个体的测验得分与其同年龄组的平均分数做比较,根据其在该群体中所处的位置来判断其智力的高低。以韦克斯勒成人智力量表为例,其智商标准分数的计算公式如下:$IQ=[(测验分数-100)/15]\times100$。

2.智力的个别差异

在一个随机抽取的样组中,学生的智力水平有很大的差异,主要表现在质和量两方面。

(1)量的差异

所谓智力的量的差异,主要反映在 IQ 的分数上。一般来说,未经挑选的儿童,且人数众多时,他们的智商呈常态分布(见图 6-1)。

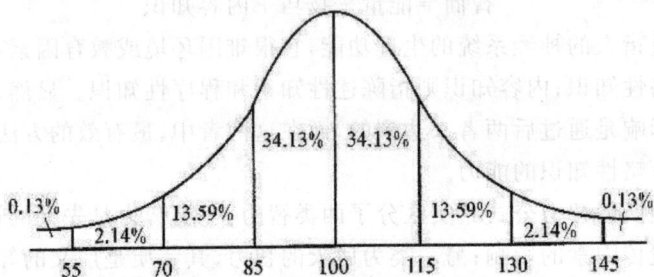

图 6-1　智力的常态分布图

图中的百分数表示一定智商分数之间的人数比率。从图中可见,68%的人的智商在 85～115 之间,他们的聪明程度属于中等水平。智商超过 140 的人为智力超常,智商低于 70 的为智力障碍。假定一个有 40 名学生的班级,学生来源未经挑选,完全随机组成,那么我们大致可以推测,该班极优的学生和智力有缺陷者(IQ 低于 70)都不到 1 人,IQ 中等水平者(85～115)约 27 人,中上者(115～130)和中下者(70～85)大致分别为 5～6 人。

(2)质的差异

心理学家研究认为,智力由许多不同的心理能力构成。瑟斯顿认为,智力应包含数字、言语、空间、词汇流畅性、推理、记忆、知觉速度等 7 种基本智能;吉尔福特提出的智力结构理论把智力划分为 150 种不同的心理能力;韦克斯勒的智力测验主要测量了个体在言语和操作两方面的能力,而在每一方面又分别包含 6 种不同的心理能力,如在言语能力中包括常识、类同、算术、词汇、理解、数字广度等。

美国哈佛大学的加德纳提出的多元智力理论,也向我们展示了智力在质上的多样性。加德纳认为,人类具有 7 种相互独立的智力:①语言智力,指有效使用语言的能力,如做出有说服力的论断,写诗,能敏锐地把握词语的微妙含义;②音乐智力,指创造、理解、欣赏音乐的能力,如用乐器演奏,作曲等;③逻辑数理智力,指在数学和科学中进行逻辑推理的能力,如迅速解决数学问题,进行数学证明,对观察到的现象形成假设并进行检验;④空间智力,指注意物体细节的能力以及在头脑中形成物体的意象并在心理上对意象进行操作的能力,如能对相似的物体进行精细的辨别,能在头脑中形成物体的意象;⑤身体运动智力,指运用身体进行熟练运动的能力,如跳舞、打篮球等;⑥自我认识智力,指对自己的感情、动机和欲望的意识,如能分辨遗憾和悲伤的区别,识别支配个人行为的动机等;⑦人际关系智力,指注意到他人行为的细微之处的能力,如能理解别人语气的含义,觉察出他人的目的和欲望,利用有关他人的知识来影响其思想和行为。

（3）智力差异与学业成就

自从智力测验诞生以来,心理学家便致力于发现儿童的 IQ 分数与学习成绩之间的关系,他们对 IQ 分数和学习成绩分数（或等第）之间的相关进行了大量的统计分析。一致的意见是,IQ 与学业成绩存在中等程度的相关,其相关系数在小学阶段为 0.6～0.7,在中学阶段为 0.5～0.6,在大学阶段为 0.4～0.5。

IQ 分数与学业成绩有中等程度相关这一点表明,智力是影响学习的一个重要因素,也就是说,儿童 IQ 分数越高,一般学习成绩越好,将来接受教育的水平也越高。但 IQ 并不是影响学习的唯一因素,知识结构、认知发展水平以及学习动机和集体、教师等因素,都对儿童的学习成绩有重大影响。

研究表明,儿童的智力水平不仅影响他们的学习数量,而且也影响他们的学习质量。智力水平高的学生一般形成学习定势的速度快,容易学会解决问题的策略,易于自行纠正错误和验证答案,较多使用逻辑推理,他们的学习方法更有效,也较能持久地学习。

此外,智力结构上的差异（质的差异）也影响着学业成绩。同等智力水平的人,学习成绩不完全相同。与其 IQ 水平相比较,那些成绩显著较低者在西方教育心理学中被称为学习成绩不良者;那些成绩显著较高者则被称为学习成绩优良者。研究表明,前一种学生除了在性格上有一定缺陷之外,一般表现出机械能力强,艺术兴趣大,而言语和数学能力较低的倾向。

四、个性发展理论在教学中的应用

在学校教育中,小学生正处于第四阶段（6～12 岁）,中学生正处于第五阶段（12～13 岁）。埃里克森的理论有助于我们的教育适应中小学生的发展。

(一)帮助学生适应勤奋和自卑危机

教师一定要意识到他们的学生总是在努力保持着积极的自我概念,认为自己是有能力有价值的个体。所有入学的儿童都相信自己能学,他们满心期望在学校里获取成功。但他们马上就不得不面对现实。几乎从一开始,他们就被划入高中低阅读小组,很快就根据相关的标准定了一个级。学生一旦被划入低水平组和被评为差等级,他们就很快失去了最初对成功的期望,这将可能导致颓废。教师的消极评价使他们形成了自己不是一个好的学习者这样一个自我概念,从而导致更消极的评价。这些失落者有可能转向校外活动——可能是运动或社会活动,但一般是反社会行为。在埃里克森看来,这种颓废儿童是勤奋与自卑危机未能得到很好解决的结果。对于一个儿童来说,学校是定义成功和失败的地方。埃里克森认为学校向儿童提供他们参与社会所需的工具,如果学生认为自己无力参与学校社会,他们就可能拒绝加入整个社会。教师一定要帮助学生通过这一个危机。教师对学生的行为评价以及课堂组织的方法,对儿童的自我概念产生了重要的影响。

(二)适应同一性和角色混乱危机

马西亚等人研究发现,青少年个体面临角色同一性对角色混乱之间的冲突和选择时,会产生四种可能的情况。第一种是获得角色同一性,这意味着个体在充分考虑了各种可能的机会和自己的情况后,做出了自己的选择并为自己的目标而努力,但只有少数的中学生属于这种情况;第二种是同一性拒斥,即个体并非充分考虑自己的各种体验和各种可能的选择,而是把选择的权利交给了父母或其他权威人士,完全接受他人对自己提出的要求和为自己树立的目标及生活方式;第三种是同一性迷乱,有些个体未能成功地选择或没有严肃地考虑这些选择,对自己的社会角色和人生目标未能形成定论,产生迷乱;最后一种是同一性延迟,即由于内心斗争而导致未能在本时期获得同一性,这就是埃里克森所说的同一性危机。而这种同一性危机在儿童中是较常见的,只要教师能积极帮助学生处理这种危机,学生大多会较顺利地获得同一性。

教师通常是最合适和最有可能帮助学生获得同一性的人。学生选择某一特殊的专业,往往是受这一专业的教师的人格力量的影响。一个教学卓有成效、热情的教师可以激发学生强烈的学习兴趣,而且这种教师往往能对学生在该专业的成就给予及时合理的反馈和强化,进而影响学生对职业的选择和同一性的形成。

然而,青少年期的个体由于开始寻求独立,也可能会表现出拒绝接受成年人的建议。良好的教育建议可帮助学生建立良好的角色同一性。小学生通常错误地把他们的女教师叫作"妈妈",教师角色和父母角色的相似对小学生是有益的,因为这一阶段的学生常常取悦他们的父母,以得到父母的赞赏,但是对于青少年这种相似则起到相反的效果。青少年就是要摆脱父母的控制成为一个独立自主的人,这是一个正常而必需的过程。这样,教师角色和父母的相似就意味着拒绝教师的权威,正如拒绝父母的权威一样。

关键的一点在于青少年想被看作一个成人。他们一般愿意以类似成人的行为做出反应,这一原理意味着:①中学生绝不应该被当作"孩子"看待;②绝不应在其他同伴或其他有关的人面前轻视青少年;③给以明确的指示,让学生独立完成任务;④注意同伴之间的影响,同样一个管理措施,在小学行得通,在中学就不一定行得通;和老师对着干的学生,在小学不会受同学们的欢迎,可是在中学,则可能被同学们视为英雄,同伴学习的效果在中小学可能是不一样的。

第三节　学生与个体心理发展

学习与个体的心理发展之间的关系也是辩证的,二者相互制约,相互促进,表现在心理发展制约学习,学习促进心理发展。

一、学习对个体心理发展的依存性

学习是心理结构的构建过程,是通过同化和顺应作用,将主体新获得的经验和原有经验结构相整合而实现的。因此,欲进行有效的学习,原有心理结构中需具备适当的知识、技能和一定的学习动机。若缺乏相应的知识、技能和学习动机,则难以产生学习,新的心理结构也难以建立。学习依赖于个体心理发展的已有水平,例如,缺乏加减运算知识,就难以进行乘除运算的学习;阅读与写作的学习又必须以字词的掌握为基础。

发展心理学的大量研究表明,个体心理发展的各个阶段受心理本身的发展规律的制约。布鲁纳在《教育过程》一书中曾指出:"在发展的每个阶段,儿童都有他自己的观察世界和解释世界的独特方式。""试图根据远离儿童思维样式且其含义对儿童来说又是枯燥无味的逻辑进行正式说明,肯定徒劳而无益。"学习必须适应个体心理发展的规律,在心理发展的不同阶段上,应有不同的学习要求、不同的学习内容与学习形式。

根据有关研究,个体的心理发展的年龄特征是不同的,从出生至 3 岁,主要是直观行动思维;幼儿期或学前期(3～6、7 岁)主要是具体形象思维;学龄初期或小学期(6、7～11、12 岁)主要是形象抽象思维,即处于从具体形象思维向抽象逻辑思维的过渡阶段;少年期或初中阶段(11、12～14、15 岁)主要是以经验型为主的抽象逻辑思维;青年初期或高中阶段(14、15～17、18 岁)主要是以理论型为主的抽象逻辑思维。由于个体心理发展的年龄特征不同,学习的内容与学习的形式也应不同,必须从原有的心理结构出发。跨越心理发展的年龄阶段或忽视心理发展的顺序性与系统性而拔苗助长或"填鸭"的做法是徒劳的。

教育心理学及其认知心理学的大量研究也都表明,新的学习受到原有的心理结构及其水平的影响,个体原有的认知结构决定了新经验的习得水平和难易程度。加涅曾提出著名的累积学习观点,他认为,新的学习是在原有学习的基础上进行的。新学习一定要适合学习者当时的认知发展水平,任何新能力的学习需要先学习包含在新能力里面的从属的能力。比如,为了形成解决问题的能力,首先应掌握相应的基本原理;要掌握原理,则必须先掌握构成该原理的一些基本概念;要掌握基本概念,又必须建立一系列的语词联想等。奥苏伯尔也非常强调原有的认知结构在新的学习中的作用,他在《教育心理学——认知观点》的扉页上写道:"假如让我把全部教育心理学仅仅归结为一条原理的话,那么,我将一言以蔽之曰:影响学习的唯一最重要的因素,就是学习者已经知道了什么。要探明这一点,并应据此进行教学。"显然,个体原有的心理结构参与到新的学习中,并影响着新的学习,决定着新学习的水平及方式。

学习受制于个体的心理发展,这只是学习和个体心理发展关系的一个方面,更重要的是,个体心理发展必须通过学习才能实现。

二、学习对个体心理发展的促进作用

从个体的一生发展来看,其心理发展无疑都是在不断的学习过程中得以实现的,学习在心理发展中是一个最直接的决定因素。无论是个体自身的发现、摸索,还是通过接受,这些学习方式都使得个体能够积累经验,并在适当的条件下应用这些经验解决问题、适应环境、改造环境。通过作用于环境,个体获得反馈信息,进而调节、完善原有的经验结构,使习得的经验得到进一步的概括,促进心理的进一步发展。通过经验的获得和应用,心理结构得以不断的构建。个体从早期的直观行动思维发展到后来的抽象逻辑思维,这一过程不是自发的、自然的,而是在学习过程中,通过不断构建心理结构而实现的。

从心理发展的动力机制来看，新的学习情境引起个体的认知不平衡，即产生一种问题情境，并导致个体产生相应的学习需要与学习期待，使个体学习动机由潜在状态转为活动状态，成为学习的实际动力。学习需要与学习期待的不断产生、不断满足，为心理发展提供了动力源泉。

从心理发展的过程来看，个体通过不断的学习，获取各种知识、技能与符合社会规范要求的行为，并通过广泛的迁移，逐步形成能稳定调节个体活动的多种类型、多种水平的能力与品德。能力与品德作为个体的两种典型的心理特性，其产生与逐步形成、完善的过程就是心理不断发展、不断地从量变到质变的过程。而这种心理的发展、变化过程又是通过不断的学习过程得以实现的。

动物学习实验及其人类早期教育的研究都表明，学习可以促进个体的心理发展。比如，在白鼠成长的初期进行学习训练，则这种习得的经验可促进日后的解决问题能力的提高。"狼孩"的例子表明，早期学习经验的缺失直接阻碍了心理的正常发展。

由于学习在心理发展中起到非常重要的作用，因此在教育中若能充分而有效地利用学习规律，则对加速、促进心理发展无疑具有重要的作用。

参考文献

[1]埃格恩·考查克.教育心理学:透视课堂[M].西安:陕西师范大学出版社,2005.

[2]伍尔福克.教育心理学[M].何先友,译.北京:中国轻工业出版社,2007.

[3]布鲁纳.教学论[M].姚梅林,郭安,译.北京:中国轻工业出版社,2008.

[4]加里·R·莫里森,史蒂文·M·罗斯,杰罗尔德·E·肯普.设计有效教学[M].严玉萍,译.北京:中国轻工业出版社,2007.

[5]格莱德勒.学习与教学:从理论到实践[M].张奇,译.北京:中国轻工业出版社,2004.

[6]斯腾伯格,威廉姆斯.教育心理学[M].张厚粲,译.北京:中国轻工业出版社,2003.

[7]艾伟.教育心理学[M].福州:福建教育出版社,2007.

[8]安德森,索斯瓦克.布卢姆教育目标分类学:40年的回顾[M].谭晓玉,袁文辉,译.上海:华东师范大学出版社,1998.

[9]安德森.学习、教学与评估的分类学[M].皮连生,译.上海:华东师范大学出版社,2007.

[10]奥苏伯尔.教育心理学这门学科还存在吗[M]//邵瑞珍.教育心理学:参考资料选辑.段斌,译.上海:上海教育出版社,1990.

[11]奥苏伯尔.教育心理学——认知观点[M].佘星南,宋钧,译.北京:人民教育出版社,1994.

[12]奥苏伯尔.有意义学习中后继学习对先前学习的促进作用[M].皮连生,译.//教育心理学参考资料选辑.上海:上海教育出版社,1990.

[13]班杜拉.思想和行动的社会基础——社会认知论[M].林颖,王小明,等

译.上海:华东师范大学出版社,2001.

[14]鲍尔,希尔加德.学习论——学习活动的规律探索[M].邵瑞珍,译.上海:上海教育出版社,1987.

[15]布兰斯福特.人是如何学习的——大脑、心理、经验及学校[M].程可拉,等译.上海:华东师范大学出版社,2002.

[16]布卢姆.教育目标分类学[M].罗黎辉,等译.上海:华东师范大学出版社,1986.

[17]布鲁纳.学习与思维[M].皮连生,译.//邵瑞珍.教育心理学:参考资料选辑.上海:上海教育出版社,1982.

[18]布鲁纳.教育过程[M].上海师范大学外国教育研究室,译.上海:上海人民出版社,1973.

[19]陈会昌,谷传华,秦丽丽,等.尤尼斯道德发展的实践活动观述评[J].心理科学,2004(1).

[20]陈琦,刘儒德.教育心理学[M].北京:高等教育出版社,2005.

[21]陈琦,刘儒德.当代教育心理学[M].北京:北京师范大学出版社,1997.

[22]陈琦,张建伟.建构主义学习观要义评析[J].华东师范大学学报(教育科学版),1998(1).

[23]陈孝禅.普通心理学[M].长沙:湖南人民出版社,1983.

[24]陈欣银.价值观辨析学派评析[J].心理科学通讯,1986(1).

[25]戴·冯塔纳.教师心理学[M].王新超,译.北京:北京大学出版社,2000.

[26]戴尔·H·申克.学习理论:教育的视角[M].韦小满,译.南京:江苏教育出版社,2003.

[27]道格拉斯·L·欣茨曼.学习与记忆心理学[M].韩进之,译.沈阳:辽宁科学技术出版社,1986.

[28]德里斯科尔.学习心理学——面向教学的取向[M].王小明,译.上海:华东师范大学出版社,2008.

[29]董纯才.中国大百科全书·教育[M].北京:中国大百科全书出版社,1985.

[30]杜威.我们怎样思维·经验与教育[M].姜文闵,译.北京:人民教育出版社,1991.

[31]冯忠良.教育心理学[M].北京:人民教育出版社,2000.

[32]冯忠良.教育心理学应向何方[C].//中国心理协会.当代中国心理学.

北京：人民教育出版社，2001.

[33]高觉敷,叶浩生.西方教育心理学发展史[M].福州：福建教育出版社,1996.

[34]高觉敷.中国心理学史[M].北京：人民教育出版社,1989.

[35]高文.教学模式论[M].上海：上海教育出版社,2002.

[36]顾明远.教育大辞典[M].上海：上海教育出版社,1990.

[37]郭德俊,雷雳.教育心理学概论[M].北京：警官教育出版社,1998.

[38]哈洛.学习如何思维[M].皮连生,译.//邵瑞珍.教育心理学：参考资料选辑.上海教育出版社,1990.

[39]莫雷,教育心理学[M].北京：教育科学出版社,2007.

[40]莫雷.论学习迁移研究[J].华南师范大学学报(社会科学版),1997(6):50-58.

[41]念宁,陆波.技高赛群雄——创造与成功[M].北京：团结出版社,1993.

[42]彭聃龄.普通心理学[M].北京：北京师范大学出版社,2001.

[43]潘洁,金炜,赵敏,等.试论创造性思维理论中的几个问题[J].心理科学通讯.1982(5).

[44]潘菽.教育心理学[M].北京：人民教育出版社,1980.

[45]皮亚杰.儿童的道德判断[M].傅统先,陆有铨,译.济南：山东教育出版社,1984.

[46]皮连生.教与学的心理学[M].上海：上海教育出版社.1990.

[47]皮连生.教学设计——心理学的理论与技术[M].北京：高等教育出版社,2000.

[48]钱曼君,邹鸿,萧晓滢.创造型青少年学生个性特征的研究[M].心理科学通讯,1988(3).

[49]任顺之.奇妙的教育心理效应[M].北京：教育科学出版社,1990.

[50]任中印.西方近代教育论著选[M].北京：北京人民教育出版社,2001.

[51]桑代克.人类的学习[M].李月甫,译.杭州：浙江教育出版社,1998.

[52]邵瑞珍.教育心理学(修订版)[M].上海：上海教育出版社,1997.

[53]施良方.学习论——学习心理学的理论与原理[M].北京：人民教育出版社,1994.

[54]史耀芳.二十世纪国内外学习策略研究概述[J].心理科学,2001,24(5):586-590.

[55]K·H·沃尔科夫.心理学家谈教育问题[M].史民德,译.太原：山西

人民出版社,1986.

[56]M·B·加麦佐.年龄与教育心理学[M].李世钦,译.哈尔滨:黑龙江少年儿童出版社,1987.

[57]达尼洛夫,叶希波夫.教学论[M].北京:人民教育出版社,1979.

[58]赞科夫.教学与发展[M].杜殿坤,译.北京:文化教育出版社,1980.

[59]苏霍姆林斯基.帕夫雷什中学[M].北京:教育科学出版社,1983.

[60]乌申斯基.人是教育的对象[M].北京:科学出版社,1959.

[61]孙世民,陈选华.大学生自我意识及培养[J].安徽师范大学学报(人文社会科学版),2000(5):310－311.

[62]谭顶良.学习风格论[M].南京:江苏教育出版社,1995.